Protestantismus heute

THEOLOGISCH-PHILOSOPHISCHE BEITRÄGE ZU GEGENWARTSFRAGEN

Herausgegeben von Susanne Dungs, Uwe Gerber,
Lukas Ohly und Andreas Wagner

BAND 25

*Zu Qualitätssicherung und Peer Review
der vorliegenden Publikation*

Die Qualität der in dieser Reihe
erscheinenden Arbeiten wird vor der
Publikation durch die Herausgeber der
Reihe geprüft.

*Notes on the quality assurance and peer
review of this publication*

Prior to publication, the quality of the
work published in this series
is reviewed by the editors of the series.

Uwe Gerber

Protestantismus heute

Potentiale – Pathologien – Paradoxien

PETER LANG

Bibliografische Information der Deutschen Nationalbibliothek
Die Deutsche Nationalbibliothek verzeichnet diese Publikation
in der Deutschen Nationalbibliografie; detaillierte bibliografische
Daten sind im Internet über http://dnb.d-nb.de abrufbar.

ISSN 2194-1548
ISBN 978-3-631-86102-8 (Print)
E-ISBN 978-3-631-87408-0 (E-PDF)
E-ISBN 978-3-631-87409-7 (EPUB)
DOI 10.3726/b19458

Inhaltsverzeichnis

Vorwort

Der Protestantismus hat mir in vielem, nicht nur religiös Konnotiertem, die Augen geöffnet, aber auch blinde Gehorsamsflecken produziert. Als Wort-Religion hat er mich an das Hören und Miteinander-Sprechen verwiesen, aber das „freie" Sprechen ohne Vorbehalte zu oft vorenthalten. Als Versöhnungschristentum in der Tradition Luthers hat er mir Vergebung und Versöhnung widerfahren lassen und viel von dem Druck der Erlösungsreligiosität genommen, aber auch ungerechtfertigte Ängste vor einem Gericht und Schuldgefühle eingejagt. Als Widerfahrnis-Religion hat er mich in dem Paradox von befreienden und zugleich verpflichtenden Begegnungen Gottes durch Andere und meinem eigenen, selbst zu verantwortenden Antworten leben lassen, aber zu oft auf meine eigene Glaubens(un)fähigkeit, -zweifel und -schwäche als sündige Eigenschaften moralisierend hingewiesen. Als Religion der Nächstenliebe habe ich erfahren, dass ich nicht den verdienstvollen Barmherzigen Samariter spielen muss, bevor ich nicht der unter die Räuber Gefallene gewesen bin, aber mir wurde diese Beispielgeschichte aus dem Lukasevangelium 10, 25–37 meistens als paternalistisches Gehorsamsmodell und diakonisches Helfersyndrom vorgesetzt. Als Religion der Religions- und Selbstkritik hat mir der Protestantismus die Einsicht vermittelt, dass der jenseitig vorgestellte, theistisch-metaphysische Gott als abwesender, „vorbeigehender" Gott durch andere Menschen gegenwärtig widerfährt. Man kann Gott einen „lieben Mann im Himmel" sein lassen als religiöses Accessoire auf Erden, aber als selbstkritischer Zeitgenosse sollte man die andere Verkündigung des Todes des jenseitig-metaphysisch vorhandenen Gottes durch den Pfarrerssohn Friedrich Nietzsche ernst nehmen und das Leben führen und Zusammenleben gestalten „als ob es Gott nicht gäbe" (1 Kor 7, 29 ff.).[1] Wir können nicht die Perspektive eines jenseitigen Gottes einnehmen; deswegen vollziehen wir unser (theologisches) Reden von Gott als gottlos;[2] wir können nur sündig, nämlich verfügend von Gott reden, aber dies zugleich im hoffnungs- und vertrauensvollen Unterstellen,

---

1 Bonhoeffer, Widerstand und Ergebung, 241.
2 Gerber, Gottlos von Gott reden, 23 ff.

dass Gott durch Andere dieses unser Reden über Gott als Reden von uns selbst und von unseren schon immer gegebenen Beziehungen vergibt.[3] Wenn ich einen anderen Menschen anspreche oder ihm antworte, dann mache ich dies auf Risiko und Hoffnung hin, er möge mich anerkennen. Der in meinem Elternhaus liberale und in manchen Kirchgemeinden meiner Pfarramtstätigkeit evangelikal-fundamentalistisch auftretende Protestantismus hat mir kulturprotestantisch und von manchen Pflicht-protestanten „um meines Seelenheiles willen" mitgegeben, dass man einen „bürgerlichen Gott", einen „zivilreligiösen Gott" außerhalb des Kirchen-regimentes brauchen kann, aber dass man „eigentlich" an den „kirchlichen Gott" glauben und fromm-korrekt von ihm reden sollte. Allerdings bleibt dem Protestanten eine Exkommunikation erspart. Als Religion von Bezie-hungen, etwa im Sinne von Dorothee Sölle und Carter Heyward, ist mir widerfahren, dass der „abwesende Gott" in Begegnungen mit anderen Men-schen Leben eröffnet und aufzwingt „als ob es Gott nicht gäbe". Seitens des „offiziellen" Protestantismus hat man mir manchmal bedeutet, dass Gott gegenwärtig ist in der Verkündigung des Evangeliums, also in der Predigt, in kultischen, sakramentalen Riten und Handlungen, wobei das „wie" unklar blieb. Man kann aber auch die Freiheit eines Christenmenschen im Sinne des ersten Protestanten Martin Luther genießen. Ebenso ist es zweifelsohne anstrengend, Protestant zu sein (wie schon Hegel bemerkt hatte), nicht zuletzt, weil mit der Reformation im 16. Jahrhundert die Aufgabe gestellt wurde, dass der Protestant die kirchlichen Gemeinschaftsbezüge und Glau-bensbilder ständig zu reformieren und heute in posttraditionale Gemein-schaftsformen, Glaubensvorstellungen und Bekenntnisformulierungen zu übersetzen habe gemäß Luthers Glaubens- und Kirchenverständnis: „Die Kirche ist immer zu reformieren" (Ecclesia semper reformanda). Deswegen möchte ich zuerst die Fragen zu den vorliegenden Antworten suchen und andere Antworten finden.

Die folgenden Überlegungen sind keine Erfindungen eines Neuen Pro-testantismus, sondern ein Forterzählen und Fortdenken. Es sind Versuche, das protestantische Erbe oder „Potential", wie ich es bislang und derzeit erfahre, interpretiere und praktiziere, in heutiger Perspektive wieder zu

---

3 Bultmann, Welchen Sinn hat es, 37.

finden, zu erneuern und seine Rituale, Denkinhalte, Lebenseinstellung(en), Überlieferungen in unserer Gegenwartsgesellschaft als Potentiale und Ressourcen für unser Leben und Zusammenleben zu vertreten. Derzeit gibt es öfter Informationen über Kirchenaustritte, über den Glaubensstand der Protestanten und der gesamten Bevölkerung und über religiöse Bewegungen. In Presseorganen, TV und Internet finden sich manche weiterführenden Überlegungen. Inspirierende Filme wie „Das Neue Evangelium" des Schweizers Milo Rau, religiöse Songs und Kunst, Ausstellungen über Götterwelten und ein nicht unerhebliches philosophisches Interesse lassen den Gedanken aufkommen, als ob unserer Gesellschaft mit dem zunehmenden Verschwinden des Christentums etwas abhandengekommen sei und jetzt fehlte. Protestantisch vorgestelltes Glauben ist keine Voraussetzung für das Verfassen und das Lesen solcher Überlegungen (so wenig es Bedingung für einen Gottesdienstbesuch oder ein Theologiestudium sein kann). Das schätze ich am Protestantismus und seiner ursprünglichen Streitkultur, denn sonst verkommt er zu einem Accessoire oder gleitet in Fundamentalismus ab. Es wird sich zeigen.

Man kann dieses Buch wie ein Projekt-Buch in einem Gang durchlesen; man kann es kapitel- oder abschnittsweise lesen, diskutieren, kritisieren und besser machen.

„Schreiben? Mit viel Üben. Danach ist jedes fertige Buch ein gescheiterter Versuch. Aber wenigstens auf einem sauberen Niveau".[4]

Die biblischen Bücher und Eigennamen werden nach den Loccumer Richtlinien zitiert. Der Gender-Frage wird so entsprochen, dass durchgängig z.B. „Protestant" und in Sinn gebenden Fällen „Protestanten und Protestantinnen" geschrieben wird.

Dem Verein für Ethische Urteilsbildung danke ich für einen großzügigen Druckkostenzuschuss und Herrn Dr. Hermann Ühlein vom Lang Verlag für produktive Begleitung.

Basel/ Schopfheim, im Frühjahr 2021   Uwe Gerber

---

4   DIE ZEIT vom 29.10.2020, 60.

Einleitung

a. Betreibt der Protestantismus eine Selbstmusealisierung?

Die folgenden kritischen Überlegungen und konstruktiven Anregungen zum gegenwärtigen Protestantismus im europäischen Raum sind keine Abrechnung mit dem auch vielen Kirchgängern immer fremder werdenden Protestantismus aus einer Position des Besser-Wissens. Eher sind Ratlosigkeit, Enttäuschung, Trauern um einen Verlust und die Erfahrung einer Indifferenz selbst der Christen dem Christentum gegenüber in der (westlichen) „Müdigkeitsgesellschaft" der Anlass für diese Art einer Selbstvergewisserung. Byung-Chul Han spricht sogar von einer *„immanenten Religion der Müdigkeit"* im Anschluss an Peter Handkes „Versuch über die Müdigkeit" von 1992.[5] Mancher Leser und manche Leserin werden sich in den folgenden Zeilen wiedererkennen, bestätigt fühlen und hoffentlich nicht resignieren. Andere werden nach kurzer Lektüre abwehren, auf die Errungenschaften und fürsorglichen Angebote von Kirchengemeinden verweisen und sich über die teilweise schwer erträgliche Kritik ärgern. Wieder andere werden hilfreiche Gedanken, berechtigte Kritik und weiterführende Vorschläge finden. Im Folgenden werden keine Reformvorschläge für Kirchengemeinden und Landeskirchen, keine Organisationsoptimierungen und keine Programm- und Eventvorschläge gemacht, sondern es wird nach den laien- und wissenschaftstheologischen Implikationen des gegenwärtigen Protestantismus gefragt. Selbstverständlich können nur einzelne Problemfelder behandelt werden.

Es geht dabei aber nicht um eine „bessere" Perspektive, weil sich Glauben nicht in religiösem, in unserem Fall in protestantisch-christlichem Laien- und Theologie-Wissen erschöpft und deswegen auch nicht messbar ist. (Man sollte mit der Aussage, dass man im Glauben gewachsen sei, vorsichtig umgehen, weil man seinen Glauben einer Idealvorstellung opfert.) Unter *Glauben* wird hier eine vom Anderen in der Spur Gottes hervorgerufene und verpflichtende Performance verstanden, die den Glaubenden *verändert*, ihn in Beschlag nimmt, ihn zu einem anderen Leben und Zusammenleben

---

5 Han, Müdigkeitsgesellschaft, 63.

erweckt.[6] Die sagbaren Inhalte, theologisch sagt man Dogmen, aber auch
die Riten, Liturgien und Moralvorstellungen protestantischen Glaubens
sind Deutungsmuster, die der befreit-verpflichtete Glaubende verwendet,
um sein Gottes-Widerfahrnis in einer bestimmten Tradition zu erzählen
und mehr oder weniger theologisch-wissenschaftlich zu interpretieren.
Man kann hier Bonhoeffer anführen, „daß ich nicht über meinen Glauben verfüge und daher auch nicht einfach sagen kann, was ich glaube".[7]
Die Inhalte sind zum Widerfahrnis, zur Begegnung sekundär, nachfolgend,
antwortend. Deswegen müssen sie ebenso wie die Rituale, Bekenntnisse,
Liturgien, Gebete, Lieder, Sakramente, Symbole, Bilder um des/der Anderen
und des Interpretierenden willen ständig diskutiert, verändert, transformiert
und in befristeten Konsensen und Kompromissen festgehalten werden.[8] Um
des Anderen willen bleiben meine Aussagen relativ, begegnungsbezogen.
Es gibt keine christlichen Exklusivwahrheiten und Sicherheiten, wohl aber
überzeugte Deutungen im „Experimental- und‚Exposure'-Charakter",[9] frei
nach Friedrich Nietzsche, dass jeder Satz ein Vorurteil sei. Es kann nie *den*
Protestantismus, *das* und *den* protestantischen Glauben geben, das wäre
Fundamentalismus. Gerade der sich ständig selbst aufklärende und sich
selbst überschreitende Protestantismus muss heute die mühsame, aber notwendige Aufgabe des Dialogisierens übernehmen, dass die Meinungen der
Anderen auszuhalten und an ihnen die eigenen Vorstellungen zu prüfen
und zu diskutieren sind. Diese „Streit"-Kultur muss der Protestantismus in
der spätmodernen Selfie-Gesellschaft erhalten in seinen gottesdienstlichen,
seelsorgerlichen, diakonischen, bildungsbezogenen, theologischen Selbst-
gestaltungen.

  In diesem reformierend-protestierenden Sinne sind die folgenden Gedanken entstanden, zumal auch der Protestantismus Glauben immer noch
eher mit letztgültig-wahren Inhalten als mit Verändert-Werden verbindet.
Und je mehr die Bindungskraft vor allem jüngeren Menschen gegenüber

---

6   Nancy, Entzug der Göttlichkeit; Latour, Jubilieren, 44 f.; Bonhoeffer, Widerstand
    und Ergebung, 185, 225 f., 245 f.
7   Bonhoeffer, Widerstand und Ergebung, 261.
8   Menasse, Gedankenspiele über den Kompromiss; Ohly, Willensfreiheit, 125,
    am Beispiel eines Sonnenaufgangs als einer religiösen Erfahrung.
9   Bucher, Theologie im Risiko der Gegenwart, 228.

schwindet, desto entschiedener wird „religious correctness" gepflegt. Aber
dann ist der Protestantismus kein lebendiges Potential mehr, sondern eine
musealisierende Veranstaltung. Der Begriff des *Potentials* meint hier diesen
diskursiven Aneignungsprozess, den der Philosoph und Sinologe François
Jullien mit Ressourcen des Christentums am Beispiel vor allem des Johan-
nesevangeliums vollzieht gegen ein identitäres Christentum.[10] Angewandt
auf die sogenannte Gottesfrage heißt dies provokatorisch: Gott ist nicht so
vorgegeben, dass wir unmittelbar mit ihm kommunizieren könnten: „Einen
Gott, den ‚es gibt', gibt es nicht; Gott ‚ist' im Personbezug, und das Sein ist
sein Personsein".[11] Diese Kritik der Vorstellung von einem jenseitigen Gott,
der unmittelbar in unser Inneres kommt und dort Glauben an ihn bewirkt,
haben in exemplarischer Weise die sozialkritisch-befreiungstheologisch-
feministisch verfahrende Dorothee Sölle in „Stellvertretung" von 1965 und
Jean-Luc Nancy in „Entzug der Göttlichkeit" (2002), aber auch schon
Rudolf Bultmann mit seinem Entmythologisierungsprogramm und der
existentialen Interpretation und Karl Barth mit seiner radikalen Religionskritik durchgeführt. Die hier vorgelegte Argumentation verläuft ähnlich,
nämlich *dekonstruktiv*: Auch der Glaubende kann die Differenz zwischen
Gott, den es nicht „gibt", und sich selbst, den es in der Begegnung ebenfalls nicht „gibt", nicht überspringen durch Mystik, Meditieren, Logik,
Askese, Beten oder sakramentale Handlungen. Gott ist uns Menschen entzogen, wie wir uns untereinander und uns selbst entzogen sind. Zwischen
Gott und uns Menschen waltet ein Riss, gähnt eine Lücke, spaltet eine
unhinterfragbare Differenz, die Gott um unseretwillen nicht schließt, damit
wir einzigartige Subjekte werden können.[12] Ja, man kann sagen, dass Gott
diese schon immer wirksame Lücke „ist". In dieser Perspektive geht es
nicht um einzelne Glaubensdifferenzen, z.B. konfessionell in der Lehre vom
Abendmahl zwischen Reformierten und Lutheranern und dieser beiden
gegenüber der römisch-katholischen Eucharistie-Lehre oder interreligiös
um Differenzen zwischen Christentum und Islam,[13] sondern es geht um eine

---

10 Jullien, Es gibt keine kulturelle Identität, 67 ff.; ders.: Ressourcen des Christentums, 42 ff., 83 f., 116.
11 Bonhoeffer, Akt und Sein, 94.
12 Bonhoeffer, Widerstand und Ergebung, 131.
13 Gerber, Auf die Differenz kommt es an, 7 ff., 63 ff.

solche Differenzen überhaupt erst hervorrufende, ihrerseits unhintergehbare Differenz. Deswegen können Glaubende nur glauben (hoffen, lieben: 1
Kor 13) und können nur *bezeugen*, dass ihnen in ihren Begegnungen mit
anderen Gott begegnet wäre. Dieses Paradox meint nicht die Projektions-
These von Ludwig Feuerbach: „Das göttliche Wesen ist nichts andres als
das menschliche Wesen oder besser: das Wesen des Menschen, abgesondert
von den Schranken des individuellen, d.h., wirklichen, leiblichen Menschen,
vergegenständlicht, d.h. angeschaut und verehrt als ein andres, von ihm
unterschiednes, eignes Wesen – alle Bestimmungen des göttlichen Wesens
sind darum Bestimmungen des menschlichen Wesens".[14] Das von Feuerbach
anthropologisch aufgelöste Paradox hat Paulus aufgrund seiner Naherwartung des Reiches Gottes in 1 Kor 7, 29–31 formuliert an den Beispielen
der Verheirateten, der Weinenden und Fröhlichen, der Kaufenden und
aller, die die Dinge der Welt nutzen. Im Horizont dieses „als ob" kann für
den einzelnen Angesprochenen alles heilig werden, obwohl es dabei pro-
fan bleibt. Pointiert kann man protestantischerseits formulieren (so Peter
Berger), dass jeder Glaubende im Akt seines Glaubens ein Häretiker ist,
weil es in diesem Widerfahrnis von Verpflichtung und Befreiung um seinen
eigenen Glauben geht, der erst in der nachträglichen Reflexion auf Rechtgläubigkeit (was ist das?) oder einfach auf Gemeinsamkeit geprüft werden
kann. Es ist also immer relativ und kann nie absolut gelten, welcher Gott
oder welche transzendenten Wesenheiten genannt, postuliert oder rituell
repräsentiert werden. Protestantisches Glauben hat als Widerfahrnis keinen objektiv angebbaren Grund und als Glauben „an" ist er im Blick auf
interpretatorische Inhalte reine Menschensache und steht dabei in einer
„potentiellen" Tradition.

Bei den folgenden Ausführungen geht es um Klärungen in (Um-)Brüchen,
auch persönlich gesehen: Nach Kinder- und Jugendzeiterfahrungen in einem
liberal-protestantischen Haus in einer Diasporagemeinde mit Aktivitäten
vor allem von uns Jugendlichen und nach einer abwechslungsreichen Zeit
im Pfarrdienst, als es noch den „Herrn Pfarrer" gab, und nach längeren
Jahren als akademischer Lehrer und Professor für Dogmatik und Ethik (an
der Technischen Universität Darmstadt und an der Theologischen Fakultät

14 Feuerbach, Das Wesen des Christentums, 53.

der Universität Basel) entschwindet mir der kirchlich repräsentierte und theologisch aufbereitete Protestantismus immer mehr und ich ihm. Sowohl seine theologische Lehrgestalt(en) als auch seine landeskirchlichen und einzelgemeindlichen (parochialen) Vorstellungen und Praktiken wirken auf mich immer rückständiger und bewegen sich zu oft nicht mehr im Gegenwartsleben. Andererseits imitieren sie landläufige Events und Übliches ohne eigene Akzentsetzung. Sie holen z.b. Fasching/Fasnet-Ausgelassenheit statt eines Kabaretts in Gottesdienste. Sie lassen Alleinstellungsmerkmale vermissen. Befindet sich der Protestantismus in einem Prozess der Musealisierung? Bleibt der kirchliche Protestantismus stehen, stagniert er? Sicher werden klerikale Allüren abgemildert und werden einzelne modernisierende Novitäten, z.b. im Musikbereich und Jugendgottesdienste, angeboten. Wenn man aber die wissenschaftliche Analyse der modernen Gesellschaft teilt, dass diese sich als nachtraditionale, individualisierte Gesellschaft nur dynamisch im Experiment der Selbst(er)findung, also in einer Art Dauerreformierung (statt der Dauerreflexion der früheren Jahre), stabilisieren und integrieren kann,[15] dann gilt für protestantische Kirche(n) die bereits angesprochene Devise Luthers: „Ecclesia semper reformanda" (Kirche ist ständig zu reformieren, also in Bewegung und keine statische Größe). Kirche ist ein andauernder Antwortprozess auf die konstituierende Anrufung durch Gottes Menschenworte. Der Soziologe Hartmut Rosa spricht von „dynamischer Stabilisierung".[16] Stagnation und Hyperbeschleunigung paralysieren Gesellschaft und Kirche(n) gleichermaßen insofern, als Beziehungen „einfrieren", „Resonanzen" verloren gehen und Menschen sich durch den individualisierenden Neoliberalismus entfremden zu Tauschwesen und durch die Digitalisierung in Informanten und schließlich in Informationen verwandeln. Zugleich haben sich die religiösen Institutionen und Bewegungen im Zuge der Wiederkehr des Religiösen verändert, vermehrt, oftmals fundamentalisiert. Kirchen und andere religiöse Institutionen machen wie die Organisation der westlichen Gesellschaften sowohl eine *Legitimationskrise* als auch eine *Strukturkrise* durch und müssen sich regelrecht neu

---

15 Beck; Beck-Gernsheim, Riskante Freiheiten, 36.
16 Rosa, Gelingendes Leben, 18 ff.; s. unten 4.4.a.

erfinden.[17] Dietrich Bonhoeffers Vision einer völlig religionslosen Gesellschaft hat sich bis jetzt nicht erfüllt.[18]

Das Idealbild vom mündigen Individuum, das Dietrich Bonhoeffer zu seiner Zeit weitgehend erfüllt sah, hat in seiner kapitalismus- und mediengestützten Gestalt die Fähigkeit zerstört, Verantwortung zu übernehmen. „Auch Erwachsene sind tatsächlich keine mündigen Individuen mehr, sondern verharren in einem Zustand der Unreife, der es ihnen unmöglich macht, die jüngere Generation zu Verantwortungsbewußtsein zu erziehen". Das Leben wird auf das Lustprinzip, auf bloße Gegenwart reduziert und Vergangenheit und Zukunft werden ausgelöscht. „Die Folgen sind eine Infantilisierung der Gesellschaft, strukturelle Verantwortungslosigkeit und eine durch manipulative Medien verursachte gesamtgesellschaftliche Aufmerksamkeitsstörung".[19]

Statt diese Probleme, die auch den Protestantismus zu zersetzen drohen, anzupacken, hat sich eine bisweilen *aggressive Gleichgültigkeit* auch im Raum des Protestantismus breit gemacht. Wahrscheinlich färbt die ansteckende Müdigkeit der erschöpften Selbstverwirklichungsgesellschaft mit ihren anstrengenden neoliberalen Zwängen und Erfahrungen der Vereinsamung und des Scheiterns, mit narzisstischen Persönlichkeitsstörungen und depressiven Erkrankungen ab.[20] Der ehemals erratische Macht- und Orientierungsblock Gottes auf Erden in Gestalt der Kirche(n) nimmt schleichend, aber stetig ab an gesellschaftlicher Bedeutung, an Mitgliedern und an Wirkung auf die Individuen. Schon 1968 analysierte der streitbare Professor für Neues Testament Ernst Käsemann: „Nüchternes Urteil über unsere Lage zwingt jedoch, uns einzugestehen, daß das christliche Abendland und die Volkskirche in unsern engeren Verhältnissen vergangene Lebensformen sind".[21] „Die Kirche ist aus dem Alltags- und Glaubensleben der Menschen ausgetreten".[22] Manchmal erweckt der in seinen Wurzeln eigentlich

---

17 Forst, Die Demokratie in der Krise, 28 f.
18 Bonhoeffer, Widerstand und Ergebung, 178 u.ö.; Huber, Das Vermächtnis Dietrich Bonhoeffers, 321 f.
19 Stiegler, Die Logik der Sorge, Klappentext.
20 Ehrenberg, Das erschöpfte Selbst; ders.: Das Unbehagen in der Gesellschaft, 15 ff., 493 ff.; Stiegler, Die Logik der Sorge, 167.
21 Käsemann, Der Ruf der Freiheit, 21.
22 Vögele, Die ausgetretene Kirche.

reformbewusste Protestantismus den Eindruck, als ob sich die Kirche weiterhin als die von Gott gesandte Wahrerin einer für alle Menschen feststehenden Wahrheit aus alter Zeit etabliere und darauf mit einem nur noch selten trotzigen Überlegenheitsgefühl sitzen bliebe, aber wenigstens ohne das „unperfekte Abbild der himmlischen Gemeinschaft in Gestalt der römischen Weltkirche" sein und spielen zu wollen. Eine früher gezeigte engagierte Distanz zur „Welt" bei gleichzeitiger Zuwendung um deren „Wohles" willen wird heute nicht selten in paradoxer Weise entweder schamhaft verdeckt oder fundamentalistisch-aggressiv ausgespielt. Zu selten führt es zu einem offenen munteren Dialog. Eines der einstigen Alleinstellungsmerkmale, die Evangelische Akademie(n) der Nachkriegszeit, zieht bei aller Qualität der Themen und der didaktischen Konzeptionen nicht mehr die großen Diskussionen an. Spielt nicht aber auch manchmal ein Anflug von (hilfloser) Arroganz mit, dass man der „Welt" zu ihrer Rettung etwas Exklusives zu sagen hätte, was aber das Außerhalb dieser Heilsbotschaft eher verstärkt, als dass sie Aufmerksamkeit erhielte. Dieses durch die Wirklichkeit und theologisch ohnehin nicht gedeckte Selbstbewusstsein schlägt sich bisweilen im Verhalten der Kirchentreuen nieder, wenn sie sich wie Auserwählte und bereits Gerettete verhalten und vergessen, dass der Protestantismus ähnlich wie eine herausfordernde Kunst unsere Sicherheiten und unseren „erleuchteten Glauben" gerade infrage stellt, weil es eben (nur) unser persönliches Glauben ist? (Hier wird unterschieden zwischen Glauben als *Widerfahrnis* im Sinne eines Begegnungsaktes, also *das* Glauben, und dem Glauben als *inhaltlicher Füllung, als Interpretation* dieses entzogenen Widerfahrnisses, also *der* Glauben.) Erwarten die Prediger und Predigerinnen, dass ihre von Außenstehenden bzw. -sitzenden oft als Scheindialoge empfundenen Umschreibungen von Bibeltexten und persönlichen Antworten von diesen bestätigt werden sollen? Man kann es auf einen freilich vereinfachenden Nenner bringen: Auch der Protestantismus setzt normalerweise im Himmel bei Gott an, bei der Auferstehung des Christus, dessen Jesus-Menschsein und Ermordung aus politischen und religiösen Gründen ins Hintertreffen geraten; man beginnt am Ostersonntag und beim Erlöst-Sein am Ende der Welt-Zeit und blickt von dort zurück auf Weihnachten. Man orientiert sich an dem mythologisch-heilsgeschichtlichen Spannungsbogen von der Schöpfung bis ins dereinstige Erlöstenreich im Himmlischen Jerusalem. Und diesem alle Zeiten umfassenden Zeit-Raum korrespondiert ein von der griechischen Kosmos-Metaphysik vertretenes und bei Kleinkindern die Wahrnehmung prägendes geschlossenes Weltbild mit Gott an der Spitze und ein darin eingeschriebenes totalisierendes Denken statt einer Offenheit und Veränderbarkeit. Von diesem geistlichen Hochsitz aus schaut der Gläubig-Wissende auf den irdischen Alltag, der sich als von der Kirche begleiteter Bewährungslauf bis in den Himmel mal mühsam, mal freudig vollzieht – oder man hat alles aus dem Konfirmandenunterricht vergessen und erfreut sich noch an den kirchlichen Feiertagen.

Zwar sind in diesem Geflecht von Angebot und Nachfrage protestantischer Glaubensgestaltung, das im ökonomischen Tauschverfahren funktioniert: „Gibst du mir den richtigen Glauben, dann gebe ich dir meinen Gehorsam", auch Zweifel erlaubt, wenn sie nicht gleich den ganzen Glaubensbetrieb infrage stellen. Zweifel signalisieren nach offizieller Version allemal Glaubensschwäche und Scheitern und rufen nach Wachstum des Glaubens, ohne sagen zu können, worin dieses Wachstum bestehen möge, weil *das* Glauben jeweils anders geschieht. Deswegen gehören Schwanken und Scheitern zu jedem Glaubensleben, weil Glauben, Lieben und Hoffen Geschenke, Widerfahrnisse, Unerwartetes sind und nicht von Menschen selbst hergestellt werden können.[23] Spielen hier dann nicht auch Verunsicherung und Angst vor einem am Horizont drohenden Verschwinden der eigenen Person eine Rolle? Und was geschieht, wenn die bislang orientierende Kirche und die immer komplexer werdende und damit dem Vereinzelten entschwindende Welt als sicheres Außen nahezu verpuffen und schmerzhaft ins Individuum implodieren? Was bringt es dann, wenn man sich auf theologische und moralische Gesinnungen und eine christliche mythologische Überwelt stützt, die von der Alltagswelt nahezu vollständig entkoppelt sind? Dann schwindet auch die Verpflichtung, in unserer konfliktgeladenen Welt dem Anderen aus einem Glaubensimpetus heraus hilfreich zu begegnen und für die Schöpfungswelt ökologisch einzustehen. Dann besteht die Gefahr, dass sich der Protestantismus von der Verantwortung verabschiedet und in eine dilemmafreie, „erhöhte" Christenposition flüchtet, wie der Ethiker Johannes Fischer am Beispiel der Friedensdenkschrift der EKD (Evangelische Kirche in Deutschland) von 2007 gezeigt hat: „Auch die Kirche ist von

---

23 Zilleßen; Gerber, Und der König stieg herab von seinem Thron, 18–20.

der Gefahr nicht frei, dass sich in ihr Gesinnungsmilieus bilden, ja, dass sie insgesamt aufgrund der Verwechslung des christlichen Glaubens mit guter Gesinnung Tendenzen in Richtung auf ein solches Milieu entwickelt, das sich das Gute auf die Fahnen geschrieben hat. Wo immer dies der Fall ist, da ist der Boden der protestantischen Rechtfertigungslehre verlassen, deren Pointe gerade in der Befreiung zu verantwortlichem Entscheiden und Handeln liegt".[24]

Sicher liegt ein kaum entwirrbares Gemisch von Verhaltens- und Denkweisen vor, über das sich protestantische Kirchenmitglieder selten (kritisch) austauschen (können) und das dem Außenstehenden einen Durchblick schwer macht. Dann muss man als kritisch Distanzierter aufpassen, dass man nicht ungerechte Schuldzuweisungen verteilt. Ich werde weiterhin Kerngedanken protestantischen Glaubens teilen wie z.B. die Vorstellung vom *unfreien Willen beim Heilwerden, beim Subjekt-Werden,* im Sinne Martin Luthers gegenüber dem Humanisten Erasmus von Rotterdam 1525 mit der Streitschrift „De servo arbitrio"[25] und heute dem spätmodernen, sich autonom wähnenden Selfie, der z.B. in Corona-Zeiten gegen seinen Kontrollverlust gerne unkontrolliert aufbegehrt. Ich halte die Umkehrung des geläufigen symmetrischen Ich-Du-Modells, wie es auch Martin Buber vertrat, in die an Martin Luthers Rechtfertigungslehre erinnernde *asymmetrische Du-Ich-Richtung* und damit die Orientierung von Glauben, Lieben und Hoffen am Anderen-Nächsten „in der Spur Gottes". Diese Umkehr weg von der Subjekt-Theologie und -Philosophie halte ich für einen umstürzend-reformatorischen Impetus für unsere egozentrische, auf Selbstverwirklichung setzende und neoliberal entsolidarisierte Gesellschaft. Ich achte Elemente eines protestantischen Lebensstils wie z.B. das Eintreten für die Freiheit und Verpflichtung in unserer Demokratie und einer sich demokratisch gestaltenden Kirche, für soziale Teilhabe prekär lebender Menschen und für einen nachhaltigen Umgang mit der Schöpfung. Solche und weitere protestantische Einschreibungen bleiben Aufgaben in unserer spätmodernen Gesellschaft und aktuell für eine selbstkritische Reflexion auf Religion und für konviviale Formen der Gemeinschaftsstiftung, für ein

---

24 Fischer, Kirche als Gesinnungsmilieu?, 204.
25 Luther, Daß der freie Wille nichts sei, 7 ff., 247–249.

„demokratisches Wir". Ich erinnere an diejenigen Protestanten in der ehe-
maligen DDR, die an verantwortlichen Stellen 1989/1990 den friedlichen
Umsturz mittrugen.[26] Bei solchen Überlappungen von politischen, sozial-
wissenschaftlichen, anthropologischen mit christlich verorteten Ansprüchen
und Desideraten sehe ich die christlichen Beiträge oft fremder, meistens
schwerer verständlich, weniger plausibel. Es geht nicht um das Ideal einer
sogenannten exakten Wissenschaft als Verständigungsrahmen, sondern um
eine Abständigkeit christlich motivierter Äußerungen, die mich nicht mehr
als eine potentielle Spannung oder als Paradox von Gott als Widerfahrnis
und unserem antwortenden Glauben erreicht. Im Folgenden werde ich versuchen, diese lähmende Diastase an Beispielen zu zeigen.

Worin liegt die schleichende Entfremdung zwischen der spätmodernen
Gesellschaft und dem kirchlichen und theologisch-wissenschaftlichen Protestantismus? Der Entfremdung gehen Nähe, Sympathie, Teilnahme, Zugehörigkeit voraus, wie schon an einigen Potentialen angezeigt. Ereignisse wie
ein klangvolles Glockengeläut, kulturgesättigte Angebote in Kirchenmusik
und Kunst, „Religionsunterricht für alle im Klassenverband" der verschiedenen Konfessionen, Religionen und Weltanschauungen angehörenden
Schülerinnen und Schülern und manche aufrüttelnde Stellungnahme zu
Politik und Gesellschaftsprozessen vom Stuttgarter Bekenntnis 1945 bis zu
Demokratie-Weckrufen halten für eine liberal-kritische Gestaltung unserer
fragmentierten Selfie-Gesellschaft konstitutive Erinnerungen und Aufgaben
wach. Sie zwingen aber auch zugleich zu kritischer Analyse des Gewesenen,
Gegenwärtigen und Gewünscht-Ausstehenden, weil protestantisches Glauben einem befreiungstheologischen Hintergrund entspringt. Wo bleiben im
Haupttenor der protestantischen (Landes-)Kirchen prekär Dahinlebende,
verarmende Alleinerziehende, kranke und vergessene Menschen (zugespitzt
in Corona-Zeiten)? Wo bleibt laute Kritik an Ausbeutenden, an Politikern,
wenn sie nur auf ihre Wiederwahl schielen und sich bereichern, an Egoisten
und Machos, an Naturzerstörung und Technikwahn? Wo bleibt die Forderung nach Verteilungs- und Teilhabegerechtigkeit? Wie wehrt sich der
Protestantismus gegen die großenteils asozialen Folgen unserer digital-kapi-
talistischen Gesellschaft, ohne in Angst vor Mitgliederschwund vor allem

---

26 Stegmann, Die Kirchen in der DDR.

seitens Jugendlicher zu verfallen? Es geht nicht um eine Pauschalkritik, denn es steht ebenso außer Zweifel, dass punktuell in manchen Kirchengemeinden und seitens mancher Landeskirchen viel Hilfe geleistet wird für und mit solchen ausgeschlossenen Menschen und dass sich die EKD für Migranten und Flüchtlinge einsetzt. Aber ein Hang zur kapital- und bildungsbürgerlichen Mitte ist dem Protestantismus von seinem Ursprung her bis heute nicht abzusprechen. Und dabei geht es nicht um eine christliche Ethik, die etwa aus der Bibel oder sonstigen Glaubensvorstellungen „abzuleiten" wäre, sondern um eine „Ethik für Christen", indem gemäß dem Luther-Satz der Glaubende seine eigenen Dekaloge entwirft und umsetzt als Antworten auf den fordernd-befreienden Anderen.

b. Antwortet der Protestantismus auf die Selbstverwirklichungsgesellschaft?

Die Beispiele in Kapitel 2 können Entfremdungserscheinungen und notwendige Abschiede belegen. Ich möchte mit diesen Beispielen meine persönlichen Erfahrungen und Reflexionen im Kontext gesellschaftlicher Umbrüche und Abbrüche gleichsam spiegeln und illustrieren. Viele dieser Überlegungen habe ich mit Kolleginnen und Kollegen aus der theologischen Wissenschaft, aus der Philosophie und Soziologie, mit Theologie-Studierenden und in Akademien, mit fragenden Protestantinnen und Protestanten bei Vorträgen und im Gemeindeleben geteilt und diskutiert. Manchmal konnten Betroffene nicht sagen, welcher Konfession oder Religion sie angehören oder angehören möchten oder ob sie nicht einen Atheismus vertreten. Die Zeiten mit „protestantisch: ja oder nein?" klingen ab. Die entstehenden innertheologischen und innerkirchlichen Probleme wurden darauf hin befragt, ob und wie sie mit den zivilgesellschaftlichen und religionspolitischen Prozessen in der Spätmoderne korrespondieren? So kann man beispielhaft die soziologische Unterscheidung in die *Disziplinargesellschaft* der industriellen Moderne und in die derzeit ermüdende spätmoderne *Selbstverwirklichungsgesellschaft* ab den 1970er Jahren heranziehen und feststellen, dass vor allem konservative Teile unserer Gesellschaft und die protestantische Kirche(n) im Wesentlichen noch in den Strukturen, Normen und Schemata der Pflichterfüllung, Selbstdisziplinierung, Anpassung, des unauffälligen Sicheinfügens in den sozialen Kontext von Gesellschaft und

Kirchengemeinde agieren. Aber die früher gewohnte Reserviertheit Gefühlen und Affekten gegenüber in der Öffentlichkeit hat sich nahezu umgekehrt in die Pflege möglichst positiver *Gefühle* in religiösem Gewande: Erfüllung, Begeisterung, soziale Harmonie, Entfaltung der Seele, Befriedigung, Erlebnisse, Spielerisches, Leichtigkeit, kosmisches Einheitsgefühl, Women's Night (weil man die Männer verloren gibt?) u.a.m. Beim spätmodernen Menschen hat sich die „Pflichterfüllung im Namen Gottes" transformiert in das Paradox von (positiv) emotional geleiteter Selbstentfaltung und sozialem Erfolg mit hoher öffentlicher Anerkennung. Soziologinnen und Soziologen wie Eva Illouz, Ulrich Beck, Judith Butler, Axel Honneth, Andreas Reckwitz, Hartmut Rosa, Wilhelm Heitmeyer und weitere haben die politischen, ökonomischen, sozialen und kulturellen (und leider nur am Rande die religionsbedingten) Hintergründe dieses *Paradigmenwechsels* beschrieben.[27] Der spätmoderne Mensch, auch „Selfie" genannt,[28] benützt Mitmenschen wie Waren und die Welt als Mittel für seine Selbst(er)findung in einer instrumentalisierten Distanzlosigkeit, die ihm Querschläger wie die Corona-Pandemie insofern wieder austreiben, als er in ungewohnter Weise wieder die einst als Höflichkeit installierten Formen distanzierten Kommunizierens jetzt als Pflichtübung lernen muss, wenn auch nicht lernen mag (Stichworte: Querdenker, Verschwörungsideologen, Reichsbürger u.a.). Dahinter steht neben anderen die „demokratisierte" Erfahrung der individualisiert-vereinzelten Subjekte, dass sie in ihren Selbstverwirklichungsversuchen keine öffentliche Anerkennung mehr finden können. Und dieses Anerkennungsvakuum lässt „die wachsende Bereitschaft entstehen, kulturindustriell vorfabrizierte Lebensstile als ästhetische Ersatzangebote für die sozial leerlaufenden Biographien zu übernehmen", sodass immer neue „Weltanschauungen" und eine „Rückkehr des Religiösen" (auch in Konkurrenz zum Christentum) gefragt sind. Und der Freiheitszwang des Neoliberalismus macht sich diese von Axel Honneth zutreffend beschriebene Situation für seine konsum- und lebensstilorientierte Individualisierung und gleichzeitige Pluralisierung der

---

27 Honneth, Kampf um Anerkennung; kritisch dazu bei Dungs, Anerkennen, 78 ff.;
    Reckwitz, Das Ende der Illusionen, 203 ff.; Heitmeyer; Freiheit; Sitzer, Rechte
    Bedrohungsallianzen, 281 ff.; Gerber; Ohly (Hrsg.), Anerkennung: personal –
    sozial – transsozial.
28 Gerber, Individualisierung, 37 ff.

Lebensstile zunutze. Was dabei ausgefallen ist, kann man auch und gerade für den Protestantismus als „Herausbildung einer postindustriellen Form von Sittlichkeit" bezeichnen, die in nahezu allen Sozialtheorien fehlt.[29] Im gleichen Atemzug haben überkommene Gruppensolidaritäten wie Vereine, Bürgerinitiativen, Gewerkschaften und Kirchen mit Auflösungserscheinungen und Rekrutierungsproblemen zu kämpfen bei gleichzeitigen zaghaften Neubildungen von Gemeinschaftsbezügen in Formen wie Events, Massentourismus, Freizeitkultur und projektbezogenen Bürgerinitiativen.[30] Hier kann und muss der Protestantismus in kritischer Kenntnisnahme und Auseinandersetzung „andocken".

Um diesen Auflösungs- und Vermassungstendenzen zu entgehen, gerieren sich manche kirchliche Mitarbeiter in einer Weise, die heute als anbiederisch empfunden wird, angefangen vom geistlichen Du der „Sprache Kanaans" bis zum schulterklopfenden Degradiertwerden zum Sünder und dem darauffolgenden augenzwinkernden Einvernommenwerden als Gerechtfertigter. Aber dieser Zahn oberflächlicher Harmonie, Kameraderie und Gemeinschaft wird den Kirchen permanent gezogen im Sinne einer negativen Reformierung, dass nicht nur viele Inhalte als überholt beiseitegelassen werden, sondern auch viele Verhaltensweisen und Einstellungen mit einem missionarischen Anstrich. Dietrich Bonhoeffer sprach in diesen Zusammenhängen von „säkularisiertem Methodismus" und insofern von der „billigen Gnade", als dem zerknirschten Sünder selbstverständlich rettende Gnade winke.[31] Aber es könnte auch ganz anders kommen im Sinne einer von Axel Honneth angedeuteten neuen Vergemeinschaftungsart: Vielleicht erscheint der andere Mensch ganz neu als der befreiende und zugleich verpflichtende Andere, der mich herausfordert und in der Weise Hilfe von mir verlangt, dass ich als einzigartige Person, auf die er setzt, zugleich diese Würde als Person geschenkt bekomme und „Subjekt" werde durch diesen Anderen. Vielleicht bricht dieser in seiner einzigartigen *Geschöpflichkeit* (Natalität lt. Hannah Arendt) die bisweilen autistische Selfie-Egozentrik und die Reduktion unserer Begegnungen auf Tauschbeziehungen auf.[32] Protestanten

---

29 Honneth, Desintegration, 19.
30 A.a.O., 27 f.
31 Bonhoeffer, Widerstand und Ergebung, 217.
32 Lempp, Die autistische Gesellschaft, 69 ff.

erfahren und deuten diese säkulare, profane Begegnungsweise als Widerfahrnis des gnädigen und verpflichtenden Gottes, der den in sich verkurv-
ten Sünder-Menschen begegnungs-, beziehungs- und kommunikationsfähig
macht. Was als Evangelium, als heilsbringende Botschaft verständlich ist,
entscheiden nicht die Berufung auf die auszulegende Bibel, nicht die notwendige theologische, philosophische, soziologische und zum Teil natur-
wissenschaftliche Begriffs- und Sacharbeit und auch nicht argumentative
Logik, wie sie z.b. den heute unverständlichen Gottes-Beweisen zugrunde
liegt. „Religiöse Kopfgeburten" (in Anlehnung an den blendenden Erzähl-
essay „Kopfgeburten" [1980] von Günter Grass) und Bekenntnisse, ein religiöses Bauchgefühl und religiöse Bedürfnisse machen das Glauben und den
Glauben analog zur Totalökonomisierung unserer Gesellschaft zu einem
religiösen Tauschhandel, weil es *den* (einzig richtigen, wahren) Glauben
nicht geben kann. Was ist logisch oder ökonomisch oder vorteilhaft an Vertrauen, das von Anderen geschenkt wird? Was ist Bedürfnisbefriedigung an
umsonst empfangener Liebe? Was ist Gewinnaussicht an offener Zukunft
ohne Voraus- und Gegenleistung? Hier sehe ich so etwas wie Potentiale
des Protestantismus, die man aber nicht wie ein umzusetzendes Programm
handhaben kann. Solche Potentiale widerfahren anarchisch, also grund- und
anfangslos, sie sind einfach plötzlich da und verändern uns oder sie verpuffen. Sie erinnern an Dietrich Bonhoeffers Vorschlag, von Gott „religionslos-
weltlich",[33] „nicht-religiös",[34] zu reden, ohne dem anthropozentrischen
Ansatz der „liberalen, mystischen, pietistischen, ethischen Theologie" und
dem offenbarungspositivistischen Entwurf von Karl Barth zu verfallen.[35]
Sofern der Andere in der Spur Gottes das leibhaftig-inkarnierte Potential für
mich verkörpert, wird der Subjekt-Theologie ein Riegel vorgeschoben und
das Subjekt durch den messianischen Anderen dezentriert.[36] Entsprechend
„gibt" es nicht die Kirche als „christliche Gemeinschaft der Glaubenden"
(Communio Sanctorum), denn Kirchen-Gemeinschaft ist stets ambivalent

---

33 Bonhoeffer, Widerstand und Ergebung, 180.
34 A.a.O., 183.
35 A.a.O., 184; Wüstenberg, Der Einwand des Offenbarungspositivismus, 1007 f.
36 Reckwitz, Subjekt, 15 ff.

als Ereignis/Widerfahrnis und als Gestaltungsaugabe. Eine „Wir-Kirche" kann man nicht machen, weil sie als Be-Rufung und Gestaltung geschieht.[37]

Wir leben in einer egozentrisch dynamisierten *Individual(un-)kultur*, die der Neoliberalismus zu seinem Funktionieren hervorgerufen hat und dabei die früher privat-persönlich-individuellen Gefühle wie Liebe, Freude, Zufriedenheit, Angst, Wut zu Waren pervertiert und zur öffentlich gewordenen, kauf- und tauschbaren Allgemeinausstattung transformiert hat.[38] Dabei sind negative Gefühle möglichst auszuschließen, wofür eine ganze Lebensverbesserungsindustrie installiert wurde.[39] Und die positiven Gefühle sind mittels Seelen-Stärkung als individuelle Stärken „resilient" zu machen.[40] Gegen dieses Konzept der flexiblen Anpassungsfähigkeit des ermüdenden Individuums an seine prinzipiell krisenförmige Umwelt sollte der Protestantismus sein „*törichtes*" *Bild vom schwachen Menschen* zum Zuge bringen: „Denn das Wort vom Kreuz ist zwar denen, die verlorengehen, eine Torheit; uns aber, die wir gerettet werden, ist es eine Kraft Gottes" (1 Kor 1, 18). Subjektwerdung, Heilwerden der Ich-Person geschieht nicht durch Selbstermächtigung, sondern durch die befreiende und in die Verantwortung rufende Du-Person, und dabei behalten beide Individuen in ihrer Verletzbarkeit (Vulnerabilität) ihre Würde und entsprechend ihre Privatsphäre. Glauben im protestantischen Sinne ist keine Selbsttherapie. Indem Subjekt-Werdung im Glauben durch den Anderen in der Spur Gottes widerfährt, geschieht diese Begegnung in paradoxer Weise zugleich als Widerfahrnis für den Einzelnen und als Gestalten von Kirche als „Gemeinschaft der Glaubenden". Die Kirche tritt für vulnerable „Torheit" statt für sichernde „Vernunft" ein, für den „Geringsten unter den Schwestern und Brüdern" statt für den „Angesehenen", und sie stellt auf diese Weise unsere gewohnte Welt-Gesellschaft auf den Kopf. So bliebe der Protestantismus ein Skandal und Stachel der kapitalistisch und digital uniformierten Gesellschaft, in Erinnerung an den Apostel Paulus: „Hat nicht Gott die Weisheit der Welt

---

37 Bonhoeffer, Communio Sanctorum, bes. 207–212; einführend bei Rosa, Theorien der Gemeinschaft.
38 Illouz, Gefühle, 69 ff.
39 Reckwitz, Das Ende der Illusionen, 219–232.
40 Kritisch bei Graefe, Resilienz im Krisenkapitalismus; Stiegler, Die Logik der Sorge, 112 ff.

zur Torheit gemacht? Denn weil die Welt durch ihre Weisheit Gott in seiner Weisheit nicht erkannte, gefiel es Gott, durch die Torheit der Predigt die zu retten, die glauben. Denn während Juden Zeichen (sc. Wunder) fordern und Griechen nach Weisheit fragen (sc. logische Gottesbeweise), predigen wir Christus, den gekreuzigten, für Juden ein Ärgernis, für Heiden aber eine Torheit" (1 Kor 1, 20–23). In diesem Glaubenssatz steckt „potentiell" eine explosive Gesellschaftstheorie und umstürzende Gesellschaftsgestaltung.

Auf das Schwinden des *Volkskirchencharakters* auch des Protestantismus kann man nicht mit Appellen antworten, z.B. dass man die Kraft des Protestantismus in sich selbst zu entdecken habe, wie es derzeit viele Selbstheilungsangebote und Therapien der „Neuen Innerlichkeit" suggerieren. Gegen den entsprechenden Versuch eines bürgerlichen Verinnerlichungschristentums haben schon Dietrich Bonhoeffer, Dorothee Sölle und viele andere protestiert. In die gleichsam umgekehrte Richtung soll man sich der Transzendenz öffnen, die sich meistens aber als Kapitalanlage-Berg eines spirituellen Rattenfängers entpuppt. Wohin soll man sich transzendieren, wenn man sich dabei nur immer im eigenen Kreis dreht und damit den Anstoß „von außen", nämlich den Anderen-Nächsten (und die Schöpfungswelt) nicht wahrnehmen kann? Solche Angebote führen ebenfalls zu Innerlichkeitsmetaphysik und typisch spätmoderner Versorgung mit (Bauch-)Gefühlen und (Bedürfnis-)Affekten ohne kritisches Aufarbeiten der Probleme. So wird z.B. in der (Neuen) Positiven Psychologie mit Überhöhungen der religiösen Bedürfnisse durch Selbsttranszendieren gearbeitet.[41] Negative Gefühle und Erlebnisse sollen „positiviert" werden als Resilienz-Stärkung; die Sorge wird zum Marketing.[42] Nicht wenige übernehmen sich dabei und landen in einem Gefühlsfundamentalismus, weil sie Unverfügbares und das Leben als Risiko nicht ertragen. Oder sie geben ihren letzten Rest an Protestantismus auf, weil sie müde werden in unserer beschleunigt-hektischen, neoliberalen Gesellschaft und weil ihre Kirche in der weitgehend säkularen Gesellschaft ihnen keine „Kontingenzbewältigung", also keine Bearbeitung von unerwartet eintretenden Schicksalsschlägen mehr anzubieten vermag mit ihrem traditionellen Tröstungsrepertoire.[43]

---

41 Illouz, Gefühle, 69 ff.
42 Stiegler, Die Logik der Sorge, 163 ff.
43 Reckwitz, Das Ende der Illusionen, 232.

c. Was kann verabschiedet, was sollte reformiert werden?

Die Beantwortung dieser grundsätzlichen Frage hängt vom Blickwinkel des engagierten Betrachters ab. So werde ich im Folgenden versuchen, solche Vorstellungen und Praktiken im Protestantismus wahrzunehmen, zu analysieren und zu diskutieren, die man als überholt und deswegen als einengend und teilweise als pathologisierend, das Erwachsenwerden erschwerend bis verhindernd und krank machend verabschieden sollte, und solche, die den paradoxen Charakter unseres menschlichen Lebens und Zusammenlebens „protestantisch" anzeigen und sich gegen Lösungen wehren, wo es in Lebenskonflikten keine Lösungen geben kann. Für die Kirche(n) würde dies eine Umstrukturierung auf die Vielfalt von Angeboten bedeuten in Ausweitung über den traditionell zentralen 10-Uhr-Sonntagsgottesdienst, den Gebetskreis und die Abendandacht hinaus, die ihre Ausschließlichkeitsposition verlören. Das *Abendmahl* würde als Agape- und freudiges Gemeinschaftsmahl gefeiert werden können, wozu Klaus-Peter Jörns begründete Vorschläge gemacht hat.[44]*Projektarbeit* an aktuellen Problemen und längerfristigen Themen in Gruppen bis zu Ad-hoc-Veranstaltungen würden in den Vordergrund rücken. Der Akzent verschöbe sich von den fest ritualisierten „religiösen" Angeboten zu themen-, gesellschafts- und personenorientierten Aktivitäten ohne die traditionelle „Kirchensprache" und Verpflichtungen zu Glauben und offizieller Zugehörigkeit. In der Corona-Zeit wurden digitale Angebote ausgearbeitet, die man weiter entwickeln und in Beziehung zu Präsenzformen bringen kann, die sich ihrerseits verändern würden. Die Beteiligten könnten in einer organisatorisch, thematisch, räumlich, terminlich, personell pluralen Kirchengemeinde ihre Vorstellung von Religiosität eher dialogisch als nach festen Erwartungsschemata und Ritualen vollziehen. Sie könnten ihre Fragen und Zweifel einbringen und Kirche als phantasmatische Gemeinschaft leben, sodass der Charakter des Glaubens als eines unverfügbaren und der Moral vorausliegenden Widerfahrnisses bewusst bliebe. Dies schlösse *Rituale* ein, sofern diese nicht als heilsnotwendige zu vollziehen wären.[45] Rituale können als Kontrastfolie gegen die radikal individualisierte Selfie-Gesellschaft und gegen die Erosion der Gemeinschaft

---

44 Jörns, Lebensgaben Gottes feiern, 149 ff.
45 Han, Vom Verschwinden der Rituale, 47 ff.: Fest und Religion.

vollzogen werden und von dem kollektiven Narzissmus befreien. Christliche
Feste von der Taufe bis zum Begräbnis, von Weihnachten bis zu Ostern,
vom Abendmahl bis zu Gemeindeanlässen werden als mehr oder weniger
offene Rituale vollzogen und sorgen für Erwartungshaltung; und sie können
zugleich Ordnungsstrukturen für den Tag, die Woche und das (Kirchen-)
Jahr geben. Rituale ordnen und stabilisieren das Zusammenleben und teilen
die Zeit ein, z.b. früher in den Tageslauf mit Morgen- und Abend/Nacht-
gebet, in Tage mit dem Freitag als Fastentag und Wochen mit dem Sonntag
als Gottesdienst- und/oder Freizeit-Tag und in ein Kirchenjahr mit Festen
und Trauergedenken. Rituale geben Dauer, Erwartung und Erinnerung
und können dadurch die narzisstische Focussierung auf das kairologisch
aufgeladene Jetzt des Selfies zurückdrängen und eine Verlangsamung der
Hyperbeschleunigung intendieren. Sie können angeschlagenen Menschen
helfen. Aber sie müssen antastbar, veränderbar bleiben, weil sie als Riten
ihren Ursprung heilsam wiederholen sollen.

Noch ein Hinweis ist notwendig: Warum nur der Protestantismus? Den
römischen Katholizismus halte ich für eine weiterhin vormoderne Verkirch-
lichung des Christentums.[46] Wer mittels der Unfehlbarkeit und des Juris-
diktionsprimates des Papstes, mittels (männlichen) Zwangszölibates und
des Ausschlusses von Frauen aus kirchenkonstitutiven Ämtern weiterhin
Hierarchien zementiert, wer Sexualmissbrauch durch Kirchenpersonal nicht
der staatlichen Rechtssprechung übergibt und sogar immer noch vertuscht,
wer Verhütungspraktiken verwehrt und Abtreibung kriminalisiert, wer
lehrmäßig-unfehlbar eine Realpräsenz Jesu Christi z.B. in der Eucharistie-
Hostie vertritt und den Glauben als Gemeinschaftswerk Gottes mit dem
sündigen Menschen definiert, wer eine patriarchalisch bestückte Kirche
der „Nachfolge Jesu Christi" hierarchisch mit Exkommunikationsbestra-
fungen betreibt und anderes mehr im Geist einer angeblich gottgewollten,
aber exklusiv von Rom aus dirigierten Ordnungskirche aufrechterhält, den
trennt selbst von einem konservativen Protestantismus eine grundlegende
Reformation. Und der Protestantismus könnte daran lernen, dass er dem
der römischen Kirche eingravierten „Streben nach der eigenen (spirituellen)

---

46 Gerber, Wie überlebt das Christentum?, 45–71; Gerber, Fundamentalismen in
    Europa, 30 f. u.ö.

Erlösung als der höchsten Form des Egoismus entsagen sollte", urteilt der einem selbstkritischen Christentum durchaus geneigte slowenische Philosoph Slavoj Žižek.[47] Und er fügt an anderer Stelle ähnlich wie Jürgen Habermas an, dass sich Kirche(n) und Theologie(n) wieder das *jüdisch-christlich geprägte Christentum* mit seinem Personalismus und seiner Vorstellung vom Treue-Bund Gottes aneignen sollten statt der abendländischen (eurozentrischen) Variante des kosmisch-holistischen, präskriptiven Christentums mit seinem theistischen, substantiell vorgestellten Jenseits-Gott aus der hellenistisch-philosophischen Metaphysik.[48] Der katholische Theologe Johann Baptist Metz hat in seiner zusammen mit dem Soziologen Franz-Xaver Kaufmann herausgegebenen Analyse von „Suchbewegungen im Christentum" die (römisch-katholische) Kirche daran erinnert, dass sie „im Namen ihrer Sendung Freiheit und Gerechtigkeit für alle suchen" und sich durch „eine Kultur der Anerkennung der Anderen in ihrem Anderssein" leiten lassen und eine entsprechende Kultur des Teilens initiieren muss.[49]

Mit dem Ende der griechisch-hellenistisch begründeten *Metaphysik* geht auch die Plausibilität des metaphysisch und machtpolitisch ausgestalteten (statt des judenchristlich orientierten) Christentums zu Ende. Deswegen kommt es auf die *Differenz* der Religionen und ihrer Lebensstile und Lehren an, wenn man Ökumene als Ab- und Ausgleich von Differenzen im Bewusstsein ihrer Differenz betreibt.[50] Der Soziologe Peter Gross ist einen Schritt weiter gegangen und hat eine konsequente „Entsubstanzialisierung des Christentums" angemahnt: „Nicht ewiges Leben, sondern Leben erleben, heißt die Devise. Nicht warten aufs Jenseits, sondern sich freuen am Diesseits. Nicht Erlösung von der Welt, sondern Versöhnung mit der Welt. Erlösungswege gibt es wie Sand am Meer, obskure und christlich angehauchte […]. Wenig oder nichts also ist geblieben von der Vorstellung einer außerweltlichen Erlösung, einer Erlösung in ein Paradies […] Nichts ist geblieben von der Vorstellung eines Endes der Geschichte, einer Befristung der Weltzeit".[51]

---

47 Žižek, Die politische Suspension des Ethischen 21.
48 Žižek, Die Puppe und der Zwerg; Habermas, Israel oder Athen, 246 ff.
49 Metz, Im Aufbruch, 115.
50 Gerber, Auf die Differenz kommt es an, 63 ff.
51 Gross, Die Entsubstanzialisierung, 141; s. unten 2.5.

In der 2008 vorgelegten Analyse zu religiösen Erfahrungen und Deutungen im 21. Jahrhundert hatte ich darauf hingewiesen, dass sich im Christentum vier Heilsvorstellungen herausgebildet haben, die in ihrer Ausgestaltung im 21. Jahrhundert einer Reformation harren (Gerber, Wie überlebt das Christentum):

– *Erlösung* aus dem sterblichen Körper und dieser sündigen Welt
– *Versöhnung* mit Verinnerlichungstendenz
– *Erleichterung* als Davonschleichen aus aller Verantwortung
– *Vereindeutigung* als Fundamentalismus ohne Verantwortung.

In der dort entworfenen *profanen Alteritätsreligion* bin ich davon ausgegangen, dass Glauben (Lieben, Hoffen, Vertrauen) in der Begegnung mit dem anderen Menschen widerfährt, in dem die *Spur Gottes* wirksam ist, ohne dass dieses Geschehen im Sinne eines kausal wirksamen Ablaufes vergegenwärtigt, gedacht und in verpflichtende Aussagen gefasst werden könnte.[52] So ist es auch mit der *Kirche*: In ihrer Erscheinungsweise kann ich sie als Komplex gegenseitiger Anerkennungsbegegnungen wahrnehmen, sie reformieren, sie stabilisieren und sie verändern – aber immer nur, indem ich phantasmatisch unterstelle, dass diese Reformen die uns entzogene „Gemeinschaft der Gläubigen" betreffen, die gleichsam hinter unserem Rücken durch den Heiligen Geist geschieht. Der Sand im Auge der Kirchentreuen besteht darauf, dass sie als Kirche eine „wahre" Gemeinschaft bildeten. Dies ist eine religiöse Fiktion, letztlich ein fundamentalistisches Phantasma der Zugehörigkeit,[53] denn unsere geschöpfliche Einzigartigkeit und grundgesetzlich geschützte Würde wollen besagen, dass eine Zugehörigkeit zur „Gemeinschaft der Glaubenden" nur „von außen" (durch Andere „in der Spur des Heiligen Geistes") widerfahren kann und dass die „sichtbare Kirche" nicht ihre eigene Existenz als „Gemeinschaft der Glaubenden" herstellen und verbürgen kann. Dies meint die mythologische Glaubensaussage, dass die Kirche(n) durch den Heiligen Geist konstituiert sei und erhalten werde (Apg 2, 1–13).

---

52 Gerber, Wie überlebt das Christentum, 260.
53 Rosa u.a., Theorien der Gemeinschaft, 158–169.

d. Was wird in den einzelnen Kapiteln behandelt?

Meine Überlegungen beginnen im 1. Kapitel mit der Darstellung von *Diskussionshorizonten*, in denen sich m.E. der christlich interessierte, aber seit dem Aufkommen der Privatreligion in der Aufklärungszeit entkirchlichte spätmoderne Mensch bewegt. Ob man dabei unsere Gesellschaft durch eine Rückkehr des Religiösen, also „postsäkular" geprägt sieht oder doch mehr tendenziell „säkular", spielt in unserem Zusammenhang eine untergeordnete Rolle.[54] Anders formuliert: Die vielfach anzutreffende Konfessionslosigkeit bedeutet keine eindeutig ablehnende Haltung gegenüber Religion, sondern sie changiert zwischen Religiosität und Säkularität/Profanität.[55] Ob man auch angesichts der Austrittszahlen schon von einem nach(volks)kirchlichen Christentum sprechen kann, wird sich in den nächsten Jahren zeigen.

Im 2. Kapitel werden acht *Beispiele* für einen kritischen bis ablehnenden und einen religionssoziologisch begründeten und einen religionspädagogisch konstruktiven Umgang mit dem Christentum vorgestellt:

1. Vorgestellt wird die theologisch begründete *Verabschiedung* verschiedener Praktiken, vorab des traditionellen Abendmahles und grundlegender Theologumena, vorab des traditionellen theistischen Gottes-Bildes und der Sühnopfer-Deutung des Abendmahles, seitens des protestantischen Professors für Praktische Theologie Klaus-Peter Jörns. Er fragt, „ob die Schrift gewordenen Glaubensvorstellungen der Christen sich selbst noch als glaubwürdig erweisen".[56]
2. Es folgen „*Sieben Untugenden der Kirchen heute*" aus der Feder des protestantischen Theologieprofessors für Systematische Theologie Friedrich Wilhelm Graf.
3. Eine *philosophische Verabschiedung* aus seinem liberalen Katholizismus liefert der Professor für Philosophie und Geschichte Kurt Flasch, die auch für protestantische Selbstkritik hilfreich sein kann.

---

54 Schmidt; Pitschmann, Religion und Säkularisierung, bes. 139 ff.; Huber, Das Vermächtnis Dietrich Bonhoeffers, 313–322.
55 Rose; Wermke (Hrsg.): Konfessionslosigkeit heute; Barth, Konfessionslos glücklich, bes. 224 ff.
56 Jörns, Notwendige Abschiede, 13.

4. Einen kompletten *Religionsverzicht* empfiehlt der ehemals reformiert-protestantische Philosoph Andreas Urs Sommer in seinem Memorandum „Religionsverzicht" von 2013.
5. Einen konstruktiven Vorschlag zur *Transformation des Erlösungschristentums* in ein Christentum „*jenseits der Erlösung*" als Einverständnis in unsere Unvollkommenheit stammt aus der Feder des Soziologen Peter Gross. Diesem Entwurf von Peter Gross und unseren früheren Gesprächen verdanke ich viel für meine kritischen Einsichten für einen andersperspektivischen Protestantismus.
6. Immer noch aktuell ist der *feministische Abschied* von der Männer-Theologie, beispielhaft nachvollziehbar an dem „Tübinger Gutachten".
7. Einen *jesuanischen Ansatz* theologischen Denkens hat Ezzelino von Wedel mit dem Buch „Als Jesus sich Gott ausdachte" vorgelegt im Gegenzug zu einer „Oster-Theologie" mit vorgelagertem Kreuzesgeschehen.
8. Einen religionspädagogischen Ansatz beim *wahrnehmungs- und sinnenbezogenen Reden von Gott* zeigt das von dem Religionspädagogen Dietrich Zilleßen und dem Verfasser Uwe Gerber, Dogmatiker und Ethiker, herausgegebene Werk „Und der König stieg herab von seinem Thron" (1997). Der Körper bleibt der Stachel unseres Denkens, mit dem wir uns zeitlebens nicht arrangieren können, weil er bei allen unseren sinnenhaften Arrangements paradoxerweise vorausliegt.

Im 3. Kapitel werden einige für den Protestantismus zentrale theologische Vorstellungen behandelt. So zwingt der veränderte gesellschaftliche Kontext zu veränderten theologischen Reflexionen. Entsprechend wird z.B. die traditionelle theistische Vorstellung von einem hilfreichen und zugleich strafenden Vater-Gott nach-jenseitig zu reflektieren sein. Die *Menschwerdung Gottes ist insofern sein Abwesend-Werden* als er den Himmel/Jenseits verlassen hat und als Mensch mit Menschen lebt (Phil 2, 5–11). Das Kreuz Jesu kann keine Straf- und Sühneaktion seines Gott-Vaters gewesen sein, sondern eine durch die römischen Besatzer politisch vollzogene und die religiös motivierte Zustimmung der jüdischen Religionsoberen durchgeführte Strafaktion nach dem Sündenbock-Prinzip.[57] Nicht der Kreuzestod macht Jesus zum Menschen wie wir, sondern sein Zweifeln am Kreuz, sein

57 Girard, Das Ende der Gewalt, 240 ff.

letztes Rufen nach Gott-Vater. In dieser *Spur,* wie der im Folgenden oft zitierte jüdische Religionsphilosoph Emmanuel Lévinas formuliert, sollte der Protestantismus gegen die Selbstermächtigung des spätmodernen Selfies seine Vorstellung vom Menschen ins Feld führen, der durch andere Menschen in der Spur Gottes zum antwortenden, befreiten und zugleich verpflichteten Subjekt wird. Mit diesem Widerfahrnis der Subjektwerdung wird dieser Mensch regelrecht umgekehrt, was man theologisch als Versöhnung bezeichnet, und er wird verpflichtet zum Umkehren der kapitalistisch, digital und machtpolitisch hierarchisierten Welt.

Im 4. Kapitel werden einige *Phantasmen* von einem Jenseits im Diesseits vorgestellt und diskutiert. So wird z.B. der „*Himmel*" immer als die bessere, ewige Welt und erstrebte Heimat der Erlösten dargestellt, was eine Abwertung der vergänglichen, sündigen Erden-Welt, ja überhaupt der Schöpfung, und eine Zentrierung auf die „Erlösung von dieser Erde" bedeutet. Man kann aber die damit verbundenen dichotomischen Schemata wie Himmel-Erde, Transzendenz-Immanenz aufgeben und z.B. Transzendenz als Veränderungspotential und als Widerfahrnis für den Einzelnen verstehen. Ein anderes Phantasma ist die Vorstellung einer *unsterblichen Seele,* die als das menschliche Organ für die Offenbarungen und Einwirkungen Gottes angesehen wird und so etwas wie eine urtümlich-natürliche Verbindung von uns Menschen mit Gott darstellt (und natürlich die Geistigkeit Gottes und des erlösten Menschen manifestiert). Gleichsam als geschichtliche Dynamik der Gott-Mensch-Begegnung dient die *Heilsgeschichte* als Bogen von der Schöpfung bis zum dereinstigen Neuen Jerusalem. Aber ist diese Geschichtsvision nicht ein heute unhaltbar gewordenes Konstrukt?

Im 5. Kapitel geht es um *Gottes-Repräsentationen,* z.B. in der Vorstellung des Sozialwissenschaftlers Hartmut Rosa, dass unsere Welt durch *Resonanzen* geheilt werden könne. Diese These hat in theologischen Kreisen Neugier geweckt. Wahrscheinlich genau so oft wird Gott um Sinn für das eigene Leben und die Welt gebeten, was gemäß einer kritischen *Theologie des „abwesenden Gottes"* wiederum keinen Sinn macht. Und im Blick auf die auch in Anrufungen, Gebeten und Liedern vorherrschende *Vater-* und *Herr-Metapher* stellt sich die Frage, ob Gott auch Erwachsene als Kinder und Untertanen haben möchte und ob Protestanten unbedingt einen

Vater-Gott benötigen, wenn man sich heutige Vater-Modelle anschaut?[58]
Und im Blick auf das soteriologische Herzstück des Christentums kann
man den Vorschlag von Peter Gross bedenken, die Rede von der „Erlösung"
aufzugeben und stattdessen davon zu reden, dass der „abwesende Gott"
„*heilsam*" widerfährt ohne den Glaubenden von der Welt zu „erlösen".
Dieses Paradox kehrt im Geschehen von *Kirche* insofern wieder, als Kirche
als Gemeinschaft der Glaubenden widerfährt als Befreiung und zugleich als
die Verpflichtung, die Kirche inklusorisch in der Gewissheit (nicht: Sicherheit) zu betreiben, als ob man selbst Mit-Gründer und „Pfleger" dieser
Gemeinschaft wäre.

Sowohl Gewissheit im Sinne von Luthers „certitudo" (widerfahrende
Entschiedenheit statt Sicherheit) als auch Zweifel, Trauer und Ärger und
ebenso eine gewisse Hilflosigkeit angesichts der generellen globalen Auflösungserscheinungen und der alltäglich neuen Herausforderungen haben
mich während des Verfassens dieses kritischen Blickes auf den Protestantismus begleitet und verunsichert. Die Zeiten großer Dogmatiken und Lehr-
bücher sind vorbei oder machen Pause. Die Akzente haben sich verschoben
von den genuin christlichen Theologumena zu ethischen Diskussionen über
Nachhaltigkeit, Sterbehilfe, Reproduktionsmedizin, Mobilitätstechnologien
und zu Diskussionen über das Verhältnis der Religionen zueinander, weil
man den „dogmatischen Gehalten" zu wenig abgewinnen kann. In den
Gemeinden wird Kirchenreform betrieben im Rahmen des Zusammenhal-
tens der Schar der Gläubigen. Ginge man im Sinne Dietrich Bonhoeffers von
der Vorstellung einer „Kirche für andere" aus, dann wären alle Menschen
gemeint und die Gestalt der Kirche wäre eine andere, offenere, einladende
und vielleicht sogar eine „Armenkirche", die sich selbst versorgt.[59] Dieser
Protestantismus würde sich nicht mehr traditionell-apologetisch verteidigen
und ebenso wenig aus sicherer Distanz kritisieren, er würde nicht ankla-
gen aus der Position des Wahrheitsbesitzes und sich nicht zurückziehen
auf einen Rest von Bekehrten. Der Journalist Dietmar Pieper stellte 2019
fest: „Der Himmel ist leer": „Gott, die Auferstehung und das ewige Leben
stehen im Mittelpunkt des Christentums – doch Millionen Katholiken und

---

58 Faulstich; Grimm, Vaterbilder, 7 ff., 176 ff.
59 Bonhoeffer, Widerstand und Ergebung, 261 f.

Protestanten in Deutschland mögen daran nicht mehr glauben. Selbst aktive Kirchenmitglieder tun sich heute schwer mit der christlichen Lehre".[60] Steht dem Protestantismus nach dem reformatorischen Auszug aus der römisch-katholischen Papstkirche im 16. Jahrhundert nun eine Vertreibung aus dem Paradies des anwesenden Gottes in eine Welt „als ob es Gott nicht gäbe" bevor – oder die Verkümmerung zu einer „Sekte"?

---

60 Pieper, „Der Himmel ist leer", 40.

1. Erfahrungs- und Diskussionshorizonte des christlich interessierten entkirchlichten Menschen

Das traditionelle protestantische (weil hoffentlich immer noch protestierende) oder evangelische (weil sich immer noch auf das biblische Evangelium berufende) Christentum hechelt der spätmodernen Lebens-, Gesellschafts- und Weltgestaltung hinterher. Die Diagnose der EKD (Evangelische Kirche in Deutschland) hierzu lautet: „Christlicher Glaube hat für viele Menschen an Plausibilität und Relevanz verloren. Die schwindende Akzeptanz der Kirche und ihrer Botschaft geht einher mit einer tieferliegenden Glaubenskrise". Aber es folgt an keiner Stelle des EKD-Papiers „Hinaus ins Weite – Kirche auf gutem Grund" vom November 2020 eine Darstellung und Diskussion der in die Krise geratenen Gläubigen und deren Glaubens- und Bekenntnissätzen. Die erforderliche Theoriebildung in Gestalt einer wissenschaftlich-universitären Theologie korrespondiert nicht mehr mit einer (abnehmenden) gemeindlichen Laien-Theologie, und beide bleiben in Rückzugsgefechten, in Religionsdebatten und in historischen Aufarbeitungen hängen. Dabei unterliegen beide, die Praxis der Kirchengemeinden und die wissenschaftliche Theologie, gleichermaßen der erwähnten Legitimationskrise. In Kirchengemeinden trifft man eine Praxis an, der man als Accessoire zustimmen kann, ohne Verantwortung zu übernehmen, aber auch ohne infrage gestellt zu werden. Die Glaubenspraxis mit Kirchgang an Sonn- und Feiertagen, das Sprechen des Glaubensbekenntnisses, Singen, Beten und das Feiern des Abendmahls, Beten am Morgen, Abend und beim Essen, die Taufe im Sinne der Eingliederung in die Gemeinde, die Konfirmation als Passageritus zum Erwachsensein (und bewusster Vergewisserung der Taufe) und die Trauung als Bezeugung des Ehebundes auf Lebenszeit, jeweils mit Vorgesprächen mit dem Pfarrer und der Pfarrerin – dies alles und Weiteres an kirchlichen Angeboten und an persönlicher Alltagsglaubenspraxis findet immer weniger Aktive. Dann muss man doch fragen, warum und wie dies geschehen ist und was zu tun ist? Allein die Kirchenmusik hat je nach Angeboten regen Zulauf durch das bürgerliche Milieu, weil sie als weniger anstrengend empfunden

wird als eine Predigt oder als ein Vortrag, die für jedes Wort Konzentration und meistens ein Umdenken und eine Art Buße verlangen. Mag
es auch manchmal in Ausnahmesituationen nützlich und hilfreich sein,
z.b. bei Beerdigungen mit tragischem Hintergrund oder sonstigen Brü-
chen, an überlieferten Riten, Symbolen und an der herkömmlichen christlichen Mythologie etwa vom Vater-Schöpfer-Richter-Gott, Versöhner-Sohn,
Erlöser-Geist und von einem paradiesischen Jenseits und Dereinst, wo
man sich wieder trifft, festzuhalten um der Trauernden willen. Für eine
aufklärende und selbstkritische Einstellung ist ein solch verengtes, pädagogisch vielleicht hilfreiches Angebot heute in einer auch demographisch
sich wandelnden, polyethnischen und multireligiösen Einwanderungsge-
sellschaft nicht mehr ausreichend und angemessen. Es geht um verständ-
liche Vorstellungen vom Widerfahrnis Gottes für Menschen. Gewünscht
werden von denen, die sich bei Gott durch die Kirche vertreten lassen –
man nennt dies „vicarious religion"–,[61]zeitgemäße Predigten und Riten,
wenn solche Kasualien in Anspruch genommen werden. En passant äußert
man sich über Vorteile und Unzweckmäßigkeit der Kirchenangebote und
wünscht sich verständlichere, klarere Verkündigung und einen vielfälti-
geren Gemeindeaufbau. Es geht bei allen Wünschen nach Zeitnähe nicht
um die Formulierung und Etablierung eines Zeitgeist-Protestantismus,
der die Zivilgesellschaft gewissermaßen einfach religiös spiegeln und den
letzten Rest an Spannung zwischen religiös ausgemalter Utopie und realer
Befindlichkeit auslöschen würde. Klar ist auch, dass sich viele kirchliche
Mitarbeiter solche Gemeindeglieder wünschen, die aktiv mitplanen und
umsetzen – aber wie bei nahezu allen Vereinen und Gemeinschaften wie
Feuerwehr und Gewerkschaftsbund fehlen auch in Kirchengemeinden mit
der altersbedingten Ausdünnung solche interessierte und engagierte Personen.

Wenn aber die EKD ihre Mitglieder zu halten und neue Mitglieder zu
gewinnen versucht durch Senkung oder Schenkung der Kirchensteuer und
Ermäßigung der Kasualgebühren, dann macht sie ihre Existenzberechtigung
an der Mitgliederzahl und den Einkünften fest. Und sie vergisst einerseits
ihren geistlichen, durch den Heiligen Geist gleichsam hinter dem Rücken

61 Berger, Erlösender Glaube?, VIII.

der Glaubenden vollzogenen Charakter als Glaubensgemeinschaft und andererseits, dass Kirchen für ihre vielfältige Arbeit Einkünfte benötigen (über deren Art als vom Staat eingezogene Kirchensteuer, Zuwendungen des Staates und Spenden und über deren Verwendung immer wieder diskutiert wird). Kirche und Geld ist im Protestantismus immer schon ein zweischneidiges Schwert, über das mehr Schweigen als Transparenz herrscht.[62] Und wenn der Protestantismus auf den Glaubenssatz pocht: „Gottes Geist weht wo und wann er will", dann heißt das zunächst, dass Kirche keinen jederzeit verfügbaren Grund und keine vorzeigbare Legitimierung hat, wie es das EKD-Papier „Hinaus ins Weite – Kirche auf gutem Grund" dennoch suggeriert, sondern dass ihre Gründung und Begründung in Gestalt der ersten Gemeinde in Jerusalem im mythologischen Bild des wirksamen Pfingstgeistes erzählt wird (Apg 2). Und dieses Glaubensnarrativ meint nicht, dass permanente Kirchenreformen nicht notwendig wären. Der protestantische Glaube realisiert sich im ständigen Reformieren, sodass der Glaubende in der Gemeinschaft mit Anderen solche Vorhaben entwerfen und praktizieren sollte, denen er freilich nur unterstellen und von denen er nur erhoffen kann, dass sie als Befreiungs- und Verpflichtungsprozesse im Namen Gottes widerfahren sind und wieder geschehen werden. Es gibt *kein identitätsbildendes Fundament der Kirche* und aus dem Glauben selbst lassen sich keine Direktiven für Veränderung und Restauration wie ein Programm ableiten. Dasselbe gilt für eine christliche Ethik. Der Glaubende muss in seiner Lebens- und Kommunikationssituation schon selbst seine eigenen Dekaloge und selbst zu verantwortenden Reformen formulieren und realisieren als seine persönlichen, aus seinem Glauben motivierten Antworten auf die fordernde Not des Anderen-Nächsten. Der Glaubende wird in seinem Antworten immer *schuldig*, weil er nur unterstellen und niemals letztgültig wissen kann, was die Not des Anderen-Nächsten sei und wie seine Antwort entsprechend geplant und durchgeführt werden müsse. Luthers Einstellung in dieser Situation lautete: „Pecca fortiter!" (Sündige tapfer). (Es ist wie in der Pädagogik mit dem von Friedrich Copei formulierten nicht-herstellbaren Paradox des „fruchtbaren Augenblicks", dass in, mit und unter den didaktischen Anstrengungen der Lehrkraft Schülerinnen und Schüler

---

62 Graf, Kirchendämmerung, 155 ff.

einen „fruchtbaren Augenblick" erleben.[63] Entsprechend müsste man trösten: „Unterweise tapfer"!). Dieses protestantische Glaubens-Paradox macht
die Dynamik, Lebendigkeit, die Gewissenhaftigkeit, Reflexivität und Praxis
protestantischen Glaubens aus. Das überfordert viele Landeskirchen und
Protestanten dann, wenn sie auf das Fundament der Rechtgläubigkeit setzen
und erst von diesem gesicherten Fundament aus „Hinaus ins Weite" gehen.
Das ist ein ekklesiologischer Fundamentalismus und erstaunlicherweise ein
Subjektivismus, wenn man die Kritik am neuzeitlichen Subjektivismus auf
die Haltung der Kirche(n) anwendet.[64]

Es kommt immer wieder vor, dass Kirchenmitglieder, die ihrer Kir-
chensteuerpflicht nachkommen, sich aber in ihrer Glaubensfreiheit vom
vorfindlichen Gemeindeleben distanzieren und dies offen kritisch-argumen-
tativ begründen (möchten) und auf diese dialogische Weise eine Hilfe für
Reformen sein könnten, von Pfarrern und Pfarrerinnen, von Ehrenamt-
lichen und Eifrig-Gläubigen „geschnitten" werden. Autoritär anmutendes
Gehabe mancher Hauptamtlichen, mangelnde Transparenz und manchmal
verletzende Besserwisserei mancher Kirchenleitungen und oftmals fehlende
Offenheit im Umgang mit Zweiflern und Unzufriedenen, mit Kritikern,
Andersdenkenden und Abschiednehmenden werden beklagt. Zugleich legen
Haupt- wie Ehrenamtliche in ihrer Verunsicherung und Hilflosigkeit einen
Anflug von Überheblichkeit an den Tag, als ob in den Kirchen die Geretteten
versammelt wären, die für alle Probleme bündige Antworten wüssten und
Lösungen hätten. Eine solche Haltung macht blind für die eigenen Kirchen-
Pathologien, und mit der protestantischen Freiheit eines Christenmenschen
ist dies alles nicht vereinbar. Und man vergisst, dass das Glauben eines
anderen Menschen nicht diskutierbar und beurteilbar ist, sondern allein
die wie auch immer einfachen oder theologisch, philosophisch, soziologisch ausgearbeiteten Interpretationen, also die Glaubensvorstellungen, wie
sie auch in Bekenntnissen formuliert sind. Diese Grundeinsicht beinhaltet
die Abwehr von Intoleranz, Selbstherrlichkeit und Paternalismus,[65] und
sie stellt zugleich die *Einladung* zum theologischen und philosophischen

---

63 Copei, Der fruchtbare Moment im Bildungsprozess; Wimmer, Dekonstruktion
    und Erziehung, 9 ff.
64 Gerber, Individualisierung, 173 ff.
65 Graf, Kirchendämmerung, 99 ff.

Diskutieren dar auf welcher Augenhöhe auch immer. Hierzu passen die hoffentlich zukünftig praktizierten „neuen Formate von Zugehörigkeit [...] für Menschen, denen die Kirche wichtig ist, die aber [noch] nicht Mitglied sein wollen oder können", wobei dieses „noch" schon wieder stört.[66] Es gehört zu den verdeckten Machtausübungen der Kirche „in Worten und Werken", dass sie manchmal mit mehr oder weniger schamhaft versteckten Erpressungen agiert nach dem Motto: „Gott wird es Dir schon zeigen, wenn Du nicht...". Ein Beispiel ist der Stellenwert des sonntäglichen Gottesdienstes um 10 Uhr, dessen Besuch zum Inbegriff lebendiger Glaubensausübung stilisiert und qualifiziert wird und manchmal sogar zum Gradmesser für das Erlangen des Seelenheils erklärt wird. Solche Restbestände an der römisch-katholischen Vorstellung von der Pflicht und dem Verdienstcharakter des Besuchs der (eucharistischen) Messe, die (a) nur vom geweihten Priester und (b) ordnungsgemäß (rite) und damit in sich selbst wirksam (ex opere operato) vollzogen werden muss, sollten ausgeräumt werden. Sonst überhöht man die vorfindliche Kirche zu einer überzeitlichen Organisation und ihr Hauptpersonal, ihre Dogmen, Riten, Symbole und Moralanschauungen zu einer sakrosankten, von Jesus im Namen Gottes angestoßenen und von der darauf folgenden Kirche selbstzwecklich und selbstimmunisierend betriebenen Heiligen Staffage und entsprechend den Glauben zu einer Pflichterfüllung. Der protestantische Philosoph Georg Wilhelm Friedrich Hegel hielt den Protestantismus für die intellektuell und existentiell anstrengendste Form des Christentums, weil die protestantische Wort-Religion kaum rituelle Entlastungen gewähre und als Freiheitschristentum dogmatischer Richtlinien im römisch-katholischen Unfehlbarkeitssinn entbehre und auf die Freiheit des Glaubenden setze. Der Protestantismus kann als die kontingente Wort-(Sprech)-Hör-Religiosität charakterisiert werden gegenüber dem stark normativ ritualisierten, traditionalen Präsentations-Seh-Katholizismus römischer Provenienz. Dass beide Konfessionen voneinander und gegebenenfalls miteinander im Reformieren lernen können, ließe sich von diesen Akzentuierungen aus initiieren.

Wie kann und soll Kirchen-Reform geschehen? Jedenfalls ist es nicht so, dass es *die* postmoderne Lebenswelt übersichtlich beschreibbar gäbe

---

66 EKD, Hinaus ins Weite, Leitsatz 8.

und man *die* protestantische Glaubenswelt, die selbstverständlich ebenfalls vielfältig und diffus ist, irgendwie anpassen müsste und könnte bzw. sich vom gesellschaftlichen „way of life" deutlich abgrenzen könnte, wie es z.b. „sektenartige" Glaubensgemeinschaften von ihren Fundamentalisten erwarten. Beide Lebenswelten sind als spezifische Vektoren einer segmentierten, fragilen Gesellschaft, die von einem neoliberalen Aggregatszustand derzeit in einen gemäßigt regulierten Liberalismus überzugehen scheint, prozesshaft, komplex, teilweise ineinander verwoben, z.b. in der Diakonie, dem Religionsunterricht, der Kranken- und Gefangenenseelsorge, in der Besetzung von Film-, Kultur- und sonstigen Gremien und in den persönlichen Glaubensstilen. Mit der Säkularisierung großer Bevölkerungsanteile und Prozesse unserer Gesellschaft und der strategischen Entchristlichung in den neuen Bundesländern durch den SED-Staat sind Kirchen, Religions- und Weltanschauungsgemeinschaften im Sinne des Grundgesetzes Art. 7, 3, und die säkulare Gesellschaft weiter auseinandergetreten. Der Staat muss sich in unserer Zivilgesellschaft mit Religionsfreiheit permanent selbst säkularisieren gerade in der Religionspolitik, und die Religionen dürfen den Staat nicht religiös vereinnahmen.[67] Mit der Rückkehr der Religion(en) wurden neue Performances und Formate etabliert wie z.b. säkular-rituelle Trauungen und Beerdigungen, die so etwas wie eine andere Art von Religiosität intendieren, ähnlich der ideologisierten Jugendweihe. (Deswegen sprechen Soziologen und Philosophen wie Jürgen Habermas vom „postsäkularen Zeitalter" bzw. Gesellschaft.)

Die Kirchen haben unter dem diffusen Begriff der „Spiritualität" Vorstellungen und Praktiken aus dem Jahrmarkt der Religiositäten[68] und auch aus der Neuen Psychologie der Stärkung der Resilienz der Angeschlagenen übernommen, z.b. mystische Anleitungen zum Einswerden mit sich selbst und mit der ursprünglichen (Mutter) Natur, Heilungen durch Berührungen, Meditationen, Selbstheilungsprojekte. Immer geht es um die Wiederbelebung der angeblich bloß schlummernden Eigenkräfte und eines „authentischen Kerns" zwecks besserer Anpassung an die bestehende Gesellschaft. Aber z.b. Meditation, welcher Provenienz auch immer, zur Selbstoptimierung zu

---

67 Dreier, Staat ohne Gott, bes. 9 ff., 95 ff.
68 Stausberg, Heilsbringer.

betreiben, ist ein Missverständnis, weil es bei diesem Meditieren um Auszeit vom Leistungsdenken geht. Achtsamkeit dient nicht der Selbstperfektionierung, sondern sie deckt den nahezu ausschließlichen Funktions- und Instrumentalisierungscharakter unserer Tätigkeiten auf, theologisch: den Sündencharakter der „Selbsteinkurvung" und Beziehungslosigkeit. In gängigen Therapeutika werden bewusst keine Konflikte thematisiert und möglichst keine negativen Gefühle angesprochen; Sich-Auseinandersetzen und prozedurales Streiten werden abgelehnt; man will nicht unterdrückende Strukturen aufbrechen und einen Exodus vollziehen, wie es z.B. die Theologin Dorothee Sölle vehement vertreten und praktiziert hat mit ihrer „politischen feministischen Theologie" bei den Politischen Nachtgebeten in Köln.[69] Die in uns Menschen schlummernden Kräfte sind schon immer sozial geformt durch andere Menschen und durch gesellschaftliche Strukturen und sie sind stets ambivalent, also niemals eindeutig. Und theologische Kritik wird fragen müssen, wann kommunikative Heilungspraktiken zu Heilspraktiken von Selfies werden und aus der Selbstermächtigung und „erleuchteten Sittlichkeit" des Einzelnen als des religiösen Selbstmanagers entspringen und allein der Bedürfnisbefriedigung und Selbstverwirklichung des Selfies dienen, und wann sie im Dienst der antwortenden Nächstenliebe praktiziert werden. Und man muss fragen, ob sich hinter solchen Praktiken nicht insofern ein entpolitisierendes und teilweise das Machtsystem einschließlich Kirche(n) stabilisierendes Helfersyndrom verbirgt, als die zu heilenden, zu bekehrenden Teilnehmenden zur Rechtfertigung für solche Praktiken herhalten und an die Kirche und deren Akteure gebunden werden sollen. Dies kann so weit gehen, dass solche Praktiken als sakramentale, heilige, durch welchen Gott oder Göttin auch immer sanktionierte Handlungen vollzogen und missverstanden werden. Als Ziel solcher Praktiken wird im Vorgriff auf das dereinstige himmlische Leben die Ausmerzung von Ängsten, Schmerzen, Kränkungen, Gewalt ausgemalt. Solche Heilsversprechen verdecken die menschlichem Leben eingeschriebene Erfahrung, dass jede Veränderung, dass Buße und Liebe, dass Person- und Subjektwerdung von uns Menschen immer auch Schmerzen, Brüche, Risse implizieren, ja, dass mein Ich (als mein Subjektsein) von außerhalb meiner selbst in Gestalt des mir

---

69 Sölle, Politische Theologie, 113 ff.; Sölle, Politisches Nachtgebet in Köln.

begegnenden Anderen mir widerfährt zur Befreiung und als Zwang.[70] Und man sollte sich gut überlegen, inwieweit man Aussagen über ein derzeitiges und endzeitliches Jenseits wagen und vertreten kann, ohne in mythologische Vertröstungen und spekulative Belanglosigkeiten zu verfallen. Zugleich ist es eine Art Urerlebnis, aus seinen Begegnungen und den inneren Sedimenten des Zusammenlebens seine Wünsche und Hoffnungen bilderzeugend zu vergegenwärtigen. Aber dabei besteht immer auch die Gefahr, dass wir die begegnende Wirklichkeit einschließlich uns selbst wie in einem Brennspiegel wahrnehmen und durchdenken und dann gleichsam bis ins Kosmische ausweiten in der irrigen Annahme, dass wir keinen Täuschungen und Phantasien unterliegen und dass diese Bilder Realität wiedergeben, Trost spenden können und uns eine Art Urangst nehmen. In diesem Sinne halten wir Gott im Vergleich zu uns selbst für eine höchste Person, für das höchste Sein der griechischen Philosophie, für die pantheistische Antriebskraft des Kosmos, für den Schöpfer und Vollender des Kosmos. Sind diese Materialisierungen (Naturalisierungen, Essentialisierungen) eines Einheitspunktes im Sinne eines monotheistischen Gottes Kontroll- und Schutzbilder für uns, damit wir unsere Angst, Einsamkeit und Aggression in der Welt verlieren oder mindestens relativ unbeschadet durchstehen können? Und wie wäre uns zumute, wenn diese Ordnungsbilder nicht mehr da wären und die Gabe der Religion darin bestünde, Chaos in die christliche Ordnung zu bringen (wie es Adorno als Aufgabe der Kunst vorgeschlagen hatte)? Dann geht es nicht mehr um einen materialiter/substantiell anwesenden Gott (oder Göttin), sondern um die Rettung Gottes vor seiner Festlegung in Personen, Buchstaben, Dingen, Riten, was seiner Entmachtung gleichkäme? Dieser Gott zöge aus der Dimension der Religion aus in eine für uns ungreifbare Abwesenheit, die man zugleich als Anwesenheit jenseits unserer Möglichkeiten annehmen kann.

Der Philosoph Jean-Luc Nancy hat diesen „Entzug der Göttlichkeit" mit dem Monotheismus in Zusammenhang gesehen, da der Monotheismus nicht das Ersetzen der vielen Götter und Göttinnen durch den Einen bedeutet, sondern: „Der Monotheismus ist der Entzug aller Götter", sodass auch der Eine Gott nicht mehr in der Anwesenheit ist. In Naturreligionen, in

---

70 Luther, Religion und Alltag, 62 ff.; Liebsch, Verletztes Leben, 9–12.

Ägypten, auf dem griechischen Olymp, im antiken Rom waren Götter und Göttinnen anwesend zum Verehren, Danken, Opfern durch die Menschen. Im christlichen (und jüdischen und islamischen) Monotheismus „definiert sich Gott wesentlich durch den Entzug, durch die Abwesenheit". Die Kritik an den Götzen ist keine Frage der falschen Götter, sondern Kritik an deren konkreter Anwesenheit. Deswegen kann Gott nur in Symbolen in absoluter Differenz zum Symbol vorgestellt und von ihm nur symbolisch gesprochen werden. Dem Protestantismus ist diese grundlegende Differenz zwischen Gott und Mensch (und Welt) durch die Reformation konsequent einge-schrieben worden, sodass Hegel, Jean Paul, Nietzsche die Rede vom „Tod Gottes" von Luther aufnahmen, um die radikale Unverfügbarkeit oder Abwesenheit Gottes zu signalisieren (und sie z.B. mit Hegel doch wieder als eine denkbare Unverfügbarkeit zu denken). Man kann dann folgern, dass der „Tod Gottes" im Sinne seines Entzuges kein atheistischer Angriff auf das Christentum ist, sondern die innere Konsequenz des protestantischen Christentums. Dieser Entzug Gottes wurde deutlich mit dem Auftreten des jüdischen Reformers Jesus, als er sterbend klagte: „Mein Gott, mein Gott, warum hast du mich verlassen"? (Mk 15, 34). Der Entzug Gottes wurde von Luther radikalisiert mit der ständig zu vollziehenden Reinigung der Welt von allen göttlichen, substantiell heiligen Spurenelementen wie z.B. der Transsubstantiation, der Heiligenverehrung, Reliquien, der Gottesbeweise, des Zusammenwirkens von Gott und Mensch im Heils- und Erlösungspro-zess. Das nennt man Paradox des Glaubens: Schöpfung Gottes als säku-lare Welt. Und der Entzug des substantiell vorgestellten Gottes wurde von Nietzsche durch den „tollen Menschen", der den „Tod Gottes" auf dem Marktplatz verkündete, gewissermaßen vollendet.[71]

Dietrich Bonhoeffer hat auf die Abwesenheit Gottes am Beispiel der Abwesenheit eines geliebten Menschen hingewiesen: „Es gibt nichts, was uns die Abwesenheit eines uns lieben Menschen ersetzen kann und man soll das auch gar nicht versuchen; man muß es einfach aushalten und durch-halten; das klingt zunächst sehr hart, aber es ist doch zugleich ein großer Trost; denn indem die Lücke wirklich unausgefüllt bleibt, bleibt man durch sie miteinander verbunden. Es ist verkehrt, wenn man sagt, Gott füllt die

---

71 Nietzsche, Die fröhliche Wissenschaft, 1886, Nr. 125.

Lücke aus; er füllt sie gar nicht aus, sondern er hält sie vielmehr gerade unausgefüllt und hilft uns dadurch, unsere alte Gemeinschaft miteinander – wenn auch unter Schmerzen – zu bewahren".[72]

Etwas pathetisch kann man sagen, dass man erst mit dieser (protestantischen) Verabschiedung des in selbst-wirksamen Ritualen und unfehlbaren Dogmen als real anwesend vorgestellten Gottes in seine vorgängig wirksame Abwesenheit und damit die Verabschiedung jeglichen Fundamentalismus und jeglicher menschengemachter Vermischung von Gott und uns Menschen und unserer Welt an die Aufgabe herangehen kann, anders von Gott, uns selbst und der Kirche zu reden und zu handeln. Dabei bleiben Kirche und Theologie aufeinander bezogen. „Die Theologie entnimmt zum einen ihren Gegenstand dem Kommunikationszusammenhang der Kirche. Gott ist nicht anders (re-) identifizierbar als darüber, wie von ihm in der Kirche die Rede ist. Dabei bezieht sich die Kirche jedoch auf ihren historischen Zusammenhang, also darauf, wie Christen zu anderen Zeiten Gott erlebt hatten und wie er bei ihnen zur Sprache gekommen war […] Zum anderen ist die Kirche aber auch das Forum der Theologie, vor dem sie sich bewähren muss. Die Kirche ist zwar nicht das einzige Forum, sondern auch die anderen Wissenschaften und die gesellschaftliche Öffentlichkeit".[73] Beide, die wissenschaftliche Theologie und die Kirche(n), haben sich ständig verändert und müssen sich ständig weiter verändern, sonst droht Fundamentalismus oder Unverbindlichkeit. Beide haben viel Arbeit vor sich.

---

72 Bonhoeffer, Widerstand und Ergebung; auch bei Žižek, Die Puppe und der Zwerg, 26 f.
73 Ohly, Theologie als Wissenschaft, 64.

2. Beispiele für Kritik, Abschiede und neue Wege des Protestantismus

2.1. Beispiel 1: Die Glaubwürdigkeit geht verloren (Klaus-Peter Jörns)

Der Theologe Klaus-Peter Jörns hat in seinen 2004 herausgegebenen mutigen „Notwendige(n) Abschiede(n)" Exklusivansprüche des Christentums anderen Religionen gegenüber verworfen, biblizistische Intentionen und jeglichen Fundamentalismus zurückgewiesen und theologische Beurteilungen vom Erwählt- und Verworfensein der Gläubigen bzw. Ungläubig-Sündigen kritisiert. Seine Devise lautet: Wir Heutigen müssen die Gestalt von Glauben, Theologie und christlicher Praxis selbst verantworten im Gespräch mit Kirche(n) und theologischer Wissenschaft. Unter diesen beiden Aspekten hat er die anthropologischen Dogmen von der wechselseitigen Ebenbildlichkeit von Gott und den Menschen und vom Menschen als der ‚Krone der Schöpfung', auch Tieren gegenüber, unter seine kritische Lupe genommen. Und er hat die Vorstellung vom Tod als „der Sünde Sold" und das Heilsmodell des Sühnopfertodes Jesu zur Errettung der sündigen Menschen als überholte Glaubensaussagen verabschiedet. Er hat dann unter dem Titel „Lebensgaben feiern" 2007 eine neue Abendmahlsliturgie vorgelegt.[74] Dieser Vorschlag wurde seinerseits kritisiert in zwei allgemein verständlich gehaltenen Publikationen von Walter Klaiber: Jesu Tod und unser Leben. Was das Kreuz bedeutet (Leipzig 2011), und von Volker Hampel; Rudolf Weth (Hrsg.): Für uns gestorben. Sühne – Opfer – Stellvertretung (Neukirchen-Vluyn 2010). Diese Beiträge mahnen an, dass die christlich-neutestamentlichen Zeugnisse mit ihren vorwiegend metaphorischen Bezügen auf Opfer-, Sühne-, Stellvertretungsvorstellungen und -terminologien nicht eliminiert werden dürften, sondern interpretiert werden müssten. Dabei wird aber die Frage gar nicht erörtert, was „metaphorisch" und „interpretieren" bedeuten, und die noch grundsätzlichere Frage, ob nicht bei allem Interpretieren manche neutestamentlich-christlichen Texte in ihrer Zeitdifferenz heute

---

74 Jörns, Lebensgaben feiern, 149 ff.

als unverständlich oder gar theologisch unprotestantisch eingestuft und
eventuell weggelassen werden sollten, wie z.b. der von Martin Luther als
„strohene Epistel" gering geachtete Jakobus-Brief, der umgekehrt im römischen Katholizismus einen gesicherten Stellenwert hat. Und kann man die
Offenbarung des Johannes nicht daraufhin lesen, ob sie als biblische Schrift
mit einem Fragezeichen versehen werden kann und muss? Mindestens muss
man die Vielfalt theologischer Anliegen in den neutestamentlich-christlichen Schriften berücksichtigen und offen darlegen, welchem theologischen
Ansatz man folgen möchte, z.b. dem griechisch geprägten Evangelium des
Markus mit seiner Messias-Geheimnis-Hermeneutik (aber ohne Sühne- und
Auferstehungsvorstellungen) oder dem „Frühkatholizismus" des Lukas-
evangeliums oder dem gnostisch eingefärbten Johannesevangelium oder
der ausgearbeiteten Theologie des Paulus. Jeder Umgang mit der jüdischen
und christlichen Bibel geschieht auswählend-beurteilend. Die Auswahl der
Schriften war ein „Akt kirchlichen Bekenntnisses", sodass diese Auswahl
jederzeit revidiert werden kann.[75] Und es zeigt, dass christlicher Glaube
nicht Glaube „an" die Bibel gleichsam als ein Kompendium verbindlicher
Glaubensaussagen ist, sondern Glauben „wie" in der Bibel ist und darum
Glauben wie Jesus sein kann; Jesus ist in seinen Begegnungen mit Anderen
der Mensch, in dem die völlig offene „Spur Gottes", das „Unvordenkliche
der Begegnung" manifest wird.[76] Dieses Widerfahrnis kann als *Glauben*
bezeichnet werden, da Glauben in seiner Akthaftigkeit weder ein Erkennt-
nisakt, noch ein Willensakt und auch kein Gefühlsakt ist, sich aber in seinem Antwortcharakter im Erkennen, im Wollen und im Fühlen manifestiert.
Paul Tillich hat das Glauben umschrieben als „Ergriffensein von etwas, das
uns unbedingt angeht. Dabei ist der jeweilige Inhalt des Glaubens zwar für
den Gläubigen und sein Leben von unendlicher Bedeutung; aber er ist für
die formale Definition dessen, was Glaube ist, nicht bestimmend".[77]

Zurück zum Problemfeld Glaubwürdigkeit der Theologie und Praxis des
Abendmahls. Feministische und befreiungstheologische Kritik am Sühnop-
fercharakter des Lebens und Sterbens des Juden Jesus und der darauf auf-
bauenden kirchlichen Abendmahlsliturgie und -praxis haben in nur wenigen

---

75 Ebeling, Das Wesen des christlichen Glaubens, 32–47.
76 Ohly, Was Jesus mit uns verbindet, 64 u.ö.
77 Tillich, Wesen und Wandel, 12.

Kirchengemeinden öffentliche Diskussionen und Veränderungen ausgelöst. Wo bleibt die (dem Philosophen Hegel zugeschriebene) Erfahrung, dass Glauben die Lust zu denken sei, und man darf hinzufügen, zu diskutieren sei. In der gleichen Zeit hat sich die Anzahl der protestantischen Kirchenmitglieder trotz der Rückkehr der Religion(en) in den letzten Jahren nahezu halbiert. Sowohl die mit der fortschreitenden Individualisierung erodierte Pluralisierung der religiösen Angebote als auch eine zunehmende Fundamentalisierung christlicher Gruppen mit ihrem Wunsch nach eindeutigen Gottes-Wahrheiten haben die Bedeutung des persönlichen, individuellen Glaubens ohne Gebundenheit an Kirche und Konfession verstärkt. Ulrich Beck hat diese Tendenz zum „eigenen Gott" analysiert unter den Perspektiven der Friedensfähigkeit und des Gewaltpotentials der Religionen.[78] Und wenn sich der Akzent auf den persönlichen Glauben im Protestantismus heute bis zum religiösen Selbstversorger oder „Selfie in Glaubenssachen" verschiebt, dann „müssen die Religionsgemeinschaften zur Kenntnis nehmen, was Menschen heute am Glauben interessiert, was sie in ihm und durch ihn suchen".[79] „Die Individuen fordern das Recht, ihren spirituellen Weg selbst zu wählen. Anders gesagt: Die Authentizität ihrer persönlichen Suche ist ihnen wichtiger als die Übereinstimmung mit jenen ‚Wahrheiten', deren Hüter die Weltreligionen zu sein beanspruchen".[80] Ohne Häresie geht Glauben im Protestantismus nicht ab. Und möchte Kirche nicht nur Versorgungsanstalt der Gläubigen sein – dann wäre sie keine Kirche –, dann muss sie den Ungläubigen zum Kriterium für die Verständlichkeit ihrer Verkündigung und Kasualien machen und ihre Bildungs- und Sozialarbeit am Ungläubigen ausrichten: „So wird die eigentümlich sympathisierende Nähe des Glaubenden zum Religionslosen, wie sie Bonhoeffer von sich bezeugt, zum echten Symptom der gegenwärtigen Situation des Christentums".[81] Wollte Kirche beim Gläubigen einsetzen, also wissen, was Glauben ist, dann würde sie – wie bereits moniert – auf Augenhöhe mit Gott und dem auferstandenen Jesus Christus einsetzen, was eine fundamentalistische

---

78 Beck, Der eigene Gott, bes. 68 ff.
79 Jörns, Notwendige Abschiede, 37.
80 Beck, Der eigene Gott, 173.
81 Ebeling, Die „nicht-religiöse Interpretation biblischer Begriffe", in: ders.: Wort und Glaube, 121.

Häresie wäre. Wer verfügt über seinen Glauben? Wer legt absolut gültige
Glaubensaussagen fest?
Christentum geht über die sichtbare Kirche hinaus; es ist mehr als
Bekenntnissätze, mehr als die Bibel. Deswegen können von Kirchen vorge-
gebene Vorschriften nicht sicheren Glauben erzeugen, denn der Glaube lebt
in seiner Gewissheit mit Zweifeln, Fragen, Schwanken und Scheitern.[82] Und
dazu gehört die Freiheit eines Christenmenschen, die Freiheit als Geschenk
und als Verpflichtung und nicht als „eingebildete" Autonomie.[83] Es ist die
Freiheit des Gott-Suchers zum Kombinieren, Basteln, Experimentieren mit
protestantischer Überlieferung und Praxis aufgrund eines vorausgehenden
Betroffenseins durch deren widerfahrende „Potentialität". Freiheit als Mut
zur notwendigen Häresie, wie der Religionssoziologe Peter Berger 1980
die Erfahrung interpretiert hat, dass jede und jeder Glaubende eigenver-
antwortlich sein Glaubenswiderfahrnis interpretieren muss und kann, weil
es keine selbstverständliche religiöse Tradition mehr gibt.[84] Das Wesen des
protestantischen Christentums ist die Veränderung, die ständige Selbstüberschreitung des einzelnen Glaubenden und mit ihm der Glaubensgemeinschaft. Das ist der *andere Individualismus*, als ihn der dominierende
Wirtschaftsliberalismus und der politische FDP-Liberalismus vertreten:[85]
Letztere verstärken und legitimieren bei den Einzelnen eine Einstellung und
ein Verhalten, das egoistisch ist, das berechnend auf den eigenen Vorteil
achtet und sich unsolidarisch bis asozial gibt. Die spätmoderne Gesellschaft
mit ihrem neoliberalen, durch Kapital und Digitalmedien strukturierten
Individualismus zerstört gerade das durch den Anderen konstituierte Individuum.[86] Kirchen müssen darauf achten, dass sie die protestantische Freiheit nicht mit der neoliberalen Kosten-Nutzen-Freiheit als Tauschverfahren
oder mit illusionärer Autonomie verwechseln. Eigenverantwortung für das
eigene Leben ist schon immer an den Umgang mit dem verpflichtenden und
befreienden Anderen gebunden.

---

82 Zilleßen; Gerber, Und der König stieg herab, 18–20.
83 Fromm, Die Furcht vor der Freiheit, 80 ff.
84 Berger, Erlösender Glaube?, XIVf.
85 Fromm, Die Furcht vor der Freiheit, 174 ff.
86 Stiegler, Die Logik der Sorge, 11–33: Die Zerstörung des jugendlichen psychi-
    schen Apparats.

Indem der Protestantismus (und ebenso der römische Katholizismus) zunehmend seinen Volkskirchencharakter und -funktion verliert, haben gleichzeitig Menschen den Wunsch, in einer „freien Religiosität" mit mehr oder weniger Anbindung an kirchlich-dogmatische Traditionen einen eigenen Gott und Glaubensweg mit persönlich kreierten Riten zu finden. Selbst für die gesellschaftlich praktizierten rites de passage (Übergangsriten) werden die christlichen Pendants wie Taufe, Konfirmation, Trauung und Beerdigung immer weniger nachgefragt. Haben die Kirchen ihren bisherigen Vertrauensschatz verspielt oder lassen die Kirchen mit ihrer „Sprache Kanaans" als christlicher Spezialsprache ihre Mitglieder, interessierte Menschen und Menschen in Not bei ihrer Hilfesuche enttäuscht und ratlos zurück?

Es ist im Kirchenchristentum immer noch üblich, dass Glauben als eine Art geistlichen Wissens verstanden wird und als Bejahen besonders hervorgehobener Bibelsprüche und -texte, der Grundwahrheiten des dreigliedrigen Glaubensbekenntnisses von Gott als Vater, als Sohn und als Heiligem Geist und der formellen Einhaltung mancher Bräuche und Riten gefordert und praktiziert wird. Aber immer mehr Christinnen und Christen halten das herkömmliche Glaubensbekenntnis für eine unverständlich gewordene Sammlung von Mythen, deren Potential in unserer Lebenswelt provozierend und tröstend, aufklärend und mahnend verhandelt werden müsste als Antwort auf die Bitte nach anderen Bekenntnisformulierungen. Dazu kann man die von Gerhard Ruhbach herausgegebene Sammlung „Glaubensbekenntnisse für unsere Zeit" von 1985 in die Hand nehmen. Aber in der Praxis läuft dies meistens so ab: Wer diesen kirchlich definierten Inhalten nicht zustimmen kann, gilt als nicht-gläubig, als ob es beim Glauben doch um das Akzeptieren feststehender Wahrheiten ginge. Der Glaubensvollzug geschieht als eine persönliche Begegnungserfahrung, als ein weder herstellbares noch abweisbares Widerfahrnis, das jeglicher Reflexion, Sinndeutung und dogmatischen Festlegung vorausliegt und über das andere Menschen nicht befinden können; wohl aber kann und soll man über die Interpretationen solcher Widerfahrnisse Gottes diskutieren und Bekenntnisse in Konsensfindungen formulieren. Sonst wird Glauben zur Wissensaneignung dogmen- und kirchengeschichtlicher Fakten, und Gott wird zum Gegenstand und historischen Faktum. Hier besteht für die Einstellung und das entsprechende Verhalten kirchlicher Christen und Christinnen Aufklärungs- und Korrekturbedarf und oftmals Nachholbedarf im kritisch weiterdenkenden

Verabschieden des (zu seiner Zeit verständlichen) Kinderglaubens und im Erwachsenwerden in Glaubenssachen.[87]

Hier lägen Möglichkeiten eines Begegnungs- und Beziehungschristentums, wie es z.b. von feministischen Theologinnen, Pfarrerinnen, Religionspädagoginnen bedacht und praktiziert wird.[88] Hier wird nicht die klassische (subjekt-theologische) Blickrichtung vom Ich zum Du eingenommen, sondern es wird im Sinne z.b. von Emmanuel Lévinas gefragt: Welchen *Sinn* legen wir unserem Leben und Zusammenleben zu, wenn nicht mehr vom Ich ausgegangen wird, sondern vom begegnenden anderen Menschen, der in seiner unverletzbaren Würde in der Spur Gottes uns Antwort abverlangt und uns persönliches Antworten ermöglicht? Was bedeuten Sterben und Tod, wenn in einem nach-metaphysischen Christentum keine feststehenden Antworten mehr zu haben sind und Jenseits und Nachseits nur symbolisch darstellbar sind? Symbole können veralten und sogar sterben, wenn „die Offenbarungssituation sich wandelt" und weil „religiöse Symbole zweischneidig sind".[89] Was macht Menschsein aus, wenn bisherige auch christliche Sicherheiten infrage gestellt werden? Haben wir dann noch eine eigene Identität und können wir in Einheit mit anderen Menschen leben auf das Ziel eines vollendeten Menschseins hin am Ende der Zeiten in einer neu erschaffenen (Jenseits-)Welt? Ist Identität nicht immer ein gedachtes, für unsere gegenseitige Kommunikation notwendiges Konstrukt, da wir uns selbst körperlich prozesshaft ständig verändern und nie dieselbe Person bleiben? Unsere Haut, unser ganzer Körper ist das leibliche Gedächtnis unserer Lebensgeschichte, aber das bedeutet zugleich für unser Leben als ständigen Prozess: „Es gibt keine wirkliche Erinnerung an sich selbst".[90] Weil das Erinnerte ja nicht mehr gegenwärtig ist und weil sich alles Erinnern ständig verändert, wie schon Augustin formuliert hat: „Die Zeit kommt aus der Zukunft, die nicht existiert, in die Gegenwart, die keine Dauer hat und geht in die Vergangenheit, die aufgehört hat zu bestehen". Dann würde Identität den Verzicht auf Veränderung bedeuten, der wir aber ständig unterliegen? Dann bedeutete Identität das Aufgeben

---

87 Stiegler, Die Logik der Sorge, 11–15, zur Infantilität unserer Gesellschaft.
88 Heyward, Und sie rührte sein Kleid an, 43 ff.
89 Tillich, Systematische Theologie, Band 1, 278.
90 Ernaux, Die Scham, 29.

eines eigenen Lebensweges zugunsten eines Ideals? Ist die erste leibliche Erfahrung nicht gerade die Differenz zwischen uns Menschen als Ausdruck der Einzigartigkeit eines jeden Menschen in seiner Geschöpflichkeit und unverletzbaren Würde, was aber vielen Menschen Angst macht?[91] Geht es folglich um *Integration* als Einfügung in eine bestehende Gruppe, Kirchengemeinde, Religionsgemeinschaft und Leitkultur einer Gesellschaft? Oder geht es nicht umgekehrt um *Inklusion* in dem Sinn, dass sich alle Beteiligten schon immer ändern und deswegen die Veränderungsarbeit aller Beteiligten verlangt ist? Also: „Desintegriert Euch!“?[92] Macht dies deswegen Angst, weil man dann kein festes Fundament und Ziel mehr hat, von wo aus und woraufhin man mit dem Fremden-Anderen kommuniziert? Und wie viel Paternalismus (und Helfersyndrom) legen gerade kirchliche Mitarbeiter und Mitarbeiterinnen im sogenannten fürsorglichen Umgang mit Migranten, Patientinnen, Hilfesuchenden unbewusst an den Tag? Wie gehen wir dabei mit unseren persönlichen Bedürfnissen um, deren Erfüllung unser mit der Lebendigkeit gegebenes Sich-Verändern und unser Begehren nie stillen können und die andere Menschen immer einengt? Wie geht man mit der Auflösung lockerer und intimer Bindungen um, wenn diese „stark mit dem Wachstum (realer oder virtueller) sozialer Netzwerke, mit Technologie und einer beeindruckenden ökonomischen Beratungs- und Lebenshilfemaschinerie zusammenzuhängen (scheinen): Psychologen aller Art, Talkshow-Moderatoren, die Porno- und Sexspielzeugindustrie, die Selbsthilfebranche, Einkaufspaläste und Konsumtempel – sie alle sorgen für den permanenten Prozess des Knüpfens und Lösens sozialer Bindungen. Begriff die Soziologie (sc. und Theologie) Anomie traditionell als eine Folge von Isolation und mangelnder Zugehörigkeit zu einer Gemeinschaft oder Religion, muss sie nunmehr einer schwerer fassbaren Eigenschaft sozialer Bindungen in der hyperkonnektiven Moderne Rechnung tragen: ihrer Flüchtigkeit trotz – und wegen – der Allgegenwart von sozialen Netzwerken, Technologie und Konsum“.[93] Müssen Kirchen mehr kurzfristige Projektarbeit anbieten, mehr punktuelle Kooperationsformen, nicht-ökonomisierte Umgangsweisen, um

---

91 Fromm, Die Furcht vor der Freiheit, 103 ff.: Fluchtmechanismen.
92 Czollek, Desintegriert euch!, als Problematisierung aus der Sicht eines jüdischen Autors.
93 Illouz, Warum Liebe endet, 12 f.

wieder Glaubwürdigkeit zu erlangen? Solche Fragen stellt ein Beziehungs-christentum an Kirchen, das sich weder als Moralanstalt anbietet noch als Hüterin eines christlichen Fundamentes agiert und nicht als Integrations-mittel dient und auch nicht über Rechtgläubigkeit wacht.

2.2. Beispiel 2: „Die sieben Untugenden der Kirchen heute" (Friedrich Wilhelm Graf)

Der Theologe Friedrich Wilhelm Graf sieht die Kirchen angesichts der der-zeitigen Austrittswellen in einem Dämmerzustand zwischen Untergang und Reform. Er findet sieben Untugenden, wobei er die protestantischen Kirchen und die römische Weltkirche zusammenfassend behandelt: „Die verquaste Sprache der Theologen, den selbstgerechten Moralismus der Funktionäre, die Bildungsferne der Gottesdienste, die Demokratievergessenheit politi-scher Interventionen, die weltfremde Selbstherrlichkeit der Würdenträger, den Abschied von einem pluralistischen Christentum sowie den Sozialpa-ternalismus kirchlicher Sozialmanager".[94] Es wäre plausibler gewesen, diese Untugenden auf die römisch-katholische und protestantische Konfession zu verteilen, weil sich die Vorstellungen von Kirche und der Stellenwert der Würdenträger und Pfarrerinnen deutlich unterscheiden. Das Fazit dieser liberal-christlichen, kulturprotestantisch durchsetzten Christentums- und Kirchenkritik läuft auf die formale Feststellung hinaus: „Eine Gesellschaft ohne Religion wäre so arm wie eine Gesellschaft ohne bildende Kunst oder Musik, und ein Gemeinwesen, in dem die Kirchen nur noch bei kleinen Minderheiten Resonanz finden, entbehrte jener Organisationen, die ein immer auch politisch relevantes semantisches wie symbolisches Kapital – im gelingenden Fall! – tradieren (und mehren): die Glaubenssprache der Unterscheidung von Immanenz und Transzendenz, Diesseits und Jenseits, Status quo und ganz anderer Welt".[95] Diese Kritik und Hoffnung bewegen sich in den gegebenen Kategorien und Vorstellungen, die mit der insofern berechtigten Restaurierung des Gemeindepfarramtes enden, als die Pfarrer und Pfarrerinnen z.B. in Religionsdiskursen „gebildet, rational und klug

---

94 Klappentext; Rendtorff, Noch einmal: Demokratieunfähigkeit, 143–154.
95 Graf, Kirchendämmerung, 187 f.

das protestantische Verständnis der neutestamentlichen Freiheitsbotschaft zu vertreten" vermögen.[96]

2.3. Beispiel 3: „Warum ich kein Christ bin" (Kurt Flasch)

Der Philosophie- und Geschichtsprofessor Kurt Flasch begründet diskutierend im gelehrten Rückgriff auf die relevante europäische Überlieferung seinen Abschied aus dem liberalen Katholizismus in neun Kapiteln. Er konzentriert sich auf die Lehren der beiden christlichen Volkskirchen, also auf die theologischen Inhalte (Dogmen) und Moralvorstellungen (Ethik), und er kritisiert nur am Rande den Zustand der Kirchen: „Die Kirchenoberen, die wir am meisten *sehen,* treten museal auf. Das ist kein Zufall. Sie denken ungefähr so, wie sie sich zeigen – mit Titelpomp wie ‚Seine Heiligkeit', altertümelnd und exotisch, mit Gewändern und Wortungetümen wie ‚Superintendent'. Das *repräsentative* kirchliche Leben pflegt seine sklerotisierte Form. Wir sehen mit Vorliebe ältere Herren in urtümlicher Kleidung und hören eine altmodische Sprache. Einige von ihnen fühlen den Druck, die museale Tonart abzulegen. Der eine oder andere Theologe liefert aktualisierte Abschwächungen. Ein frommer Pater spricht Mut zu; er verlegt sich auf Seelenpflege; Lutheraner weichen gern in die Umwelt aus. Aber die Ausbruchsversuche bleiben wie mit Fußfesseln ans Vergangene gebunden. Wer das Christentum der Gegenwart kennenlernen will, kommt um seine altertümelnden Selbstauslegungen nicht herum".[97] Man wird für den Protestantismus diese geläufige Kirchenkritik dort zurücknehmen können, wo Hauptamtliche sich in Kleidung, Sprache und Verhalten an die Normalgesellschaft anpassen und die theologischen Inhalte wie Schöpfung, Gnade, Versöhnung durch Jesus Christus, die die Kirchentreuen ihrerseits immer weniger kennen, konkretisierend auslegen. Es geht z.B. auch in Debatten im Bundestag über die Ablösung der Staatsleistungen aufgrund der im 19. Jahrhundert säkularisierten Kirchengüter, über Feiertage und Religionsunterricht, über die Erwähnung bzw. Ablehnung eines Gottesbezuges im Grundgesetz oder beim Unterlassen des „So wahr mir Gott helfe" bei Amtseinführungen und Verpflichtungen weniger um aggressive

---

96 A.a.O., 190.
97 Flasch, Warum ich kein Christ bin, 12 f.

Kirchen- und Christentumskritik als um das allmähliche Verschwindenlassen des Christentums in der Öffentlichkeit und im Privatleben. Stirbt das Christentum einen leisen Tod, nachdem Friedrich Nietzsche schon vor gut 120 Jahren den „Tod Gottes" proklamiert hatte? Oder läuft es auf einen frommen Rest hinaus, was man verschiedentlich aus Rom, z.B. von Papst Benedikt XVI., gehört hat? Jedenfalls ist mit der EKD-Mitgliederstudie von 2014 anzunehmen, dass bis zu 80 % der Kirchenmitglieder wesentliche Inhalte des Glaubensbekenntnisses und der Katechismen nicht mehr glauben oder zum Teil sogar ablehnen oder gar nicht (mehr) kennen.

Wie geht Kurt Flasch mit den Kernlehren der christlichen Kirchen in den neun Kapiteln kritisch um, was hier nur stichwortartig aufgeführt werden kann.[98]

– Im ersten Kapitel trägt er einen Aufriss der *Geschichte des Christentums* in den letzten 300 Jahren vor, die auf einen immer größeren Verlust an „Realitätsgehalt" hinausläuft.[99] Deswegen entwickelten Christen neue intellektuelle Strategien der Glaubensbegründung wie: „Gefühl, Erlebnis, Gestaltwahrnehmung, Entscheidung, Sprung, Abenteuer und Gnade". Alle außer der Gnadentheorie sind Nebenprodukte der nachkantischen Philosophie und keine von ihnen steht in der Bibel.[100] (Sind sie deswegen als Interpretationsversuche abzulehnen, wenn man sich auf ein phänomenologisches Verfahren einlässt?)
– Unter dem Stichwort „Der wahre Glaube" wird die Frage nach *Wahrheit* erörtert: Die monotheistischen Religionen „brauchen das zugleich universalistische und faktisch-objektivistische Wahrheitskonzept: Da ihr Gott der einzige Gott sein soll, muß er es für alle sein".[101] Aber kann es auch bei Glaubenssätzen nicht nur um „Variationen der Wahrheit gehen"?[102] Mit Bezug auf Joseph Ratzingers „Einführung in das Christentum" stellt Kurt Flasch fest: „Vertreter der Offenbarungsreligionen wollen ihr universalistisches, realistisches und objektivistisches Wahrheitsdenken nicht korrigieren. Sie brauchen eben dieses. Selbst wenn sie

---

98   Vgl. Kallscheuer, Was glaubt ihr denn wirklich?, 45.
99   Flasch, a.a.O., 42 f.
100 Flasch, a.a.O., 82 f.
101 A.a.O., 106.
102 A.a.O., 102.

es nur als leeren Anspruch vor sich hertragen. Daran hängt ihre Autorität".[103] (Schaut man aber auf die Monotheismus-Debatten der letzten Jahre, dann wird neben diesem „Wahrheits"-Konzept das „Treue"-Konzept vertreten, das nicht auf Exklusivität hinausläuft, sondern auf gegenseitige Anerkennung.[104])

– Im 3. Kapitel werden *biblische Weissagungen* untersucht, zum Beispiel die aus Jes 7,14 in Mt 1,23 übernommene Ankündigung der Jungfrauengeburt: „Siehe, die Jungfrau (sc. Maria) wird schwanger werden und einen Sohn gebären, und man wird ihm den Namen Immanuel geben". Dieser Mythos wurde im Christentum zum Erweis, nicht als Beweis, der Bedeutung Jesu als des Messias und Sohnes Gottes erzählt. Solche Mythen von der jungfräulichen Geburt von Gottessöhnen finden sich in Ägypten und in Griechenland.[105] – Wenn man akzeptiert, dass im Griechischen jede Wundererzählung ein Mythos ist, so ist zugleich unbestritten, dass Wunder wie die Verwandlung von Wasser in Wein (als klassisches Bacchus-Wunder) in christlichen Kreisen fundamentalistisch als Belege für das Eingreifen Gottes in unsere Welt missverwendet wurden.[106] Und das Hauptwunder der Auferstehung Jesu fußt auf der in der jüdischen Welt verbreiteten Vorstellung körperlicher Wiederkehr Verstorbener.[107] Aber was *die* Auferstehung sei, lässt sich nicht als faktisch-objektive Realität hinter den sich teils widersprechenden Erzählungen rekonstruieren (abgesehen davon, dass die älteste Erzählung in Mk 16 mit dem Gang der drei Frauen an das Grab mit Vers 8 endet und dann in den Versen 9–20 die Erzählungen von den Erscheinungen des Auferstandenen ohne Erwähnung eines leeren Grabes, von der Aussendung der Jünger in die Welt und von der Himmelfahrt Jesu sekundär angehängt wurden). Deswegen stellt Kurt Flasch fest: „Die Auferstehung als Bild sagt mir etwas, als Ereignis in der Außenwelt kann ich nichts von ihr wissen. Deswegen bin ich im Sinne der Kirchen kein Christ mehr".[108]

---

103 A.a.O., 108.
104 Schieder (Hrsg.): Die Gewalt des einen Gottes.
105 Flasch, Warum ich kein Christ bin, 113.
106 A.a.O., 113.
107 A.a.O., 123.
108 A.a.O., 132.

– Wie steht es um *Gott in den Kirchen*? Gott ist nicht mehr präsent „als gefühlte Macht in Seelen und Institutionen",[109] als „Vernunftinhalt für alle Menschen" in Verbindung mit der unsterblichen vernünftigen Seele.[110] Da nütze auch Karl Barths Rede vom „ganz Anderen" nichts: „Das ist nicht mehr als eine verächtliche Phrase. Dieser Ausdruck klingt tiefsinnig und drückt doch nur Gedankenlosigkeit aus".[111] (Hat Kurt Flasch das Anliegen nicht nur Karl Barths verstanden oder spielt ihm sein Katholizismus einen letzten Streich?) Er fragt aus seiner philosophischen Position heraus: Soll es nur noch um das „Pathos eines christlichen Humanismus" gehen als Verkümmerung und sogar Erledigung z.B. aller Gottes-Beweise[112] (die Flasch wohl retten möchte)?

– Wenn schon Gott am Verschwinden ist, dann bleiben noch die Fragen nach der Zweckmäßigkeit der Welt, nach dem von Gott zugelassenen Bösen (Theodizee) und nach der *Schöpfung*. Alle Bearbeitungen dieser drei Fragen stehen unter dem Verdikt der Irrationalität: „Der christliche Glaube hat aus intellektuellen Entwicklungen, die nicht zurückzunehmen sind, den antik-philosophischen und damit den allgemein-vernünftigen Untergrund verloren, den er bis 1800 und in intellektuell isolierten Provinzen bis 1960 besaß".[113] Und das schöpfungsphilosophische Fazit: „Aus der gegebenen Welt kann ich nicht auf einen weisen und guten Allmächtigen schließen".[114] Dieser Folgerung stimmen sicher viele Christen und Christinnen, mindestens protestantischer Provenienz ebenso zu wie der Einsicht, dass die Theodizee sich nicht argumentativ auflösen lässt.[115]

– Die theologische Vorstellung einer *Erlösung* wird kritisch gesehen: „Ich bin kein Christ, denn ich finde mich zwar fehlerhaft und meine Existenz prekär, aber nicht erlösungsbedürftig [...] Der Erlösungsreligion Christentum entspricht kein Bedürfnis mehr. Sie wird spannungslos, sie wird ein Verein zur Verbreitung von Lebenszuversicht. Luther sah die

---

109 A.a.O., 144.
110 A.a.O., 140, 148.
111 A.a.O., 149.
112 A.a.O., 167 ff.
113 A.a.O., 171.
114 A.a.O., 179.
115 Ricoeur, Das Böse, 317; d'Arcais, Eine Kirche ohne Wahrheit, 76–79.

befreiende Wirkung der Erlösung noch anders: Sie bringt den Christen ‚vom Teufel zu Gotte, vom Tod zum Leben, von Sund zur Gerechtigkeit'".[116]

– Im Kapitel zur *christlichen Ethik* führt Kurt Flasch vor, wie „Christen leben sollten".[117] Als zwei Beispiele wird Jesu Bergpredigt als Ethik angesichts des nahen Weltendes herangezogen[118] und wird die Sexualethik vorgestellt, die innertheologisch als „ohnmächtig" abgehandelt wird[119].

– Wenn es für die unsterbliche Seele um *Himmel und Hölle* geht, dann darf man den Himmel nicht einfach abschaffen, wie es z.B. Rudolf Bultmann mit seinem Entmythologisierungsverfahren und Dorothee Sölle mit ihrer sozial-politischen (feministischen) Theologie vollzogen haben. Abschaffen sollte man die „Foltertheologie" der „Höllentheologie"[120] – einverstanden.

– Was von den biblischen und tradierten theologischen Sätzen auf heute hin letztendlich „assimilierbar ist, hängt von geschichtlichen Konstellationen und von der religiös-poetischen Kraft einzelner ab, die sich aus der Überlieferungsmasse ‚häretisch',etwas herausnehmen'. Wer kein Christ mehr ist, hat dabei weniger Scherereien".[121]

(Der Leser kann den Eindruck gewinnen, dass Kurt Flasch noch katholischer Christ wäre, wenn das metaphysisch-philosophisch interpretierte Christentum, etwa Augustins, überdauert hätte. Und er wäre wohl auch einverstanden, wenn das Christentum als eine poetische Kunst-Religion konzipiert würde. Zu Recht stört ihn, dass die meisten Christen und Christinnen Inhalte ihres Glaubens nicht mehr kennen, kaum mehr das Vater-Unser-Gebet sprechen können, dass sie die einst als Volksgut gesungenen Kirchenlieder nicht mehr mitsingen können und dass sie keinen Anstoß nehmen weder an diesem Verlust noch an den Widersprüchlichkeiten ihres „Christentums der Unvernunft".[122] Sie gehen mit

---

116 Flasch, Warum ich kein Christ bin, 198 f.
117 A.a.O., 215.
118 A.a.O., 226 ff.
119 A.a.O., 231.
120 A.a.O., 252.
121 A.a.O., 265.
122 A.a.O., 257.

ihrem Christentum auswählend um im Sinne einer Bastel-Religion frei
nach ihren religiös gemeinten Bedürfnissen mit einem moralisierenden
Anstrich. Kurt Flasch selbst schlägt eine Art poetischer Religion vor, die
von Texten, Bildern, Personen getragen wird, über die man ohne Kirche
frei(er) nachdenken kann – wieder einmal eine Kunst-Religion, wie es
schon Richard Wagner präsentiert hat?)

2.4. Beispiel 4: „Religionsverzicht. Ein Memorandum" (Andreas Urs Sommer)

Der Philosoph Andreas Urs Sommer plädiert für einen Verzicht auf Religion – auch und gerade auf das von ihm erlebte (reformierte) Christentum -,
weil der moderne multizentrische Mensch keine Erlösung mehr braucht und
sie überhaupt nicht mehr versteht als mögliches Angebot für eine sinnvolle
Lebensgestaltung. Seiner Meinung nach ist es (wahrscheinlich) so, „dass
wir die Probleme nicht mehr haben, auf die die Religion die Antwort war –
und ob sie stattdessen Antwort auf andere Fragen sein kann, bleibt offen.
Mit sinkender Nachfrage nach Erlösung droht Religion funktionslos zu
werden". Sie wird sich bestenfalls noch als „Demonstrationsprotestantis-
mus" verwenden lassen, wie einst in der inzwischen abgeflauten Friedens-
bewegung.[123]

Was wird verabschiedet beim Religionsverzicht: dass Religion bzw.
das von ihr reklamierte „Überweltliche, Unbedingte, Grundlegende" auf-
hört, „letzte Instanz der Orientierung, erste und letzte Bezugsgröße des
menschlichen Lebens (zu) sein". Diese Abhängigkeit und die Zuschreibung
von Erlösungsbedürftigkeit überwindet das Individuum, indem es selbst
bestimmt, was ein gutes Leben ist. Übrig bleibt die heute kulturell kontingente „*Frage nach einem Leben nach dem Tod*". Dabei geht es nicht mehr
um ein Leben in einem Jenseits, sondern um die Sterblichkeit im Diesseits
und damit um das Aufgeben einer „letzten, absoluten Bezugsgröße". Der
moderne Mensch lebt, handelt, erfährt sich als multizentrisch. Er versteht
die Frage des *Heidelberger Katechismus*: „Was ist dein einziger Trost im
Leben und im Sterben?", nicht mehr. Darüber kann auch „die wohlfeile
Rede von einer Renaissance des Religiösen" nicht hinwegtäuschen. Religion

---

123 Sommer, Religionsverzicht, 8–14.

kann bei Verlusten etwa geliebter Menschen oder der Arbeitsstelle zwar „tröstend einspringen (sc. was Jürgen Habermas als Alleinstellungsmerkmal praktizierter (christlicher) Religion formuliert hat), läuft aber Gefahr, bald von wirkungsvolleren, nämlich pragmatischen Mitteln zur Problembewältigung ausgehebelt zu werden" (wenn das nicht eine Pervertierung von „trösten" ist?).

Für Gott hat der multizentrische Mensch keine Verwendung mehr oder ab und zu als „ein Ornament". Man kann auf religiöse Fragen „ohne jede heroische Anstrengung" verzichten; ja, es ist emotional und intellektuell besser, ganz auf „Religion im altabendländischen Sinne" zu verzichten. Und wer dann nur noch „Lauheit der Seelen" sieht, dem sei gesagt: „Diese Lauheit bedeutet Freiheit von aufs Ganze gehenden Entscheidungszumutungen – auch von Zumutungen einer als lebensbestimmend missverstandenen Religion". Diese „Vergleichgültigung" lässt die Religion bestenfalls als „Ornament eines multizentrischen Lebens" am Leben: „Religion wäre keine Frage des Bekenntnisses mehr, sondern ein in erster Linie dekoratives Element eines multizentrischen Lebewesens, das vielleicht nicht ‚gut' ist, aber das Beste herausholen will". (Wer ist dann dieser postchristliche, postreligiöse „Bestseller"?)

"Religionsverzicht würde dann Erlösung von der Erlösung, auch von der Idee der Erlösung und der Erlösungsbedürftigkeit bedeuten. Die Kosten eines so verstandenen Religionsverzichts hielten sich dabei vermutlich in Grenzen. Sie bestünden nur in einer gewissen Ehrlichkeit, die Dinge so zu sehen, wie sie sind" – in der vielleicht naiven Annahme, als ob dieses eindeutige Wahrnehmen ginge? Der im folgenden Abschnitt behandelte Entwurf von Peter Gross geht ebenfalls von dem Erlöschen der Erlösungsbedürftigkeit aus, interpretiert dann aber das Christentum ohne Erlösung auf eine neue, andere Weise.

2.5. Beispiel 5: Ein Christentum „jenseits der Erlösung": Einswerden mit der Unvollkommenheit (Peter Gross)

Der Religionssoziologe Peter Gross hat weniger eine radikale Religionskritik wie z.B. Urs Sommer noch nur eine Kirchenkritik wie z.B. Klaus-Peter Jörns im Visier als vielmehr ein Christentum „jenseits der Erlösung" (2007), das auf die herkömmlichen „Endgültigkeitsvorstellungen und

Endlösungsprogramme" angesichts verblassender Schuld- und Heilsbotschaft verzichtet.[124] Stattdessen kann „der moderne Mensch seinen Mangel als unverfügbaren Grund bejahen und annehmen, aber sich nicht mehr als aus dem Paradies Vertriebener fühlen".[125] „Es lässt sich ein Christentum denken, welches sich der Vorläufigkeit und nicht der Endgültigkeit verschreibt",[126] das auf eine teleologische vollendungsdramatische Heilsgeschichte und auf ein entsprechendes teleologisches Menschenbild als autoritäre Vorgaben verzichtet und das *nach-paradiesische Lebenskonzept* (das Schiller, Herder und andere als Emanzipation gedeutet haben) als Chance unvollendbaren Lebens akzeptiert. Fundamentalismus und weltumspannende Sündenschuld- und Erlösungsmythologie sind passé.

Peter Gross habe, so kommentiert der Theologe Friedrich Wilhelm Graf, den Theologen (und Kirchen) zu Recht vorgeworfen, „sich entweder in ein Traditionsghetto mit unverständlichem Stammesidiom zurückgezogen oder aber die Substanz der klassischen Erlösungsbotschaft in ein seichtes, inhaltsleeres Hoffnungsgeschwätz aufgelöst zu haben".[127] Peter Gross, katholischer Christ, hat sich bewusst nicht auf Korrekturen des geläufigen christlichen Religionsangebotes eingelassen, sondern er hat eine andere, neue Sicht für und auf das Christentum vorgeschlagen und ein radikal anderes Glaubens-, Lebens- und Gestaltungchristentum entworfen. Er möchte die klassische teleologische Heilsgeschichte und die prägende Eschatologie einer sich in apokalyptischen Kämpfen durchsetzenden paradiesischen Welt als „Neues Jerusalem" am Ende der Zeiten mit ihrer Welt-Flucht „erden". Die vor allem für das römisch-katholische Christentum konstitutive „Erlösung" als Verabschiedung von dieser Welt, als „Katastrophenblindheit" und als Forcierung von „End-Erlösungsvorstellungen und Endgültigkeitsparolen" wird gleichsam unterlaufen.[128] Und auch eine für den Protestantismus zentrale „hohe" Christologie des Gottes-Sohnes als des Mitschöpfers, als des sühnenden Versöhners und als des Kosmokrators und Miterlösers am Ende der Zeiten wird verabschiedet. Man könnte die Christologie dann so

---

124 Gross, Jenseits der Erlösung, 9.
125 A.a.O.
126 A.a.O., 10.
127 Graf, Einswerden mit der Unvollkommenheit, 43.
128 Gross, Jenseits der Erlösung, 9.

auslegen, dass der Jude Jesus von Nazareth „bestimmt, wer Gott ist", und als „Beispiel" für solche Widerfahrnisse aufgefasst wird, die als Begegnungen Gottes mit uns Menschen gelten.[129] Christen werden von Peter Gross zu verantwortungsbewussten Erden-Bürgern gemacht, vom kosmisch-heilsgeschichtlich ausgerichteten Kopf auf die Füße ihres realen Glaubenslebens im Lebensalltag gestellt: „Was, wenn er (sc. der moderne Mensch) seine Unvollkommenheit, sein Mal, die Unaufhörlichkeit und Unvollendetheit als Herausforderung begreift, als Geschenk, als Gabe, als Auszeichnung, der man sich nicht nur zu stellen hat, sondern der man einen Sinn abzugewinnen und die es produktiv zu nutzen gilt? Was, wenn er sich mit dieser Welt versöhnt, ohne die Differenzerfahrung aufheben zu wollen".[130] Transzendenz würde als Veränderbarkeit widerfahren; Jenseits und Nachseits würden der Andere in der Spur Gottes und dessen Welt verkörpern; Glauben würde als geschenkte und zu verantwortende Zuversicht ins Leben und Zusammenleben und als antwortende Rücksicht auf den schon immer mich angehenden Anderen in seiner Differenz zu mir gelebt werden (können)?

Dabei sind auch Abgrenzungen zu vollziehen. Dass Religion als Mittel der Erleichterung verstanden und praktiziert wird, ist ebenso ein modernes Phänomen wie das fundamentalisierende Vereindeutigen.[131] Beide stellen unterschiedliche Reaktionen auf Befreiungserfahrungen, Pluralisierung und Individualisierung, auf Enttraditionalisierung und Verwissenschaftlichung, auf Ökonomisierung, Digitalisierung und weitere Modernisierungsschübe dar. „Mit der Selbstentdeckung des neugierig gewordenen Menschen als eines sich selbst bewussten Individuums fallen ihm neue Freiheiten zu, die sich z.B. in einer fortschreitenden Religionskritik vor allem an den Vorstellungen einer göttlichen Trinität, eines Sühnopfers des Gottessohnes, eines Vorschriften-, Bibelbuchstaben- und Sakramentenglaubens, eines bevormundenden und in sich kreisenden Konfessionen-Christentums äußern".[132] Umgekehrt thematisieren Christen die Zwänge durch die neoliberale Gesellschaftsstruktur und möchten bei allen Freiheiten ein Christentum ohne *Fundamentalismus* praktizieren. Daneben dämmert ein müde gewordener

---

129 Ohly, Was Jesus mit uns verbindet, 14.
130 Gross, Jenseits der Erlösung, 9 f.
131 Gerber, Wie überlebt das Christentum?, 117 ff., 153 ff.
132 Gerber, a.a.O., 117.

Atheismus dahin, dem nach Zeiten einer sich auf Freud, Marx und Nietzsche kaprizierenden Religionskritik konstruktive Ideen auszugehen scheinen. Irgendwie dazwischen tummelt sich der spätmoderne Selfie, der sich
selbst heiligt in seiner Selbstverkörperung als eigener Gott und von der
Erlösung erlösender Heiland,[133] mit Zügen eines unerwachsenen Autismus
und einer „ungewollten Rücksichtslosigkeit".[134] Neuerdings wird mit der
Freestyle Religion eine neue Art Spiritualität praktiziert, indem Alltägliches
immer häufiger und intensiver spirituell aufgeladen wird – vom Teebeutel
(aus der produktiven Hand der Erd-Mutter) bis zum Duschbad (wohl als
Art Drachenblut), von heilenden Lebens-Mitteln (als Art Sakramenten-
materie) bis zu allerlei Wohlfühl- und Perfektionsartikeln (als Glaubens-
zeichen).[135] Genau dies meint Peter Gross nicht mit seiner Welt-Versöhnung
und meine ich nicht mit der Du-Ich-Beziehungstheologie. Freestyle-Reli-
giosität wird als eine dem recht begrenzt gewordenen Fassungsvermögen
des spätmodernen Selfies angepasste minimalistische Spiritualität light für
das multireligiöse global village angeboten (nach der Werbung des evangelischen Pfarrers Uwe Habenicht). Diese religiöse Aufladung des Banalen
kommt ohne Verantwortung und ohne Verpflichtung dem Anderen und der
Schöpfungswelt gegenüber aus; sie bietet weltvergessende Mystik und viel
pseudoreligiöses (Bauch-)Gefühl an, garniert mit aufgeladenen Heils- und
drogengestützten Entgrenzungsversprechen. Mindestens vom Duschgel soll
man sich anerkannt und wertgeschätzt fühlen und wissen dürfen.

Aber wie abgrenzen gegen Wellness-Religion(en) und Fundamentalismus? In dem Grundlagentext des Rates der Evangelischen Kirche in
Deutschland (EKD) „Christlicher Glaube und religiöse Vielfalt in evangelischer Perspektive" von 2015 vergewissert sich die Kirche selbst, „an
ihrem Bekenntnis und ihrer eigenen Bindung an das, was ihr als Wahrheit
einleuchtet, festzuhalten".[136] Daraus folgt: „Von einer Imitation des welt-
anschaulichen Pluralismus durch die christlichen Kirchen selbst, von einer
Anpassung ihres Glaubens an die säkularistischen Einstellungen oder an

---

133 Gerber, Individualisierung, 37 ff.
134 Lempp, Die autistische Gesellschaft, 25 ff.; Richter, Die Krise der Männlich-
     keit, 9 ff.
135 Habenicht, Freestyle Religion.
136 EKD, Christlicher Glaube, 27.

die Indifferenz der Religionsmüden erwartet sie sich keine Stärkung der Freiheit, sondern nur Profilverlust".[137] Aber auch dieses sich aufgeklärt gebende Kirchen-, Riten- und Dogmen-Christentum bleibt insofern in den herkömmlichen Bahnen stecken, als es den Ernst des „Todes Gottes" (als Ende von Theismus, Fundamentalismus und Innerlichkeit) nicht erträgt. Wenn der Zuspruch der Freiheit und Verpflichtung eines Christenmenschen im Sinne Martin Luthers nicht mehr das Anliegen protestantischer Kirchen ist, sondern das Festhalten am Bekenntnis grundlegend bleibt, dann nützen auch alle Spaß-, Erleichterungs-, Fundamentalisierungs- und Perfektionierungsangebote nichts, weil sie auf selbst gesteckte Ziele hin einschränken und als Selbstvervollkommnungspraktiken eher drangsalieren. Bescheidener ist es, mit Geduld, Demut und zugleich mit Aufbruchsmut, mit Selbstkritik und konstruktiver Sehnsucht auf unser endliches Menschsein in seinen Beziehungen und Begegnungen zu schauen und zu fragen, in welchen unauflösbaren Widersprüchen, in welchen Um- und Abbrüchen ein christliches „Ich" (um nicht „Seele" zu sagen) konstituiert wird und zerbricht, gelingt und scheitert. Harmonie ist Bedrohung und nicht das Medium widerfahrender Subjektwerdung; Paradies-Angebote überspringen das reale Leben; Konsens z.B. in Form eines Bekenntnisses und dessen Einhaltung sind notwendige Tauschverfahren, dass (Gesellschaft und) Kirche(n) nicht völlig auseinanderfällt. In diesem Sinn schließt Peter Gross seine Neudeutung des Christentums ab: „Nicht der Wunsch nach endgültiger Befreiung und Emanzipation und Überwindung des Todes ist das ‚Protomythem' (Raimundo Panikar) der Menschengeschichte, sondern sein Einswerden mit seiner Unvollendetheit, seinem Mangel, seinen Begrenzungen".[138] Aber das heißt gerade nicht, dass man sich resignierend mit der Sterblichkeit abfindet, denn das wäre nur die depressive Alternative sowohl zum Verdrängen als auch zum Ausradieren durch eine teleologische Anthropologie des dereinst unsterblichen Menschen im Endzeit-Paradies.

Peter Gross kritisiert nicht „Befreiung und Emanzipation", sondern er hält deren Aufladung mit einer zu glaubenden und zu erstrebenden Endgültigkeit für nicht mehr zeitgemäß und für unverständlich, weil es durch

---

137 A.a.O.
138 Gross, Jenseits der Erlösung, 125.

keine Erfahrungen des spätmodernen Menschen gedeckte Vorstellungen sind. Wir können mit unserem in Gen 3 mythologisch als Sündenfall und Paradies-Vertreibung geschilderten Mangel leben, weil genau dieser Mangel überhaupt Menschsein ausmacht als das Paradox aus Verlust und Endlichkeitsakzeptanz, aus der von Anderen geschenkten Freiheit (die dem Glaubenden im Namen Gottes widerfährt) und eigener Verantwortung (die dem Glaubenden im Namen Gottes aufgeladen und von ihm ausgeübt wird), aus widerfahrender Subjektwerdung durch den Anderen (in der Spur Gottes) und dem unterstellenden Phantasieren des eigenen Subjektseins. Ein anderes Menschsein als in „Freud und Leid" gibt es nicht.

2.6. Der feministische Abschied von der Männer-Theologie

Diese weitreichende Auseinandersetzung soll hier auf systematisch-theologische Inhalte zugespitzt werden. Grundlegend ist die Verabschiedung des (mit Männlichkeit assoziierten) Theismus: „Solange unsere Schultheologie unbesehen unterstellt, jede/jeder müsse in theistischer Manier sich Gott als ein für sich existierendes personales Wesen im Gegenüber zur Welt vorstellen, kann es überhaupt nicht zu einem Dialog kommen".[139] Statt Theismus heißt es: „Eine feministische Theologie der Beziehung" (Carter Heyward). Aber dies bedeutet nicht Anthropomorphisierung als beanstandete Auflösung der Theo-Logie in Anthropo-Logie: „Weder für das Gute noch für das Böse können wir eine anthropomorphe Gottheit verantwortlich machen. Denn Gott ist keine Person, ‚kein jemand', sondern transpersonaler Geist, die Macht in Beziehung, die von der Menschheit abhängig ist, wenn sie das Gute tun, Gerechtigkeit herstellen, Liebe verwirklichen, Gott in der Welt leibhaftig machen will [...] Gott ist unsere Macht, dies zu tun".[140] Statt einen Jenseits-Gott zu haben, geht es bei der „diesseitigen Transzendenz" um *Veränderung* der Wirklichkeit. Entsprechend bedeutet „atheistisch an Gott glauben [...] nicht die Leugnung einer göttlichen Weltordnung, sondern Verzicht auf ein allzu irdisches Gottesbild", z.B. Gott als Herrscher, König, auch als Vater. „Das Bekenntnis, das die Entmächtigten ablegen, ist rechtskräftige Anerkennung des Stärkeren, der der Schwächere ist. Es ist

---

139 Moltmann-Wendel; Kegel, Feministische Theologie im Kreuzfeuer, 144 f.
140 Heyward, Und sie rührte sein Kleid an, 180.

die schlichte Anerkennung dessen, daß Jesus recht hat, daß die Sache Jesu –
Entäußerung als Gehorsam – zur Freude Gottes dient. Es ist dies die Ehre
Gottes, daß wir größer, freier und liebesfähiger werden. Solche Aneignung
des Menschen zur Ehre Gottes geschieht dort, wo Christus als der wirkliche Mensch proklamiert wird".[141] Und eine biografisch gefärbte Notiz
von Dorothee Sölle: „Wenn Gott Liebe ist, dann können wir nicht zugleich
denken, daß er Macht, All-Macht ist. Dieser Glaube an den Gott, der alles
so herrlich regiert, wie ein oberster Boß an der Spitze der Pyramide sitzt, ist
mir im Laufe meines theologischen Nach-Denkens gründlich vergangen".[142]
Theologie- und Kirchenkritik werden zugleich als Gesellschaftskritik
betrieben: „Im Grunde sind die Krankheitserscheinungen der Kirche Krankheitserscheinungen der Gesellschaft. Die Kirche als Kirche, will sagen als
moralische Solidarität von Menschen, die Gott verehren, den man sich
in spezifischen Bildern denkt und in einer bestimmten Reihe akzeptierter
Stile anbetet, legitimiert das Verhalten in der politischen, wirtschaftlichen
und Klassenstruktur der Gesellschaft durch die Feier der Liturgie und die
Pflege von Gebetsstilen, die behilflich sind, die Menschen auf die bestehende
Gesellschaftsordnung auszurichten".[143] Darin zeigt sich die „Pathologie der
Männerkirche". Deswegen liebäugeln Kirchenengagierte oft mit Resilienz-
angeboten, wenn das Glauben, Lieben und Hoffen schmerzfrei zu Anpas-
sungsverfahren gemacht werden: „Die Empfänglichkeit für den Anderen
setzt aber eine Verwundbarkeit voraus. Die schmerzende Wunde ist eine
primordiale Öffnung zum Anderen" und vom Anderen her.[144]
Für die Soteriologie heißt dieses herrschaftskritisch-feministische Anliegen unter patriarchats-kritischer Re-vision der *Jesus-Gestalt*: „An die Stelle
der Vergebung der Sünden als Sinn der Jesusgeschichte traten Bilder wie Heilung, Erfüllung, Bejahung des Daseins", was sowohl eine verinnerlichende
Jesus-Frömmigkeit als auch dogmatisierende Christus-Visionen abwehrt.
Es tritt ein Jesus hervor, der zu Sinnenerfahrung und Wahrnehmen mit
Gefühl befreit, der „die moderne Spaltung in Kopf und Herz aufhob", und
der „mit seinem Geborensein einen einmaligen Anfang zur Gestaltung des

---

141 Sölle, Gottes Selbstentäußerung, 26.
142 Sölle; Metz, Welches Christentum hat Zukunft?, 32.
143 Neal, Die Pathologie der Männerkirche, 126 ff.
144 Han, Palliativgesellschaft, 72.

gesellschaftlichen, aber auch des persönlichen Lebens setzt".[145] An Natur-
mythen von der Erde als mütterlicher Kraft und an das Kirchenlied „O,
Erd schlag aus" (EKG 7,3) anknüpfend, an den Getauften Jesus erinnernd,
auf Jesus als Ganzmacher und Tanzenden weisend, als mystisches Du, als
Feminist und Freund und traditionell als Christus-Gesalbter, als Gottessohn,
Heiland, Erlöser und Vorbild gibt es aus anderen Zeiten geborene Titel-
Zugänge zur Jesusgeschichte: Superstar, Revolutionär, Öko-Star, Pop-Star,
Befreier.[146] Diese Inkarnationsgeschichte ist von Einzelnen, von Kirche und
Theologie weiter zu schreiben statt „sie zu individualisieren und in falscher
Weise zu vergeistigen".[147] Dieser Ansatz bei der gegenwärtigen Erfahrung
spricht gegen „einen Ansatz bei einem vergangenheitlichen Heilsereig-
nis".[148] Das dabei leitende hermeneutische Anliegen ist insofern ein „neues
Wissenschaftsparadigma", als es um eine widerstandsfähige „Hermeneutik
des schöpferischen Neuschaffens" geht.[149]

Mit diesem *Perspektivenwechsel* ist eine „Generalüberholung" von Kirche und Theologie eingeläutet: „Alle Kirchen – nicht nur die römisch-katholische – sind bisher nach dem Motto verfahren, was früher richtig gewesen
ist, kann heute nicht falsch sein. In der römisch-katholischen Kirche gilt die
Unrevidierbarkeit der Dogmen […] Im Protestantismus werden altkirchliche
und reformatorische Glaubens- und Lehrformulierungen mit der gleichen
Zähigkeit am Leben gehalten […] In dieser Situation kommen Frauen und
fangen – ohne Rücksicht auf Schriftprinzip und ‚sola scriptura‘, auf Kano-
nizität und Inspiration, auf Kreuzestheologie und Rechtfertigungslehre,
nur mit dem Interesse der Befreiung – an, die Traditionen zu prüfen. Sie
tun das gleiche, was kritische Männer seit der Aufklärungszeit auch schon
getan haben, mit dem Interesse an der Emanzipation von Vernunft und
Denken. Der Bekenntnisstand der Kirchen hat dies zwei Jahrhunderte –
äußerlich unbeschadet – überstanden. Schaden genommen hat die Auf-
richtigkeit nahezu aller kirchlich aktiven Menschen. Ihr eigenes Denken
und ihr öffentliches Sagen geraten immer weiter auseinander […] Er (sc. der

145 Moltmann-Wendel, Ein anderer Jesus, 12.
146 Moltmann-Wendel, Der auf der Erde tanzt, 9–13.
147 Moltmann-Wendel, Ein anderer Jesus, 11.
148 Moltmann-Wendel; Kegel, Feministische Theologie im Kreuzfeuer, 143 f.
149 Schüssler-Fiorenza, Biblische Grundlegung, 13, 43.

Bekenntnisstand) entspricht einfach nicht mehr dem Glauben und Denken der überwiegenden Zahl ihrer Glieder".[150]

Versuch eines Fazit: Feministische Theologie(n) setzt auf Befreiung und Verpflichtung der Gesellschaft und der Schöpfungswelt und dem Einzelnen (Frau, Mann, Kind) gegenüber und schlägt eine entsprechende nach-dogmatische Methode des Theologisierens vor. Jesus befreit zu „Sinnenerfahrungen und Gefühl", zu einem neuen Umgang mit dem eigenen Körper und zu freundschaftlicher Kommunikation im Namen des mitleidenden, verändernden Gottes.[151] Nur solche Gottes- und Jesusbilder sind adäquat, die die Freiheit des Christenmenschen spiegeln und zugleich dessen Bindung an den Anderen-Nächsten. Dazu kann jede Gottesvorstellung dienen, aber auch fundamentalisierend Befreiung und Antworten auf den Nächsten verhindern.

2.7. „Als Jesus sich Gott ausdachte" (Ezzelino von Wedel)

Um den „menschlichen Jesus" geht es auch in dem Entwurf des Theologen und Journalisten Ezzelino von Wedel „Als Jesus sich Gott ausdachte" (1990). Um zu verstehen, was mit „Gott" gemeint sein kann, wird man christlicherseits bei Jesus einsetzen und versuchen, seine Geschichte von heute aus zu vergegenwärtigen. Der Grundtenor der Evangelien ist in der unerwiderten Liebe Jesu zum Vater zu finden. Theologisches Fragen und Antworten riskiert hier den Einsatz beim menschlich-jesuanischen Suchen nach Gott und endet damit, dass wir Menschenkinder Gott nicht „direkt", gleichsam von vorne begegnen können, wie es auch die Begegnungsgeschichte Gottes mit Mose in Ex 33 schildert, dass nämlich Gott den Mose zur Seite nehmen muss, damit dieser nicht stirbt, weil derjenige Mensch des Todes ist, der Gott von Angesicht zu Angesicht gegenübertritt. Ein Gott muss, „wenn man ernsthaft darüber nachdenkt" und ihn als Gegenüber wünscht, „undarstellbar und unaussprechlich sein. Unfaßbar. Andernfalls wäre er ganz Subjekt unseres Verstehens" und unseres Wünschens.[152]

---

150 Moltmann-Wendel; Kegel, Feministische Theologie im Kreuzfeuer, 153 f.
151 Gössmann u.a., Wörterbuch der Feministischen Theologie, 9 f.; Gerber, Die feministische Eroberung der Theologie, 9 f.; Zilleßen; Gerber, Und der König stieg herab, 7 ff.: Ein Buch für Sinne.
152 D'Arcais, Eine Kirche ohne Wahrheit, 95.

Ezzelino von Wedel hat diesen Entzug des Vater-Gottes an der Biographie Jesu als eines Dramas zwischen einem Sohn und seinem Vater durchdekliniert: „Die Beziehung Jesu zu seinem Vater war der Brennpunkt meines Interesses, weil ich die Beziehung zu *meinem* Vater klären wollte. Aber über dieses persönliche Anliegen hinaus geht es mir in diesem Buch auch darum, gegen eine Theologie anzuschreiben, die den Bruder Jesus verrät, indem sie sich vorschnell auf die Seite des Vaters schlägt, die herrschen, aber nicht leiden will. Dagegen halte ich den johanneischen Ausspruch: ‚Wer mich sieht, sieht den Vater‘. Gott ist anwesend in der leidenschaftlichen und leidensbereiten Hoffnung des Sohnes, und wenn überhaupt etwas für den Vater spricht, dann nur dies, daß Jesus, der Sohn, bis zuletzt an ihm festgehalten hat".[153] Deswegen muss man die traditionelle Perspektive vom Kopf auf die Füße stellen: Nicht „Gott-Vater hat den Sohn gezeugt, an dem er Wohlgefallen hat", sondern „Jesus hat […] ‚seinen‘ Vater glaubend und hoffend erzeugt";[154] er hat Gott zum Vater adoptiert.[155] Man kann sagen, dass von Wedel die Feuerbachsche Not der Selbstprojektion in einen Gott zur christlichen Tugend der Erfindung unserer Lebensbedürfnisse in die Suche nach dem Vater Jesu transformiert. Das ist ein Paradigmenwechsel für das Theologisieren.

Nimmt man die Umkehr zum Sohn Jesus ernst und setzt nicht beim Oster-Vater-Gott und seinem himmlischen Gottessohn ein, der an Weihnachten auf die Erde gesandt wurde, der in das Karfreitagsdrama geschickt und an Ostern auferweckt wurde, dann sind unsere Gottes-Bilder – wie bei Jesus – von uns selbst entworfene Antworten auf das Widerfahrnis des „abwesenden" Gottes. Dieses Widerfahrnis steht immer aus, wir können es nicht bestimmen. Das „Erlösungspotential der Zukunft" ist paradox: Bringt die Zukunft das „ganz andere Reich Gottes", dann können Menschen nur daran glauben und darauf hoffen; könnten sie dieses „neue Reich" vorweg wissen, dann wäre dies keine Zukunft mehr, sondern eine Wiederholung ihrer Antizipation.[156] Für Jesus hatte sich seine Verkündigung des nahen Gottes-Reiches, die er in seinem Handeln performativ vertrat,

---

153 Von Wedel, Als Jesus sich Gott ausdachte, 8 f.
154 A.a.O., 31.
155 A.a.O.,121.
156 Liessmann, Zukunft kommt!, 97.

nicht erfüllt: Der Vater-Gott blieb fern, selbst im Sterben: „Mein Gott, mein Gott, warum hast du mich verlassen?" (Mk 15, 34). Die klassische Theologie interpretiert genau umgekehrt: „Das höchste und letzte Ziel des Lebens Jesu war es demnach, zu herrschen, zur Rechten Gottes zu sitzen und die Weltgeschichte zu steuern. Offensichtlich können die paulinischen Theologensöhne die erniedrigende Kreuzigung und die Verzweiflung des verachteten und verurteilten Bruders Jesus nur dadurch ertragen, daß sie ihn mit kompensatorischem Elan in höchste Herrscherhöhen befördern".[157] „Unschwer ist darin das Bemühen zu erkennen, Trauerarbeit zu vermeiden und vor allem dort Sinn zu konstruieren, wo Gewalt Triumphe feiert – eine fatale theologische Untugend, die bis heute andauert".[158] Man kann diese Ablehnung der Trauerarbeit auch in den Vorstellungen von der Auferstehung Jesu sehen, die z.B. im ältesten Evangelium des Markus in Kap. 16 sekundär angefügt wurden.

Vater oder Sohn, diese Frage wurde in der Alten Kirche mit der Trinitätsvorstellung bis heute gelöst. Das Patriarchat mit seiner „Vaterkultur" des „starken Mannes" schaffte mit der von ihm hervorgebrachten Wissenschaft und deren industriellen und gesellschaftlichen Folgen sich selbst ab, und mit dem derzeit eintretenden Ende des Patriarchates stirbt der Vater, genauer: „jene Gattung von Vätern, die das Patriarchalische inkarnierten: ungebrochene Machtmänner, die in Herrlichkeit regierten und befahlen",[159] und den Allmacht-Vater-Gott hoch halten. Die Suche Jesu nach seinem „wirklichen", nicht nach dem genealogisch-biologischen Vater und nicht nach dem herrschaftlichen Vater, also seine Suche nach dem Vater-Gott als dem ganz Anderen hatte zwei Kristallisationsereignisse: seinen 40-tägigen Aufenthalt in der Wüste und sein letztes Zusammensein mit seinen Jüngern in Gethsemane. Jesus sucht einen Vater, „der ihm überlegen und gleichzeitig nah ist".[160] „Aber in einer paradoxen Gegenbewegung bewirkt die Menschwerdung des Sohnes gleichzeitig das Umgekehrte: *Gott, der Vater, wird Mensch* durch die unendliche Leidenschaft des Sohnes, der seinem Vater ein menschliches Antlitz abringt [...] Der Sohn macht sich

---

157 Von Wedel, a.a.O., 32.
158 A.a.O., 35.
159 A.a.O., 41.
160 A.a.O., 103.

selbst zum Gleichnis für den Vater und tritt stellvertretend für ihn ein".[161] Jesus adoptiert Gott als seinen „wirklichen" Vater, um selbst Mensch zu werden. „So entsteht ein neues Gottesbild und mit ihm ein neuer Gott: Der Vater läßt sich ein auf das Bild, das sich der Sohn macht [...] So wie Söhne den Vater brauchen, um sich zu humanisieren, braucht der Vater Söhne, um Mensch zu werden".[162] In dieser neuen Perspektive hat der Erzähler Jesus die Gestalten und Figuren seiner Gleichnisse erfunden und „die eine zentrale Figur, die alle überstrahlt, sein Vater, diese schönste und tiefste seiner Erfindungen – sie zeigen, in welchem Maße es Jesus gelungen ist, seine Identität zu finden. In ihnen beantwortet sich seine alte, schmerzvolle Frage ‚Wer bin ich?‘ durch das Handeln, und die Frage ‚Was soll ich tun?‘ ergibt sich aus dem vom Vater erleuchteten Sein. Sein und Handeln fallen nicht auseinander".[163] Im Garten Gethsemane sei Jesus die Kraft verloren gegangen, „Gott das Väterliche abzuringen".[164] Es bedeutete das Ende seiner leidenschaftlichen Suche nach dem Vater/Gott.[165]

Ezzelino von Wedel beginnt seine theologische Erkundung des Vater-Gottes radikal diesseitig, „von unten", nämlich bei Jesus als dem Gott-Vater-Sucher, dessen Situation alle Gott-Sucher teilen – im Gegensatz zur traditionellen Theologie derjenigen, die Gott schon immer gefunden haben. Diese Theologie beginnt bei Gott und denkt sich „von oben nach unten" durch und denkt dann über Formen und Gestalten der Gegenwart Gottes nach. Das jesuanische Christentum lebt umgekehrt von der Vision von und der Sehnsucht nach der Anwesenheit des abwesenden Vater-Gottes. Jesus lebte in der Erwartung des nahe bevorstehenden Reiches Gottes, kümmerte sich um kranke, verlassene, suchende Menschen und Kinder, entfachte seine Sehnsucht in anderen Menschen und setzte sie unter Druck, damit Gott endlich komme. Er vertritt als Mensch Gott-Vater vor uns Menschen, er spielt selbst den ersehnten Gott.[166] Er hat in seiner Gott-Suche Traditionen durchbrochen und für seine Vision, seine Verkündigung, für sein Handeln

---

161 A.a.O., 104.
162 A.a.O., 105.
163 A.a.O., 138.
164 A.a.O., 107.
165 A.a.O., 108.
166 Sölle, Stellvertretung, 16; Bonhoeffer, Widerstand und Ergebung, 265.

das volle Risiko übernommen, das in seiner Kreuzigung endete. Für heutige Gott-Sucher gilt es zu bedenken, dass die Metapher von Gott als Vater nicht mehr produktiv ist, so wenig wie „das Gegenbild einer Göttin oder Gottmutter"[167] – aber die Suche bleibt.

2.8. „Und der König stieg herab von seinem Thron" – ein religionspädagogisches Beispiel (Dietrich Zilleßen; Uwe Gerber)

Im Religionsunterricht kann es nicht um einen Glauben *an* Bibel und Bekenntnisse gehen (da es glauben „an" genau genommen gar nicht geben kann, weil das Objekt/Inhalt des Glaubens vom Subjekt im Wahrnehmen verobjektiviert wird). Eher verbindet protestantische Theologie mit Glauben ein Widerfahrnis-Geschehen, das Wahrnehmung mit allen Sinnen impliziert und Nach-Denken, Bibelexegesen, Diskussionen, Bibliodramatisches und Handeln evoziert. Nachdem sowohl die parochiale (gemeindliche) als auch die katechetische und traditionelle religiöse Sozialisation immer mehr verloren geht und Kirche(n) Religion in anderer, neuer Weise aufschließen muss, haben Vertreter der Praktischen Theologie ihr Augenmerk weg von lehrhafter Vermittlung auf das Wahrnehmen von Religion gerichtet. Die Dogmatik soll gleichsam verflüssigt werden in Wahrnehmungserfahrungen. Religion soll nicht mehr primär durch Lehre und Wissensvermittlung weitergegeben werden, sondern sie soll „ganz im ästhetischen Sinne zunächst einmal" wahrgenommen werden. „Religion wird *durch ihre Wahrnehmung* gelernt […] Religion muss im umfassenden Sinne gezeigt und zugänglich gemacht werden". Religion wird dabei „nicht nur sinnlich, atmosphärisch, affektiv erschlossen, sondern da ist zugleich immer eine Wahrnehmungsschulung und Sensibilisierung mitgedacht".[168] Entsprechend sind „zeigen, einführen und beteiligen […] die praktischen Orientierungsmarken einer ästhetisch sensibilisierten neueren Religionsdidaktik".[169] Aufmerksamkeit für explizit religiöse Phänomene kann mit einer Kultivierung der sinnlichen Wahrnehmungsfähigkeit angebahnt werden. Man kann z.B. die Handlungen

167 Von Wedel, a.a.O., 141.
168 Kunstmann, Religion und Bildung, 370.
169 A.a.O., 371.

und Erfahrungen von „geben und nehmen" erzählerisch, spielerisch, musikalisch, filmisch, in einer Predigt usw. darstellen und sich die jeweiligen Implikationen wie Geber und Empfänger, Tauschen und Geben (Schenken), Symmetrie als Gegenseitigkeit und Asymmetrie vom Anderen ausgehend, Profanes und Heiliges vergegenwärtigen als elementare Widerfahrnisse, die den ganzen Menschen beanspruchen und mit religiösen Traditionselementen als mögliche religiöse Begegnungsweisen rekonstruiert werden können.[170] In diesem Ansatz werden Phänomenologie, Wahrnehmungsfähigkeit als ästhetisches Moment und Handlungstheorie(n) gebündelt und mit dekonstruktiven Verfahren erweitert. Elementarisierung wird hier nicht (mehr) als Katechetisierung und Didaktisierung bestehender theologischer Inhalte betrieben, sondern als Wahrnehmungsübungen, in denen Religion nicht „als eigene, die menschlichen Erfahrungen und Bedürfnisse transzendierende Ausdrucksweise verstanden (wird), sondern als eine Dimension des *unstillbaren* Begehrens nach humanen Beziehungen in allen erfüllbaren Bedürfnissen. Sie drückt sich in Erfahrungen aus, obwohl sie sich in ihnen nur fragmentarisch und widersprüchlich zeigt. Sie drückt die Fähigkeit aus, mit Widersprüchen, Kontingenzen und Konflikten zu leben, statt sie allmächtig bewältigen zu wollen.[171] Glauben geschieht als Befreit-Werden zu eigenem Antworten (z.B. in Form von Gottes-, Menschen-, Welt-Bildern) und verpflichtet zu wahrnehmendem Antworten auf den Anderen, die Gesellschaft, die Natur-Welt.

Dieses *offene Konzept* lässt sich nicht hermeneutisch systematisieren, hat aber theologiegeschichtliche Wurzeln. Nach verschiedenen Variationen der liberalen Theologie mit ihrer lebensweltlichen Orientierung und der dialektischen Theologie des Wortes Gottes „senkrecht von oben", kam in den 1960er Jahren eine empirische Wende hin zum Handeln als Grundkategorie auch theologischer Reflexion. Diese Konzentration auf die Handlungsdimension wurde dann hinterfragt: „Die Entscheidung über den Gestaltungswillen des Menschen fällt nicht in einem der menschlichen Wahrnehmung folgenden Akt, sondern bereits in der Art und Weise

---

170 Zilleßen; Gerber, Und der König stieg herab, 78 f., am Beispiel von „geben und nehmen", 156–160 als Unterrichtsentwurf „Eigenes geben – Fremdes nehmen".

171 A.a.O., 7.

menschlicher Wahrnehmung wird über die daraus resultierenden Handlungsvollzüge des Menschen entschieden".[172] Diese Verschiebung gleichsam nach rückwärts weg vom Handeln und Denken in das leibliche Wahrnehmen erinnert an die „Wahrnehmungsabhängigkeit aller Bewußtseinsformen" im Sinne der Phänomenologie von Maurice Merleau-Ponty[173] und an die Vorverlegung der Ethik in die Begegnung des Menschen mit dem ihn befreienden und zugleich verpflichtenden Anderen im Sinne der Alteritätsethik von Emmanuel Lévinas[174] und theologisch an Martin Luthers Begründung der „Werke" im Widerfahrnis von Gottes Rechtfertigungsakt für den gerechtfertigten und zugleich sündigen Menschen.[175] (Deswegen bedurfte Luther keines dritten Gebrauches des Gesetzes: tertius usus legis, der eine dem Widerfahrnis folgende Handlungsanweisung wäre.)

Ein Protestantismus als dogmatisch-rituelle Normen- und Wertetradition hat in den sozialen Lebenswelten zunehmend weniger Akzeptanz und Raum. Er wird zunehmend privatisiert. Dagegen kann ein Protestantismus als „Suchbewegung der Bedürfnis- und Interessenlage von Jugendlichen (sc. und erwachsenen Interessierten) besser entsprechen". Protestantismus kann kritische Partizipation an gesellschaftlichen Lebensprozessen und deren Traditionen ermöglichen und religiöse Sprachmuster von Glauben, Lieben, Hoffen, Sehnsucht, Herausforderung, Fremdsein, Heimat anbieten, die ausdrücken, „was dem tiefen (auch dem stummen) menschlichen Begehren entspricht und worin das Leben zu gewinnen ist". Spuren des Lebens in unseren Bedürfnissen und Imaginationen sind „Symbole des Göttlichen" und werden „als Symbol Gott geglaubt". Es sind, wie bereits mit Blick auf Emmanuel Lévinas angesprochen, undeutliche, ambivalente, undefinierte Spuren, weil wir Menschen Gott nicht als unser Bild definieren können und uns nicht an göttlichen Zeichen orientieren können. Wir können nur immer nachträglich und unterstellend erzählen, dass uns Gott so widerfahren sei, dass er gleichzeitig in unserem Erfahrungshorizont abwesend, nicht definier- und verfügbar war.[176] Entsprechend kann man *Glauben* als einen Prozess

172 Grözinger, Wahrnehmung als theologische Aufgabe, 310 f.
173 Merleau-Ponty, Das Primat der Wahrnehmung, 116 f. u.ö.
174 Lévinas, Über die Intersubjektivität, 48 ff.
175 Ebeling, Luther, 157 ff., 178 ff.
176 Zilleßen; Gerber, Und der König stieg herab, 16.

bezeichnen, in dem sich Orientierung ergibt und sich Orientierung verliert, in dem sich Vertrauen und Scheitern, Gewissheit und Risikobereitschaft unentwirrbar mischen. „Der Glaube hält den Glauben offen".[177] Entscheidend bleibt, „welche Gottesbilder wir in unseren Ideen und Begriffen von Väterlichkeit, Mütterlichkeit, Vergebung, Gerechtigkeit, Leben, Genuß etc. feststellen".[178] Dabei muss man aufpassen, Gott nicht diesen meistens normativ und moralisierend auftretenden Vorstellungen zu unterwerfen: „‚Er' ist wohl immer dazwischen, ob wir nun ‚er' oder ‚sie' sagen. Gott hat wohl mehr die Struktur des *Zwischen,* als daß er den Platz der Ordnung und der Norm besetzt. Jedenfalls ist es mehr als fragwürdig, die Struktur des Unbedingten, des Ewigen, des Allmächtigen, des Höchsten, des Tiefsten etc. *inhaltlich* zu fixieren, festzustellen und so durch unsere Erfahrungen (mit Bedingtem, Vergänglichem, Mächtigem, Höchsten) festzulegen. Gott im Zwischen".[179]

Wenn Theologie das Widerfahrnis „Gott" in Phänomenen und Strukturen menschlicher Bedürfnisse und Fragen zu umschreiben versucht, dann wird man die *Christologie:* Jesus als Gottes Sohn, unter der Perspektive „Mütter/Väter – Töchter/Söhne" verhandeln. Die *Gottes-Lehre:* Gott der Schöpfer und Vater, kann entfaltet werden im Gespräch mit der Lebensgeschichte Jesu als dem inkarnatorischen Ort des abwesenden Gottes und mit Vorstellungen von dem befreienden Gott (Exodus), dem lebensordnenden Gott (Sinai, Thora), dem dunklen Gott (Hiob), dem fremden Gott (Abraham), dem schöpferischen Gott (Genesis, Weihnachtsgeschichte, Apokalypse). Und in der *Pneumatologie:* Lehre vom Heiligen Geist, geht es um Beziehungen wie die Familie, um Schule, Vereine, Religionsgemeinschaften, um Freundschaft und entsprechend um Befreiung, Heilung, Sättigung, Tröstung, Asyl. Nicht Appelle sind gemeint, sondern dass sich diese „Spuren" Gottes „in, mit und unter" unserem Handeln und Bezeugen als Antworten auf Andere und die Schöpfungswelt hoffentlich ereignen.[180] Der Protestantismus wird als Religion mit allen Sinnen erfahren und gestaltet und entsprechend sind theologisch formulierte Gehalte wie Christologie usw.

---

177 A.a.O., 17.
178 A.a.O.
179 A.a.O., 18.
180 A.a.O., 32–35.

in Handlungs-, Haltungs- und Bewegungssätzen versinnlicht zu interpretieren[181] – als „leibhaftige Wahrnehmungs-Theologie". Der Protestantismus lebt als Dynamik von Widerfahrnissen, die man christlich, anders religiös, weltanschaulich, philosophisch, religionssoziologisch usw. interpretieren kann. So wie die Inkarnation Gottes unentwirrbar als zugleich heiliges und profanes Geschehen widerfährt, so geschehen alle Widerfahrnisse, die „uns unbedingt angehen"(P. Tillich), durch andere Menschen als Ineinander von Heiligem und Profanem, von Gnade und Sünde. Mit diesem widerfahrenden Knäuel umzugehen, ist Aufgabe der Betroffenen.

(Übrigens wurde dieses religionspädagogische Konzept/Buch „Und der König stieg herab von seinem Thron" von keinem Bundesland bzw. von keiner Landeskirche als Unterrichtsmaterial zugelassen, weil es zu offen sei, weil es zu wenig Vorgaben mache und den Lehrern und Lehrerinnen zu viel Selbstständigkeit abverlange. Inoffiziell ging es eher darum, ob dieses Unterrichtswerk genügend Christliches enthalte?)

---

181 A.a.O., 36.

3. Gottesvorstellungenim Horizont schwindender Kirche(n) und einer auseinanderdriftenden Selfie-Gesellschaft

3.1. Der gesellschaftliche Kontext ist ein anderer geworden

Das mit der Neuzeit sich emanzipierende Individuum ist heute in der spätmodernen Gesellschaft an eine Schwelle gelangt,[182] wo es entweder in seinen schwindenden Traditionen der industriellen Moderne „weiter so" im Disziplinierungsmodus verbleibt oder in die Spätmoderne eintritt und deren Selbstverwirklichungszwang und „sanfte Konditionierung" auf sich nimmt als „Reizmensch".[183] Das Individuum gibt schließlich ermüdet auf[184] oder konstituiert und vergesellschaftet sich in Experimenten der Selbst(er)findung neu und anders[185] oder es wird zur Software, die keine Sterblichkeit mehr kennt.[186] Im ersten Fall des „weiter so" ändert sich im und am Protestantismus nichts Erhebliches. Im zweiten Fall geht es um Exodus, Aufbruch, was aber nur protestantisch ist, wenn das Antworten auf den Anderen der Ausgangspunkt ist und nicht das Individuum in einem Allmachtswahn von Autonomie und Selbstoptimierung. Im dritten Fall des „homo s@piens", der das Anthropozän verlässt und in die Entwicklungsstufe des Novozän eintritt, wird sich der in eine spätmoderne Zivilreligion „ohne Dogma und Theologie" verwandelte Protestantismus aufheben in „eine Angelegenheit von persönlichem und seelischem Komfort" und sich von der „Performanz eines absoluten Glaubens" endgültig verabschieden.[187]

Das Paradox des neoliberal beschleunigten Aufbruchs am Ende des 20. Jahrhunderts mit dem Verlust vieler zwischenmenschlicher Beziehungen und gleichzeitiger neoliberaler Ruhigstellung scheint sich aufzulösen in

---

182 Fromm, Die Furcht vor der Freiheit, 24 ff., 36 ff., 80 ff.
183 Herteux, Grundlagen, 112 ff.; Han, Psychopolitik, 9 ff., 25 ff.
184 Ehrenberg, Das erschöpfte Selbst; Han, Müdigkeitsgesellschaft, 56 ff.
185 Gerber, Individualisierung, 11–20; Beck; Beck-Gernsheim, Riskante Freiheiten, 36; Reckwitz, Das Ende der Illusionen, 203 ff.
186 Kurzweil, Homo s@piens, 18, 205 f.; Demuth, Der nächste Mensch, 38 ff.
187 Demuth, Der nächste Mensch, 36.

den Dämmerzustand aggressiver Absichtslosigkeit in einer fragmentierten, in Milieus und schließlich in Selfie-Monaden zerfallenden Gesellschaft. Der Selfie (oder: Ichling, Egozombie, Narzist)[188] muss im Zuge kollektiver Individualisierung den stressigen Spagat von Selbstverwirklichung und gesellschaftlicher Anerkennung durchhalten, und sei es nur in seinem Milieu. Der Zusammenhalt der globalisierenden Gesellschaft(en) schwindet, nicht (nur) weil die Menschen durch den neoliberalen Kapitalismus auf sich selbst zurückgeworfen werden und sich einsam und entfremdet wiederfinden, sondern – paradoxerweise – scheint die Auflösung „enger und intimer Bindungen stark mit dem Wachstum (realer und virtueller) sozialer Netzwerke, mit Technologie und einer beeindruckenden ökonomischen Beratungs- und Lebenshilfemaschinerie zusammenzuhängen".[189] Heute zählt die Quantität der Kontakte und Follower, während Qualität an Intimität, an Intensität und Dauer, überhaupt die andere Person in den Hintergrund treten. Im kapitalistisch und digital vollzogenen Tauschgeschäft steht das Bedürfnis des Einzelnen und dessen Befriedigung im Vordergrund.[190] Da wird es zur Normalität, dass der sich autonom wähnende Selfie sich sehnsuchtsvoll und pseudoreligiös zum Follower degradiert. Liebesbeziehungen dauern seltener „bis dass der Tod euch scheidet"; manche erschaffen sich ein virtuelles Double; im Extrem heiratet mann/frau sich selbst (Sologamie) als Focussierung der „irdischen Religion der Liebe" auf das/die Selfie.[191] Die ermüdet-erschöpfte nachtraditionale Gesellschaft mit ihrer konsumistischen, eventdurchsetzten Binnenstruktur des zerstörerischen Neoliberalismus zwingt, wenn auch sanft und hinter dem Rücken, auch den Kirchen, wenn sie Martin Luthers „semper reformanda" Ernst nehmen, den Charakter einer Selbst(er)findungs-, Experimentier- und Projektgemeinschaft auf, freilich auch unter „sanften Zwängen". Transformation in den protestantischen Praktiken und Reflexionen ist notwendig, da der Protestantismus eine Religion ist, die keinen feststehenden „Kern" und kein „identitäres Wesen" hat. Der Protestantismus muss sich ständig selbst vergewissern im kritischen Umgang mit seinen Traditionen und sich ständig selbst überschreiten, indem

---

188 Leitschuh, Ich zuerst!, 12 ff., 15 ff., 32 ff.
189 Illouz, Warum Liebe endet, 12.
190 Stiegler, Die Logik der Sorge, 34 ff.
191 Beck; Beck-Gernsheim, Das ganz normale Chaos, 222 ff.

er um seine Relativität und um seine Potentialität weiß. Der französische Philosoph Jean-Luc Nancy deutet diese protestantische Dynamik der Selbstüberschreitung insofern als Entzug Gottes, als im Protestantismus das „solus Deus" (allein Gott) so konsequent verstanden wird, dass man Gott niemals als vorhanden, niemals als substantiell präsent in irgendwelchen Personen, Tieren, Pflanzen oder Dingen, Zeichen und geweihten Fetischen erfahren und denken könne, auch nicht in Brot und Wein des Abendmahles. Paradox formuliert: Der Protestantismus sucht permanent seinen Ursprung, der aber nicht greifbar, sondern im Symbol des Heiligen Geistes der Pfingstgemeinde entzogen ist und als Art geistliche Aufgabe antreibt. Jean-Luc Nancy leitet daraus ab, dass diese „Beziehung der Erneuerung und Reformation, der Rückbesinnung und des Wiederfindens eines Ursprungs" die „kolossale Mächtigkeit und diesen außerordentlichen Machthunger (verleiht), sich zu setzen und durchzusetzen. Und möglicherweise ist ebendies die Quelle des Universalismus und der Katholizität. Zum anderen liegt der springende Punkt […] vielleicht genau hier, wo das Christentum – freilich aus einer enormen Selbstgewißheit und einem ungeheuerlichen Dünkel heraus – sich unablässig wieder ins Spiel bringt, ankurbelt und belebt, wo es auf sich selbst bedacht und um sich selbst besorgt ist".

Zu mindestens zwei virulenten Fragenkomplexen kann der Protestantismus aufgrund seiner Selbstvergewisserung angesichts des „Entzuges der Göttlichkeit" Aufklärendes beitragen: (a) Mit der Reformation im 16. Jahrhundert ist das *Individuum* zur anthropologischen Leitfigur und die „*Freiheit des Christenmenschen*" zu seiner Verheißung geworden.[192] Aber: Ist diese paradoxerweise kollektive Individualisierung in der Figur des Selfies heute so weit fortgeschritten, dass der Selfie keine Bindung mehr eingehen will und keine Bindung mehr halten kann? Hat sich die Spannung zwischen der durchrationalisierten okzidentalen Welt mit ihren protestantischen Wurzeln in Askese, Berufsethos und Prädestination (im Sinne von Max Weber)[193] und entzauberter, säkularer, spätmodern-rationalisierter Gesellschaft aufgelöst, sodass der Glaubende gewissermaßen in der Luft hängt? Dieses spätmoderne Ich ist auf sich selbst verhaftet, ganz im Sinne von Luthers

---

192 Gerber, Individualisierung, 102 ff.; Fromm, Die Furcht vor der Freiheit, 36 ff.
193 Weber, Die Religion, 168; Bonß u.a., Gesellschaftstheorie, 116 f.; Weber, Die protestantische Ethik, 66 ff., 115 ff.

incurvatio in se ipsum: Einbiegung in sich selbst (WA 56,3,56,4–6); es ist als „homo stimulus" (A. Herteux) konzentriert auf seine Emotionen und Affekte; es verabschiedet in seiner Augenblicksverhaftung und seiner digitalen Raumaufhebung (als Erbe der einstigen Allgegenwart Gottes) bislang gültige Traditionen, Geschichte und Rituale, sodass es gar keine Gemeinschaft mehr möchte und nicht mehr in seiner Selbstverwirklichungsphantasie unterbringen kann. Peter Gross fragt nach der „Unabhängigkeit von sich als Freiheit von der Selbstvergottung [...], weg vom Ich als heiliger Reliquie [...] Denn wer sich haben will, verzweifelt sich selbst sein will, sich jagt und jagt, wird man früher oder später bemerken, daß man sich sowenig besitzen kann wie andere. Eine fundamentale Besitzlosigkeit als geteiltes Schicksal. Selbstgewißheit als prinzipielle Ichungewißheit. Das ist der einfache Leitfaden der Selbstübersetzung in andere, der, ein schwaches Wort dafür, *Intersubjektivität* ermöglicht".[194] Freiheit wird mit steigenden (ökonomischen) Optionen ein immer begehrteres Gut, das sich aber gleichzeitig pervertiert durch seine Bindung an die (Un-)Kultur des ökonomischen Anbietens und Wünschens.[195] Kapital und Digital-Informationen machen Alt und Jung gleich und benötigen keinen Generationenvertrag; sie ziehen alle Aufmerksamkeit auf sich. Solange Freiheit nicht an das „Angesicht des Anderen" gebunden ist,[196] erschöpft sie sich in Selbstermächtigung des spätmodernen Selfie. Solidarität und Teilhabe, gegenseitige Achtung und Verzeihen, Anerkennung und Fürsorge, Integration und Inklusion seien für den Einzelnen nicht mehr notwendig, da der neoliberale Staat unter seiner Regie diese sozialen Bezüge ausgelagert habe an Dienstleister und die Bürger zunehmend blind würden für die sozialen Implikationen und verheerenden Folgen der neoliberalen Leistungs- und Wettbewerbsgesellschaft. Und der Protestantismus konnte mit seiner Betonung des durch Gott gerechtfertigten einzelnen Glaubenden verwechselt werden mit neoliberalen Individualisierungsschüben. Es ist dem Protestantismus bis jetzt nicht gelungen, über seine schwindende, vor allem verbliebene weibliche Alten-Stammklientel hinaus in den unzählig ausdifferenzierten Milieus Fuß zu fassen, die im Pluralismus der Meinungen jeweils ihr Terrain verteidigen und gegeneinander

---

194 Gross, Ich-Jagd, 295.
195 Gross, Die Multioptionsgesellschaft, 14–25, 364 ff.
196 Lévinas, Humanismus, VII ff.

kämpferisch agieren bis zu irrationalen, verschwörungsideologisch gelei-
teten Entladungen, z.b. Energieverschwender contra Nachhaltigkeits-
beflissene, Corona-Achtsame gegen Corona-Leugner, Kapitalantreiber
gegen Gerechtigkeitsbedachte, immer noch: Männer contra faktisch nicht
gleichgestellte Frauen, Bundeswehrbefürworter gegen Friedensaktivisten,
Vertreter öffentlich-staatlicher Bildung contra ausgelagerte, oftmals ideolo-
gisierende Privaterziehungsangebote u.v.m. Schließt diese Fragmentierung,
Pluralisierung und Individualisierung die Entwicklung ein, dass „Erlösung"
als auf Erden beginnender und in das Himmel-Jenseits strebender Prozess
für die meisten Menschen nicht mehr verständlich und deswegen nicht mehr
erstrebenswert ist? Das Bild von dem einzigen Gott an der Weltspitze reicht
nicht mehr aus, weil jede und jeder – häretisch – „seinen/ihren Gott" reklamiert.[197] Die Vorstellung einer fortschreitenden Unheils-Heils-Geschichte
von der Erschaffung der Welt und des Menschen bis zur Neuen Welt mit
ihrer eingeschriebenen, inzwischen auch säkularisierten Fortschritts- und
Perfektionsspirale ist als metaphysisches Drama unverständlich geworden.
Die Hoffnung auf Erlösung durch den Opfertod des Erlösers Jesus Christus,
der Wunsch nach einem aus Gnade geschenkten Glauben und einem Leben
möglichst in Nächstenliebe werden in ihrer metaphysisch verankerten Form
verabschiedet. Geht es, wie Peter Gross vorschlägt, weg von der Erlösung
von dieser Welt zur heilenden Versöhnung mit der Welt in Differenz?

Welche Trennungsängste, welche Schmerzen und Leiden sind mit solchen
Abschieden verbunden? Kann es ein angst- und schmerzfreies Menschsein
und eine leidensfreie Welt geben, oder ist verändernde Kommunikation mit
Schmerz verbunden als Widerfahrnis von Subjektwerdung in der Begegnung
mit Anderen und der Welt?[198] Schließen sich Fragen nach Gemeinschaft und
Individualität heute einander aus und können nicht mehr in ein ausgewo-
genes Verhältnis gebracht werden?[199] Engagieren wir uns in einem „Wir",
das leidempfindlich, plural, sensibel für Differenz vorgeht gegen die Vision
eines identitären, exkludierenden, besserwisserischen Wir? Kann man ein
solches multireligiös offenes, multiethnisches und multikulturelles Modell

---

197 Beck, Der eigene Gott, 123 ff.
198 Liebsch, Verletztes Leben, 9–26; Han, Palliativgesellschaft, 68–73.
199 Beck; Beck-Gernsheim, Riskante Freiheiten, 36; Rosa u.a., Theorien der
    Gemeinschaft, 61 ff., über posttraditionale Vergemeinschaftung.

in Kirchengemeinden einüben? Fragen gerade auch des Protestantismus. Was kommt?

(b) Kann sich der individualisierte spätmoderne Mensch selbst erretten, nämlich von sich aus und durch sich selbst zum Subjekt machen und sich selbst Anerkennung verschaffen? Sind solche Selbst-Versuche (als Projekte der Aufklärung) nicht gescheitert in Egoismus, Nationalismus, Fundamentalismus und Erneuerungen von Metaphysik? Gewinnt das gerade protestantischerseits favorisierte Modell von *Subjektwerdung als Widerfahrnis*, als Geschenk „von außen" (extra me), als Kritik jeglicher Selbstermächtigung zu sicher machender Identität und gleichzeitiger Verpflichtung zum eigenen Antworten auf den zuvorkommenden Anderen in symmetrischen Strukturen neue Relevanz in verändertem Kontext?[200] Setzt man beim *Widerfahrnis-Charakter unseres Lebens und Zusammenlebens ein*, dann befinden sich Gläubige, Atheisten, Weltanschauungsvertreter, letztlich alle Menschen, die nach dem Befinden anderer Menschen und der Natur-Welt und nach ihren eigenen Möglichkeiten kritisch und offen fragen, schon in der Diskussion um das, was hier unter *Widerfahrnis* verstanden wird. Das ist das Anliegen des phänomenologischen Dekonstruktivismus.[201] (Eine ausführlichere Behandlung folgt in Kapitel 3.5.)

Diese beiden brennenden Fragen der Freiheit und der Selbstermächtigung fallen dort ineinander, wo es um das Verhältnis von Freiheit und Bindung geht, wo wir dem Anderen begegnen, wo wir unsere Paradoxie von vorgegebenem Leib und verantwortlicher Selbstgestaltung leben (können und müssen). Der spätmoderne Selfie weist die protestantische Antwort: dass einem (Glaubend-Liebend-Hoffenden) Freiheit mit Bindung in Beziehung widerfahre, zurück, weil diese Einsicht seine phantasierte absolute Autonomie gleichsam spaltet. Diese Spaltung des Menschen in sich selbst hat Paulus beschrieben: „Nicht das Gute, das ich will, tue ich, sondern das Böse, das ich nicht will, das führe ich aus" (Röm 7, 19). So produziert jede Person ihren eigenen Kontext im „sanft zwingenden" Kontext der Gesellschaft. Und wo verortet sich der Protestantismus praktisch und wissenschaftlich? Der Protestant wird wie jeder Mensch mit seiner Alltagserkenntnis

---

200 Meyer-Drawe, Illusionen von Autonomie, 150 ff.
201 Kern; Menke, Philosophie der Dekonstruktion, 7 ff., 103 ff., 177 ff., 243 ff., 331 ff.

anerkennen müssen, dass „etwas" wirksam ist im Leben und Zusammen-leben, das wir Menschen mit unseren Mitteln nicht identifizieren können, „weil es schon immer zu unserer Geschichte gehört, ohne je Gegenstand einer unmittelbaren Erfahrung gewesen zu sein".[202] Für den Staat hat der Bundesverfassungsrichter Ernst-Wolfgang Böckenförde das Problem formu-liert: „Der freiheitliche, säkularisierte Staat lebt von Voraussetzungen, die er selbst nicht garantieren kann".[203] Dieses Entzogensein, diese Abwesenheit meint die Erscheinung des Heiligen nach dem Tod Gottes.

3.2. Der Versuch einer nach-jenseitigen (nach-theistischen) Gottesvorstellung

Das klassische Gottesbild mit seinen verschiedenen Namen kann man als Mosaik bezeichnen aus verschiedenen Versöhnungs-, Heils-, Heilungs-, Schutz- und Erlösungsversprechen und entsprechenden Erwartungen und aus Gebotstafeln eines Ordnung schaffenden und gerecht richtenden Gottes, die den ganzen Gehorsam der Gläubigen fordern. Gläubige Menschen loben ihren Großen Gott und danken ihrem Barmherzigen Gott für erfahrene Wohltaten, individuell für persönlich erlebte Hilfe, Heilung, Glücksfälle, gute Gedanken und für die Abwehr von Schaden an Körper, Geist und Seele. Eigentlich lässt sich mit diesem Gott (als bürgerlichem Accessoire) ganz gut leben, den man sich als eine über alles Menschliche unendlich hinausgehende Person vorstellt. Diese Gott-Person sieht auf die Seinen; er agiert als der vollkommene Vater im Himmel (unter Ausschluss einer ebenbürtigen Mutter). In Fürbittegebeten wird Gott um helfende Eingriffe gebeten, oft ohne Unterscheidung freilich, ob der betreffende Notfall wie z.B. ein Unwetter oder eine tödliche Erkrankung gar nicht von Menschen-hand beseitigt werden kann und als Katastrophe verarbeitet werden muss, und solchen Notlagen, die von Menschen etwa im Straßenverkehr oder als Klimawandel durch Energieverschwendung verursacht wurden und von diesen zu beseitigen sind. Und schließlich führen manche Gläubige Gott als gerechten Strafrichter ins Feld, wenn sie eine Sünde ausgemacht und Unglauben festgestellt haben und Gott pädagogisch oder sogar strafend

---

202 Meyer-Drawe, Illusionen von Autonomie, 13.
203 Zit. bei Dreier, Staat ohne Gott, 189.

eingreifen muss. Da hat der Theologe Karl Barth Gott gläubig zugetraut, dass dieser, wenn er schon der Schöpfer und Herr seiner Geschöpfe und Schöpfung ist, die Weltgeschichte zu einem guten, allversöhnenden Ende bringen wird – eine Steigerungslogik?

Für was können und sollen Christen sich an Gott wenden, wofür beten? Der Theologe Paul Tillich hat gemeint, dass man zu Gott beten, ihn bitten, ihm danken kann, aber bitte in dem Vertrauen, dass Gott schon immer da ist und war: „Der Gott über dem Gott des Theismus ist in jeder göttlich-menschlichen Begegnung gegenwärtig, wenn auch nicht offenbar. Die biblische Religion wie die protestantische Theologie wissen um den paradoxen Charakter dieser Begegnung. Sie wissen, daß Gott, wenn er dem Menschen begegnet, weder Objekt noch Subjekt ist und folglich über dem Schema steht, in das ihn der Theismus gezwungen hat. Sie wissen, daß dem Personalismus in bezug auf Gott durch eine überpersönliche Gegenwart des Göttlichen das Gleichgewicht gehalten werden muß. Sie wissen, daß die Vergebung nur angenommen werden kann, wenn die Macht der Vergebung im Menschen wirksam ist – biblisch gesprochen: wenn die Macht der Gnade in ihm wirkt. Sie wissen um den paradoxen Charakter jedes Gebets, in dem zu jemandem gesprochen wird, mit dem man nicht sprechen kann, weil es kein jemand ist; in dem an jemanden eine Bitte gerichtet wird, von dem man nichts erbitten kann, weil er gibt, oder nicht gibt, ehe man ihn bittet; in dem man ‚Du' zu jemandem sagt, der dem Ich näher ist als das Ich sich selbst. Jedes von diesen Paradoxen treibt das religiöse Bewußtsein zu einem Gott, der über dem Gott des Theismus ist".[204] Beten geschieht als paradoxer Akt, da der Betende Gott immer hinterher kommt und dennoch in seinem Beten vergangenes Gegenwärtiges in die Zukunft projiziert als Erfüllung eines Bedürfnisses, etwa als Bitte, Dank oder als Selbstvergewisserung. Diese paradoxe Situation kann auch tragisch werden und dann doch noch gut enden, wie man aus der Geschichte von dem gottgläubigen Hiob erfahren kann. Gott lässt seinen gläubigen „Sohn" Hiob durch den Satan auf Glaubensfestigkeit hin testen durch furchtbare Prüfungen. Aber Hiob bleibt standhaft und rebelliert gegen das böse Spiel des unfairen Gottes, da er keinen Sinn in diesem Ergehen, das Gott über ihn verhängt, finden

---

204 Tillich, Der Mut zum Sein, 137 f.

kann – und obwohl ihm seine Freunde auch noch eine versteckte Sündentat unterjubeln wollen. Hiob hält durch und am Ende geht die Geschichte gut aus für Hiob und entsprechend auch für Gott.

Interessant ist an der Argumentation des Theologen Paul Tillich, dass er auf die Vorstellung von einer jenseitigen Gott-Person und von einem durchgehenden Gottes-Gedanken verzichtet. Einen solchen „theistischen" Gott könne man nicht erfahren, weil dieses Gottesbild als Übersteigerung menschlichen Personseins konstruiert sei. Selbstverständlich kann man sich Gott wie eine fürsorgliche Person vorstellen, indem eine andere Person uns fürsorglich begegnet ist und wir dies als „Geschenk des Himmels" deuten. Auch eine Blume kann uns widerfahren in ihrem Dasein und pantheistische Gedanken von der schöpferischen Kraft auslösen. Das Problem sind die identifizierenden Konnotationen der Bilder, z.B. „Herr Gott" als Machtanzeige. Deswegen muss der Symbolcharakter solcher Gottesbilder gewahrt bleiben – eine unlösbare Aufgabe, weil für uns die Differenz zwischen interpretierendem Bild und dem evozierenden Widerfahrnis zwischen Trennung und Identifizierung hin- und herschwankt. Deswegen kann alles zur widerfahrenden Offenbarung des abwesenden Gottes werden; Glauben wird radikal entgrenzt und gerade nicht zu einer Ordnungserfahrung. Problematisch wird diese Entgrenzung erst dann, wenn jemand z.B. einen Baum oder ein Tier als göttlich ansieht, z.B. den Stier-Gott der Mithrasreligion, und vergisst, dass wir Menschen nur symbolisch (metaphorisch, mythologisch) von unserer Betroffenheit erzählen können und dürfen.[205] Sonst landet man in einem Fundamentalismus und Naturalismus. Sicher stellen sich manche Gläubige Gott (immer noch) als einen weisen, alten, gerechten, im Himmel wohnenden, dort eventuell in einem Hofstaat mit Erzengeln und Engeln und sonstigen Himmelsbeamten zusammen das Regiment auch über die Welt und seine Menschengeschöpfe führenden Mann vor, der im Gegensatz zu uns sterblichen Menschen unsterblich ist und ewig lebt. So kann man eigene Gefühle in Gottesvorstellungen auszudrücken versuchen, nicht aber „Gott selbst". Die etwas philosophischere Variante abstrahiert Gott von allem Vorfindlichen und setzt ihn meta-physisch als „höchste

---

205 Blumenberg, Präfiguration, zum Verhältnis von Mythos, Gewalt und Monotheismus.

Idee" oder „höchstes Sein" der griechisch-römischen Philosophie ein oder setzt ihn transzendental als reines Postulat ein, das bzw. der dazu dient, einen jeden in Freiheit entscheidenden Menschen nach seinem Eintritt in die Unsterblichkeit dem gerechten Gericht zu unterwerfen (Immanuel Kant). Nachdem der Philosoph Friedrich Nietzsche den „Tod Gottes" proklamiert hat: „Gott ist tot! Gott bleibt tot! Und wir haben ihn getötet!", stößt christliches Reden von Gott auf die Notwendigkeit und Schwierigkeit, aber auch auf die Möglichkeit, eine nachmetaphysische oder nach-jenseitige (nachtheistische) Vorstellung von Gott zu erarbeiten.

Nietzsche hatte seine Tod-Gottes-These im Blick auf Europa erläutert: „Das größte neue Ereignis – daß ‚Gott tot ist‘, daß der Glaube an den christlichen Gott unglaubwürdig geworden ist – beginnt bereits seine ersten Schatten über Europa zu werfen. Für die wenigen wenigstens, deren Augen, deren *Argwohn* in den Augen stark und fein genug für dies Schauspiel ist, scheint eben irgendeine Sonne untergegangen, irgendein altes tiefes Vertrauen in Zweifel umgedreht: ihnen muß unsre alte Welt täglich abendlicher, mißtrauischer, fremder, ‚älter‘ scheinen. In der Hauptsache aber darf man sagen; das Ereignis selbst ist viel zu groß, zu fern, zu abseits vom Fassungsvermögen vieler, als daß auch nur seine Kunde schon *angelangt* heißen dürfte; geschweige denn, daß viele bereits wüßten, *was* eigentlich sich damit begeben hat – und was alles, nachdem dieser Glaube untergraben ist, nunmehr einfallen muß, weil es auf ihm gebaut, an ihn gelehnt, in ihn hineingewachsen war: zum Beispiel unsre ganze europäische Moral. Diese lange Fülle und Folge von Abbruch, Zerstörung, Untergang, Umsturz, die nun bevorsteht: wer erriete heute schon genug davon, um den Lehrer und Vorausverkünder dieser ungeheuren Logik von Schrecken abgeben zu müssen, den Propheten einer Verdüsterung und Sonnenfinsternis, derengleichen es wahrscheinlich noch nicht auf Erden gegeben hat?"[206] Worauf verschiebt sich mit dem Ende des letzten großen Sinns namens Gott das Sinnen der Menschen, die gemäß Nietzsche zum Übermenschen werden sollen? Läge hier nicht die Chance einer anderen Entgrenzung, die sich vom Anderen her auftut und sich nicht immer deutlicher in Richtung Entgrenzung in die „panmediale Herrschaft" hinein zu verirren scheint: „Man wird sich einem

---

206 Nietzsche, Die fröhliche Wissenschaft, Nr. 343.

digitalen Ungeheuer an Geist unterwerfen, einer Hypostase der allgewalti-
gen Kommunikation, einem herkunftslosen Tyrannen, einem emergenten
Phantom, einer von allen gezeugten leiblosen Bestie. Und dieser Unkennt-
liche und Unberührbare wird seine Gewalt ganz aus Abwesenheit schöp-
fen".[207] Es ist eine anonyme Abwesenheit, keine Abwesenheit in Begegnung,
etwa von gestorbenen Menschen. Diesem Leviathan, der die Ubiquität des
Christengottes als digitale Allgegenwart an sich gerissen hat, wird nur zu
widerstehen sein, wenn uns der Unberührbare als der andere Mensch, als
der Andere-Fremde in Anspruch nimmt und zu uns selbst befreit. „Der
Leviathan unserer Tage wäre die totalitäre Unverborgenheit (sc. als Erbe
der Allmacht, Allwissenheit und Ubiquität des bisherigen Gottes), die alles
beherrscht, gängelt, sich genehm macht und angleicht, verzehrt und wieder
ausspeit. Nichts bei sich behält, nichts lernt und niemals bereut, welche
Deformationen und Zerstörungen sie auch mit sich bringt".[208] Das protestantische Gegenstück hierzu ist aber nicht das Verborgene, nicht der
geheimnisvolle Gott, der sich ab und zu offenbart und sich unverborgen
zeigt, sondern es ist der abwesende, weder welthaft noch transzendent prä-
sente Gott in seiner radikalen Differenz zu Gläubigen und Nicht-Gläubigen.
Sonst wird Gott zu einer Arbeitshypothese, zum Lückenbüßer.[209] „Und wir
können nicht redlich sein, ohne zu erkennen, daß wir in der Welt leben
müssen – ‚etsi deus non daretur' (sc. als ob es Gott nicht gäbe). Und eben
dies erkennen wir – vor Gott! … Der Gott, der mit uns ist, ist der Gott,
der uns verläßt (Markus 15, 34)! Der Gott, der uns in der Welt leben läßt
ohne die Arbeitshypothese Gott, ist der Gott, vor dem wir dauernd stehen.
Vor und mit Gott leben wir ohne Gott".[210] Glauben geschieht nicht als die
Annahme eines jenseitigen Wesens oder einer kosmischen Macht, die unser
Denken und Wahrnehmen übersteigen – dann wären Glauben und Gott
immer noch in einer sogenannten negativen Theologie eben negativ denkbar
-, sondern das Teilnehmen an dem „Für-andere-da-sein" Jesu als weltliche
Transzendenzerfahrung gleichermaßen von Freiheit und Verpflichtung.[211]

---

207 Strauß, Der Leviathan unserer Tage, 49.
208 Strauß, a.a.O.
209 Bonhoeffer, Widerstand und Ergebung, 215 u.ö.
210 A.a.O., 241.
211 A.a.O., 259.

Die Religiösen sprechen meistens dann von Gott, „wenn menschliche Erkenntnis (manchmal schon aus Denkfaulheit) zu Ende ist oder wenn menschliche Kräfte versagen – es ist eigentlich immer der deus ex machina, den sie aufmarschieren lassen".[212] Dieses Jenseits Gottes ist dann einfach das Jenseits unseres Erkenntnis- und Denkvermögens, d.h. Glauben wird negativ von unserem subjektiven Denken her bestimmt. Und wenn Gott ins Denken einfällt, wie der jüdische Religionsphilosoph Emmanuel Lévinas gefragt hat? Dann wird aus dem subjektiven Denken mit seinem Bedürfnispanorama so etwas wie ein forderndes und befreiendes Gedachtwerden durch den Anderen, und aus dem subjektiven Wunsch nach Erlösung in ein besseres Jenseits würde die Verpflichtung und Freiheit zum Dasein-für-Andere. Das protestantische Christentum gipfelt nicht in der erlösenden Ankunft in einer Jenseits-Ewigkeit nach dem Tod, sondern dreht sich um Erfahrungen diesseits der Todesgrenze,[213]über die niemand zurückkehrt. „Man muss lernen, ohne Paradies zu existieren [...] Der Geburt des Subjekts entspricht sein Sturz aus dem Paradies, sein Sturz aus der Unschuld, dem der Sturz in die Erkenntnis entspricht".[214]

Will man heute ein plausibles Reden von Gott wagen – und es geht um das *Reden* von Gottund nicht um einen Gott „an sich"[215] -, dann kann dieser ständige Versuch nur in Abgrenzung gegen den Theismus eines unabhängigen Jenseits-Gottes, auch gegen eine Art Biblizierung und Sakramentalisierung Gottes in Gestalt einer verbal inspirierten Bibel und einer Realgegenwart z.B. im Abendmahl, gegen Naturalisierungen wie Gott als Naturkraft oder pan(en)theistische Vorstellungen und gegen politisierende Vereinnahmungen für Terror durchgeführt werden. *Nachmetaphysische Vorstellungen* meint hier, dass das dualistische Aufteilungsschema in Jenseits-Diesseits, Himmel-Erde, Ideenwelt-Materielles, Ewigkeit-Vergänglichkeit, Unsterblichkeit-Sterblichkeit, Transzendentes-Immanentes, Gott-Mensch seine Plausibilität für heutige Gottes-Vorstellungen verloren hat und kein ausreichendes Koordinationssystem und Erklärungsmuster

---

212 A.a.O., 181.
213 A.a.O.
214 Steinweg; Witzel, Humor und Gnade, 253.
215 Gerber, Gottlos von Gott reden, 11 ff., 23 ff.; Bultmann, Welchen Sinn hat es, 35–37.

mehr sein kann. Andere haben vom „Ende der großen Entwürfe" gesprochen: „Der Glaube an die ‚Großen Erzählungen' mit ihren Einheitssehnsüchten und Letztbegründungsversuchen ist [...] abhanden gekommen".[216] Das Ganze ist nicht (mehr) zurückführbar auf den einen wahren Schöpfer-Gott, auf einen Urknall, auf einen Logos (Vernunft-Wort) als letzte Wahrheit. Statt einer logisch-deduzierten oder induzierten exklusiven Wahrheit und statt eines Rechtsverhältnisses zwischen dem befehlenden Gott und dem gehorchenden Menschen, die immer Einstimmigkeit verlangen und Identität stiften sollen und letztlich auf Integration ohne Toleranz hinauslaufen, geht es in einer selbstkritischen *phänomenologisch orientierten Gottesvorstellung* um das Widerfahrnis von Treue, Vertrauen, Liebe, Hoffnung. Wenn es um Gott geht, dann geht es nicht um Wahrheit (wie etwa in der griechischen Philosophie und bei den meisten Kirchenvätern), sondern um den Menschen. „Wo landen wir, wenn wir eine Idee (sc. Gottes-Idee) dem lebendigen Fleisch vorziehen? Und was ist die Wahrheit anderes als eine Idee"?[217] Der Schriftsteller Robert Seethaler beschreibt einen Pfarrer bei einer Bestattung: „Und wie sich der arme Pfarrer mit seiner Rede abgemüht hat! Kein Wort darin war wahr. Denn Wahrheit ist nicht mehr als eine Sehnsucht", als ein Phantasma.[218]

Wenn es um das *Widerfahrnis ‚Gott'* geht, dann geht es um konkrete Begegnungen in Vertrauen, Liebe, Treue und nicht um ein gedankliches wahr-falsch. „Gott ist im Himmel (sc. abwesend) – du bist auf Erden! Das ist eine elementare Differenz, die jeden wahrhaft Gläubigen davor warnt, sich selbst zum Sprachrohr oder zum Schwert Gottes zu ernennen. Diese Differenz verhindert jede Anmaßung, in seinem Namen handeln zu können".[219] In diesem Sinne hat der Ägyptologe Jan Assmann in der Monotheismus-Debatte vorgeschlagen, zwischen einem Monotheismus der Treue, den man im Baum des Lebens in Gen 3 symbolisiert sehen kann, und einem Monotheismus der Wahrheit (oder ontologischem Monotheismus), den man im Baum der Erkenntnis erkennen mag, zu unterscheiden: „Der Monotheismus

---

216 Fischer; Retzer; Schweitzer, Das Ende der großen Entwürfe, 13.
217 Köhlmeier, Wenn ich wir sage, 30.
218 Seethaler, Das Feld, 99.
219 Schieder, Die Gewalt des einen Gottes, 33.

der Treue ist die Besonderheit der Bibel".[220] Dieses Vertrauens- und Treue-
verhältnis wird asymmetrisch ins Leben gerufen durch die unvordenkliche
Stiftung Gottes in der Begegnung von Menschen. Manche haben hier die
Auflösung der Theo-Logie in Anthropo-Logie moniert, weil die Vertikale
„Gott" mit der Horizontalen „Mensch" zusammenfalle. Dieser Einwand
setzt das klassische metaphysisch-theistische Bild eines jenseitigen Gottes
voraus, der „a se" existiert (Aseität Gottes). Es geht auch nicht um Selbsttranszendierung auf ein Jenseits hin, wohl aber um „von außen" gestiftete
Begegnungen in Freiheit und In-Beschlag-genommen-Werden. Und man
kann nicht so tun, als ob wir wüssten, wer und was der Mensch sei, der in
seiner Gottebenbildlichkeit in einer solchen anthropologisch angesetzten
Theologie angeblich Gott gleich geworden sei bzw. den Gott mit sich selbst
gleichgestellt habe.[221] Und schließlich haben wir keine anderen Erfahrungen,
Wahrnehmungen, keine andere Sprache, keine anderen Erkenntnismetho-
den und hermeneutischen Mittel für Gotteserkenntnis als die alltäglich-
menschlichen, mit welchen wissenschaftstheoretischen Kategorien man
diese auch strukturieren mag.

Das Problem ist demnach nicht die Gewinnung eines ausgeklügelt abge-
sicherten, wahren, nämlich denkerisch exklusiven Gottesbegriffes, sondern
das öffnende Nachdenken über das paradoxe Ineinander von Gottes zuvor-
kommender „Dynamik" und der Menschen „Dynamik" im Widerfahrnis
eben dieses Paradoxes „von außen", das sich asymmetrisch ereignet vom
Du zum Ich (nicht wie bei Martin Bubers Ich-Du-Gegenseitigkeit). Dieses
Widerfahrnis widerfährt unerwartet und unerwartbar und verweist jede
Möglichkeit einer Selbstermächtigung in den Bereich der Bedürfnisse und
Tauschgeschäfte. Indem Gott Mensch wird in dem jüdischen Reformer
Jesus von Nazareth (theologisch als Inkarnation bezeichnet), zieht er sich
aus seiner Göttlichkeit zurück und wird verwechselbar mit allen Menschen
(und mit der sogenannten Schöpfungswelt): „Und der (Gott-) König stieg
herab von seinem Thron!" Er zieht sich als der bislang „Große Gott" in
die Abwesenheit zurück. Er verändert sich, er erleidet einen Umbruch, er
verschwindet in einem Menschen und wird „der Erscheinung nach wie ein

---

220 Assmann, Monotheismus der Treue, 252.
221 Kritisch bei Jörns, Notwendige Abschiede, 217 ff.

Mensch" (Phil 2,7), sodass Menschen mit der Welt gestalterisch umgehen können und müssen „als ob es Gott nicht gäbe". Bis in unser Jahrhundert hinein wurde Gott als permanent real gegenwärtig, ansprechbar, darstellbar vorgestellt und regelrecht praktiziert, z.B. in bestimmten Erfahrungen und Wunderzeichen wie Gesundwerden und Bewahrtwerden in gefährlichen Situationen, aber auch in kultischen Handlungen wie Taufe und Abendmahl. Heute erfahren viele Gott in dem Sinne als abwesend, dass er sich nicht mehr im „Himmel" befindet, sondern sich in Menschengestalt, in dem begegnenden Anderen befreiend und verpflichtend manifestiert. Das ist deswegen keine Reduzierung des Glaubens auf moralisches Verhalten, weil der „mir gegenüber" auftauchende Andere-Fremde mir Freiheit und Verantwortung zutraut und abverlangt, und darauf erst Moral folgt. Deswegen kann man nicht sich selbst „erlösen".

Eine weitere Abgrenzung protestantischen Gottesverständnisses gilt den *Seelen-Religionen*, sind doch die Vorstellungen einer unsterblichen Geist-Seele und von der Seelenwanderung eines der ältesten Grunddogmen der menschlichen Geistesgeschichte.[222] Die Seelenwanderung mit der Reinkarnationsvorstellung, die z.B. in der griechischen Philosophie und im Buddhismus eine grundlegende Rolle spielt, wurde vom „orthodoxen" Christentum nicht aufgenommen.[223] Das Christentum pflegt die Vorstellung einer unsterblichen Geist-Seele, mit der Gott alle Menschen ausgestattet habe. Mit dieser auch im protestantischen Glaubenskonglomerat beheimateten Vorstellung sichern sich Gläubige so etwas wie eine Anwartschaft im Himmel, wo die unsterbliche Geist-Seele mit dem neuen Auferstehungsleib vereint werden wird. Der Unterschied zwischen der römisch-katholischen Dogmatisierung der Unsterblichkeit der Seele auf dem V. Laterankonzil 1512–1517 zu Luthers Deutung besteht darin, dass der Katholizismus die Seele als ein überdauerndes metaphysisches Vernunftwesen bestimmt, während Luther die Vorstellung einer Unsterblichkeit der Seele in Gottes schöpferischem Geist verankert hat und zu einer Glaubensaussage erklärt hat. Eine ausweisbare Geist-Kontinuität zwischen Gott und der menschlichen Geist-Seele im Sinne von Person kann es im Protestantismus nicht

222 Zander, Geschichte der Seelenwanderung in Europa.
223 A.a.O.,515–518, 579–582.

geben. Das schränkt den Glaubenswunsch auf Seelentrost nicht ein, von Gott im Leben und im Sterben gehalten zu werden. Der Theologe Klaus-Peter Jörns hat auf dem 31. Deutschen Evangelischen Kirchentag in Köln 2007 in einem Vortrag gefragt: „Was macht den lieben Gott mächtig?", und geantwortet: „Leben ist ein großes Werden und Vergehen und Neuwerden, schließt Geborenwerden und Sterben ein, ganz gleich, um welche Formen von Leben es sich handelt. Das sagt im Kern: Leben geht nicht zu Ende, wenn es stirbt, sondern es wandelt sich durch das Sterben hindurch. Wie und wohin, ist offen. Ja, die Schöpfung, zu der wir gehören, als ganze ist ein offenes Geschehen im Werden".

Eine weitere Abgrenzung sollte gegen das Verständnis und die Praxis von Religion als *Gebots- und Gehorsams-Religiosität* geschehen. Wer Gebote vorgibt und deren Einhaltung als Norm für gelingendes Leben vorschreibt, möchte Menschen ein eigenes Leben verbieten und sie auf die Schiene einer einheitlichen Lebensgestaltung setzen. Man gibt eine christliche Leitkultur mit jüdisch-christlichen Werten und daraus abgeleiteten Menschenrechten vor und begründet dieses Normenbündel mit *dem* christlichen Menschenbild (wobei es *das* christliche Menschenbild nicht geben kann). So wird der Alltagsprotestantismus moralisiert, beurteilbar gemacht und auf das Einhalten der protestantischen Ethik mit kleinen Sündenausnahmen eingeschränkt. Protestantisches Glauben wird durch den Tun-Ergehen-Ablauf von Gebot-Gehorsam-Wohlergehen bzw. Gebot-Ungehorsam-Bestrafung definiert. Ein solches Religionsmodell findet sich z.B. in den beiden Könige-Büchern der Jüdischen Bibel, wonach Glauben heißt: in Gehorsam die Satzungen Jahwes halten, keine anderen Götter und Göttinnen verehren und den Jerusalemer Königskult einhalten – dann geht es gut![224] Diesem Versuch, sein Leben durch Gehorchen einem gebietend-fordernden Gott gegenüber dingfest zu machen und dadurch zukünftiges Ergehen vorwegzunehmen, ist eine pathogene Überforderung und hat z.B. von dem Philosophen Sören Kierkegaard Widerspruch erhalten mit einer Religionsprogrammatik des radikalen Entzogenseins der Zukunft: „Man kann das Leben nur rückwärts verstehen, aber leben muss man es vorwärts" – wer sein Leben nach

---

224 Gerber, Und Gott entthront Könige, 118 ff.; weiterführend bei Brumlik, Schrift, 96 ff.

vorwärts absichert im Modus von Gehorchen-Wohlergehen und es nicht im Namen/Spur Gottes aus der Hand anderer Menschen zu erwarten vermag, der hat sich vom Leben in Verpflichtung und Freiheit verabschiedet.

Eine weitere Abgrenzung geht in die Richtung des *subjekttheologischen Ansatzes*. Die überlieferten Sachgehalte wie Gotteslehre, Christologie, Geistlehre usw. werden im Interesse der individuell gelebten christlichen Religion, des Freiheitsverständnisses und der Selbstbildung neu interpretiert im Modell eines Selbstdarstellungsvollzuges und der Selbstreflexion.[225] Theologie wird gefasst als der „begriffliche und reflexive Ausdruck der Selbstdurchsichtigkeit, die mit dem Vollzug des Glaubens verbunden ist".[226] Theologie und Christologie sind demnach Ausdruck menschlicher Selbsterkenntnis und beschreiben keine extramentale Realität.[227] Diese Position kommt dem Selfie sehr nahe und „schürt den Wunsch der Selbstverwirklicher nach Selbsttransparenz im Sinne von Selbst-Identität: ‚Ich bin Ich'. Diese ersehnte Tautologie brächte das Ende unseres Menschseins in der Differenz (zu Gott) zu Anderen und zu sich selbst".[228]

Ende des 20. Jahrhunderts wurde im theologischen *Gespräch mit anderen Religionen* ein Abgrenzungs- und Vergleichsschema mit drei Kategorien aufgestellt: (a) exklusivistische Religion: „Außer mir sind alle auf dem Irrweg"; (b) inklusivistische Religion: „Andere Religionen haben teilweise recht"; (c) pluralistische Religion: „Jede Religion hat ihre Existenzberechtigung" (sofern sie in Demokratien nicht gegen Grundgesetze und Menschenrechte verstößt). Das dritte Modell kommt dem vorliegenden Versuch sehr nahe, wobei hier nicht (nur) die Pluralität der vorfindlichen Religionen gemeint ist, sondern die Pluralität als Selbstverständnis und Kommunikationsverfahren.[229] Die daran geübte Kritik des Relativismus ist insofern der springende positive Punkt, als der „unverfügbare Ereignischarakter der Wahrheit" radikal gewahrt bleibt.[230] Die Beziehung zwischen dem „abwesenden" Gott und dem sündigen, beziehungslosen Menschen

225 Gerber, Individualisierung, 165 ff.
226 Danz, Gott und die menschliche Freiheit, 212.
227 Seewald, Einführung, 128; von Lüpke, Gottesgedanke Mensch, 106 f.
228 Gerber, Individualisierung, 167.
229 Bernhardt, Ende des Dialogs, 83 f.
230 A.a.O., 283.

wird nicht – wie im subjekttheologischen Differenzmodell bei Christian
Danz – allein auf die Entzogenheit des Selbstvollzuges im Glauben abge-
stellt, sondern auf die Begegnung des fremden Anderen in der Spur Gottes. Die soziale Beziehung ist entweder gegenseitig-symmetrischer Tausch
oder das asymmetrische Widerfahrnis des Unendlichen für mich, indem der
Andere in seiner absoluten Andersheit-Fremdheit aus einem unfassbaren,
unvordenklichen Jenseits oder Unendlichen (in der Spur Gottes) durch sein
Ansprechen heraustritt und mein Bewusstsein infrage stellt, ohne sich in
meinem Bewusstsein irgendwie zu spiegeln.[231] „Das Ich verliert die unum-
schränkte Koinzidenz mit sich, seine Identifikation, durch die das Bewußtsein siegreich auf sich zurückkommt, um in sich selbst zu ruhen".[232] Der
Andere stört die immanente Ordnung, ohne seinerseits einen Hintergrund,
etwa im Sinne von Kants „Ding an sich" oder einer platonischen „Idee",
darzustellen und eine Maske für etwas Verborgenes zu sein: „Der andere
kommt her vom unbedingt Abwesenden",[233] ohne dass sich die Abwesenheit außer als „Spur" manifestiert. Es geht nicht um die Enthüllung Gottes
durch den Anderen, nicht um die Entbergung eines göttlichen Geheim-
nisses, nicht um eine Offenbarung einer bislang in einer Transzendenz verborgenen Botschaft, weil es in dieser Perspektive kein Dahinter, keinen
angebbaren Grund, keine Ur-Sache, keinen als höchstes Sein existierenden
Gott z.B. als ein Prinzip im Sinne Platons oder absolutes Telos gibt. Man
kann nur vom „Jenseits" sprechen, das als „Spur" bedeutet (nicht: etwas
oder wen bedeutet, sondern nur „bedeutet").[234] Und diese „Spur" kann –
christlich – als *Spur Gottes* oder als *Widerfahrnis Gottes bezeugt* werden.
Diese Spur widerfährt als Anwesenheit des Anderen und zugleich als ihre
eigene Abwesenheit, weil sie sich niemals (be-)greifen lässt. Diese Spur stört
unsere Ordnung; sie durchquert unsere Welt gewissermaßen hinter unserem
Rücken; sie stellt das Bewusstsein radikal infrage, ohne dass dies in diesem
Augenblickswiderfahrnis uns bewusst ist. Diese Spur ist für uns immer vergangen; wir können ihr im Sinne Kierkegaards nur nachschauen, obwohl
sie genau den entzogenen Übergang der Begegnung von der Zukunft in die

---

231 Lévinas, Die Spur des Anderen, 209 ff.
232 A.a.O., 223.
233 A.a.O., 227.
234 A.a.O.,228.

Gegenwart und Vergangenheit markiert. Sie kann weder als Ursprung der Zeit noch als Grund oder Endziel ausgemacht werden. Diese Spur bleibt stets an die Begegnung des Anderen mit mir gebunden und nicht umgekehrt, weil dadurch eine Symmetrie der Gegenseitigkeit entstünde.[235] So kann die Pluralität der Begegnenden nicht zu Beliebigkeit werden, sondern der kontingente Anspruch des Anderen (oder eines Textes) und meine selbst zu verantwortende Antwort prallen aufeinander, was sich nicht in einem symmetrischen Tauschverfahren verobjektivieren lässt (wobei klar ist, dass sich die „Spur" im Antwortenden verkörpert). Diese Du-Ich-Anthropologie überwindet den subjekttheoretischen Ansatz und genügt insofern dem Bilderverbot, als das menschliche Antlitz als Spur und Gott als „ungewisser, aber stets präsenter Verweisungszusammenhang" angesehen werden.[236]

Zum besseren Verständnis dieses Ansatzes folgt ein kurzer Exkurs zum Begriff der *Spur*. Sigmund Freud hat diesen Begriff verwendet, um Ausgelöschtes im Bewusstsein, Unbewussten, im Gedächtnis und überhaupt in der Realität zu signalisieren. Jacques Derrida hat diese noch metaphysische Verwendung der „Spur" dekonstruiert und von jeglichem Vorhandensein von Essentiellem gereinigt.[237] In der Spur sind keine Erfahrungen versteckt da, sondern die Spur „ist Selbstlöschung, die Auslöschung ihrer eigenen Präsenz; sie wird durch Drohung oder die Angst ihres unwiderruflichen Verschwindens, des Verschwindens seines Verschwindens konstituiert".[238] Eine Spur hinterlassen kann „nur ein Wesen, das die Welt transzendiert".[239] „Die Spur ist die Gegenwart dessen, was eigentlich niemals da war, dessen, was immer vergangen ist",[240] was Christen mit dem Namen und Begriff „Gott" bezeugen. Dieser Gott der jüdisch-christlichen Spiritualität „bewahrt die ganze Unendlichkeit seiner Abwesenheit, die in der personalen Ordnung selbst ist".[241] In ähnlicher Intention hat Dietrich Bonhoeffer formuliert: „Gott ist undurchdringliches Du, dessen metaphysische in der

---

235 Dungs, Anerkennen des Anderen, 17 ff.
236 Brumlik, Schrift, 97.
237 Derrida, Schrift, 384 f.
238 A.a.O., 349.
239 Lévinas, Die Spur des Anderen, 233.
240 A.a.O.
241 A.a.O., 235.

Absolutsetzung von Selbstbewußtsein und Selbsttätigkeit gedachte Perso-
nalität über sein Ichsein […] nichts aussagt".[242]

Mit diesem phänomenologisch-dekonstruktiven Ansatz kann Theologie –
oder überhaupt religiöse Rede[243] – nicht die Christlichkeit von Aussagen
und Vorstellungen wie z.b. die Schöpfung durch Gott exklusiv darstellen
oder normativ vorgeben, sondern sie möchte Menschen ermuntern und
befähigen, sich mit der christlichen (und jüdischen) Tradition diskursiv aus-
einanderzusetzen, z.b. mit feministischen Ansätzen.[244] Ein Beispiel für die
Normativierung christlicher Überlieferungen liefert das „Tübinger Gutachten" als Stellungnahme einiger Mitglieder der Evangelisch-Theologischen
Fakultät der Universität Tübingen von 1990, wenn dort die (angebliche)
Identifizierung von rein menschlichen Befreiungserfahrungen und offen-
barungseröffneten Gotteserfahrungen in der Feministischen Theologie
kritisiert wird: „Eine solche Identifizierung führt zu Sakralisierung und
Ideologisierung menschlicher Erfahrungen".[245] Diese Kritik ist nur sinnvoll,
wenn man die traditionelle Prämisse anlegt, dass es normativ-unverrückbare
theologische Vorgaben gibt, z.b. bestimmte Jesus-Worte und Sühnopfer-
und Auferstehungsaussagen bei Paulus und Evangelisten im Christlichen
Testament und die reformatorischen Bekenntnisse.[246] Und dass diese Aussagen eindeutig von profanen Befreiungserfahrungen unterscheidbar sind.
Es gibt weitere feministische Bibel- und Dogmenauslegungen und Bekenntnisse, die an diesen Vorgaben und generell der Schriftgemäßheit zu messen
seien (als ob man eine bestimmte Auslegung zur „echten" Wahrheit erheben
könnte). Eine andere beliebte Argumentationsfigur ist die Verwechslung von
kontingentem Widerfahrnis mit dessen Deutung: Nach dem Zugeständnis
feministischer Kritik individueller und gesellschaftlicher Herrschaftsstruk-
turen wird deren Anwendung auf die Theologie selbst abgewehrt: „Wenn
einige feministische Theologinnen daraus den Schluß ziehen, Gott der Vater
sei durch eine Muttergöttin zu ersetzen oder zu ergänzen, so ersetzen sie
die konkrete (!) Geschichte der Liebe Gottes durch eine Konstruktion der

---

242 Bonhoeffer, Sanctorum Communio, 31.
243 Latour, Jubilieren, 20 ff.
244 Z.B. bei Kassel, Feministische Theologie, 7 ff., 13 ff., 75 ff.; s. 2.6.
245 Moltmann-Wendel; Kegel, Feministische Theologie im Kreuzfeuer, 51, 136 ff.
246 A.a.O., 81.

Gerechtigkeit nach dem Maßstab des Ausgleichs der Geschlechter".[247] Wo liegt das Problem, wenn man(n) nicht patriarchal-normativierend und falsifizierungslogisch vorgehen möchte und geschehene Liebe und Treue Gottes und die interpretierende Erinnerung daran identifiziert?[248] „Für viele feministische Theologinnen stellt das Menschsein selbst und die darin zu machenden Erfahrungen die Maßstäbe für Glauben und Leben zur Verfügung".[249] Oder anders formuliert: „Unsere heutige Theologie irrt, wo sie unterstellt, daß der Umgang mit Traditionen überall der *Legitimierung* dienen soll", statt mit ihnen z.B. als narrativen Illustrierungen umzugehen.[250] Die Wahrheit einer Aussage hängt nicht an ihrer unumkehrbar vorgegebenen (theologischen, kirchlichen) Normativierung, sondern an der auf die Aussage antwortenden Verantwortung des Sprechers (und Verantwortung heißt hier: selbst antworten auf den begegnenden Text). Und dies bedeutet: „Gerade um der Wahrheit willen muß die Revidierbarkeit jeder Entscheidung offengehalten werden".[251] Dies geschieht mit Vorschlagen, Diskutieren, Revidieren, Konsens bilden und einhalten. Blickt man – feministisch-theologisch – auf die Relevanz eines Konsenses wie z.B. der reformatorischen Bekenntnisschriften, dann sei die Kirche heute nicht in der Lage, einen „vergleichbaren Lehrkonsens zu formulieren".[252] Dieses Unterfangen scheitert aber nicht allein an der praktischen Durchführbarkeit, sondern es zeigt ein Dilemma oder Paradoxon auf,[253] dass alle Texte menschliche Produkte sind, die dem Angesprochen-Antwortenden derart widerfahren, dass er sie als überlieferte Heilige Texte seinerseits als heilig bekennen kann (oder ablehnen kann) – wie es in Begegnungen mit anderen Menschen geschieht. Wenn z.B. jemand im Markusevangelium nach dem „historischen" Jesus forscht, dann wird er sich auf die in den Auslegungen historisch wechselnden Bilder des historischen Jesus einlassen und sein

---

247 A.a.O., 54.
248 A.a.O., 93 f.
249 A.a.O., 102.
250 A.a.O., 105.
251 A.a.O., 106.
252 A.a.O., 131.
253 Der Begriff des Dilemmas betont m.E. die subjektphilosophisch gedachte Unauflösbarkeit mittels Vernunft, während das Paradox auf eine der Vernunft entzogene Ebene verweist.

exegetisch eruiertes Jesusbild entwerfen im Wissen, dass er nicht den „wirklichen" Jesus, sondern den exegetisch gewissenhaft rekonstruierten Jesus vor sich hat. Er geht von seinen gegenwärtigen Text-Widerfahrnissen aus und wird die Jesusgeschichten als für Jesus exemplarische und für sich selbst zu diskutierende Ansprüche einbeziehen. Zum Problem hat sich Werner Heisenberg geäußert: „Die Wirklichkeit, von der wir sprechen können, ist nie die Wirklichkeit an sich, sondern eine gewusste Wirklichkeit, oder sogar in vielen Fällen eine von uns gestaltete Wirklichkeit".

Der hier gewählte Ansatz hat sich auch mit der von dem Universalgelehrten Gottfried Wilhelm Leibniz (1646–1716) sogenannten *Theodizee* (1710) zu beschäftigen, wonach Gott die dreifachen Übel nicht gewollt, sondern zugelassen habe, wobei das Gute weit überwiegt: (a) das metaphysische Übel, das mit unserer unvollkommenen Kreatürlichkeit und Endlichkeit gegeben ist; (b) das physische Übel wie z.B. Leid und Schmerzen, die verschiedene Funktionen haben können bis zur Bestrafung zwecks Besserung; (c) das moralische Übel als Sünde in Folge der menschlichen Freiheit und als Grund für die christliche Erlösung. In nach-theistischer Zeit funktioniert diese halbherzige Rechtfertigung Gottes angesichts der Übel der Welt weder offenbarungspositivistisch noch rationalistisch. Jeder muss täglich seine Theodizee (und Anthropodizee) betreiben in der Erfahrung, dass es hier keine argumentative Auflösung gibt, sondern dass es sich um eine intellektuelle Aporie handelt:[254] Verbindet man mit Gott dualistisch nur die gute Schöpfung, dann verliert Gott die schlechte Hälfte der Wirklichkeit; waltet Gott mittels seiner ewigen Prädestination, dann wird er zum Schicksalsgott und der Mensch frei von Sündenschuld; setzt man auf Selbstverwirklichung der Menschen, dann verliert Gott die menschliche Hälfte seiner Schöpfung. Also jedem seine Theodizee? Die Klage des Leidenden, sei es Hiob oder sei es der das Konzentrationslager der Nazis überlebende Elie Wiesel, verwandelt sich zur Anklage gegen Gott und in eine „Theologie des Protestes": „Wogegen sie protestieren, ist der Gedanke der göttlichen *permissio (Erlaubnis)*, die als Notbehelf so vieler Theodizeen dient und die selbst Barth neu zu denken versucht, wenn er den bereits errungenen Sieg

---

254 Ricoeur, Das Böse, 315 f.; d'Arcais, Eine Kirche ohne Wahrheit?, 76–79; Lévinas, Humanismus, 137; Weber, Die Religion, 183 ff.

über das Böse von der vollständigen Offenbarung dieses Sieges unterscheidet".[255] Dem gepeinigt protestierenden Hiob könnte es gelungen sein, „*Gott ohne Grund* zu lieben, so dass Satan seine anfängliche Wette verliert. Gott grundlos lieben bedeutet, völlig aus dem Kreislauf der Vergeltung herauszutreten, in dem die Klage noch gefangen ist, solange sich das Opfer über sein ungerechtes Los beklagt".[256] Christen verweisen hier auf den tröstlichen Gedanken, „dass Gott selbst leidet und dass der Bundesschluss [...] in der Teilhabe Gottes an der Erniedrigung Christi, des Schmerzensmannes, gipfelt. Die Theologie des Kreuzes – das heisst die Theologie, derzufolge Gott selbst in Christus gestorben ist – hat keine Bedeutung ausserhalb der entsprechenden Verwandlung der Klage. Der Horizont, auf den sich diese Weisheit hinbewegt, scheint mir ein Verzicht auf den Wunsch selbst zu sein, der, wenn er verletzt wird, die Klage provoziert: Verzicht auf den Wunsch, für seine Tugenden belohnt zu werden, Verzicht auf das Verlangen, vom Leiden verschont zu bleiben, Verzicht auf die infantile Komponente des Wunsches nach Unsterblichkeit".[257] So wenig wie der Kreuzestod Jesu eine „Lösung" oder gar „Erlösung" ist, so wenig gibt es eine Lösung (von) der Theodizee-Unruhe.[258]

3.3. Die Inkarnation Gottes als sein Entzug

Der Mythos von der Mensch- oder Fleischwerdung Gottes (Inkarnation) in der Person bzw. als die Person des jüdischen Reformers Jesus von Nazareth wird mit den beiden anderen mythologisch-biografischen Zentralvorstellungen der Kreuzigung als Sühnopfer und der Auferweckung Jesu als die Mitte des Christentums angesehen. Es geht um Menschwerden in seiner spezifischen Weise des Widerfahrens im Begegnen, in dem unser Menschsein uns aus den Händen genommen wird und gut reformatorisch „allein aus Gnade" von Anderen her „in der Spur Gottes" konstituiert wird. Dieses Widerfahrnis wird christlich als Gottesbegegnung, als Vergebung der Sünden und Rechtfertigung, als Versöhnung und Heilwerden interpretiert. Der

---

255 Ricoeur, a.a.O., 315.
256 A.a.O., 316.
257 A.a.O.
258 Neiman, Das Böse denken, 457 ff.

Andere macht in seinem Anderssein mich für sich verantwortlich, indem er mich anerkennt und mich Subjekt-Mensch werden lässt und dazu zwingt. Insofern ist dem Glauben als Verwandelt-Werden immer auch Verletzung, Schmerz, eine kommunikative Gewalt eingeschrieben. Dieses Mensch- oder Subjektwerden hat in der gegenwärtigen Transformationskrise des Christlichen und überhaupt des Religiösen keinen Fixpunkt mehr: weder einen jenseitigen Gott, der sich in unserem Diesseits offenbart, noch ein verbal inspiriertes Gotteswort, weder in Gestalt einer unfehlbaren Person (wofür auch Jesus nicht infrage kommt) noch als Fetisch wie der Hostie und dem Wein als Orten der phantasmatischen Realgegenwart Gottes im Sinne einer Transsubstantiation und ebenso wenig in einer gläubigen Innerlichkeit oder mystischen Verschmelzungserfahrung oder als fundamentalistischer Wahrheitsbesitz.

Mensch-Werdung oder Subjekt-Werdung stößt von außen zu ohne Grund und Vorahnung, ohne Vorbereitung und ohne vorhersehbare Verlaufsordnung, ohne Zweck und ohne Ziel, eben als *umsonst Geliebt- und Anerkanntwerden* durch den begegnenden Anderen in der Spur Gottes.[259] (Deswegen muss man in der Liebe unterscheiden zwischen Widerfahrnis und Bedürfnis: „Es ist mir ein Bedürfnis, Dich zu lieben".) Widerfahrnisse werden bekenntnishaft erzählt, so wie biblische Erzählungen z.B. über Jesu Person und Wirken in vielfältigen Funktionen als Bekenntnis-, Erinnerungs- und Unterweisungsliteratur entstanden und überliefert worden sind. Meinerseits kann und muss ich auf Inkarnationswiderfahrnisse wie Anerkannt- und Geliebtwerden, wie Vertrauen und Vergebung antworten; dabei komme ich demjenigen, der auf mich zukommt oder der sich von mir abwendet, in meiner Antwortsituation immer hinterher.

Theologisch beschreibt man dieses Auf-uns-Zukommen unserer eigenen Existenz in Gestalt des Anderen mit Ordnungsbegriffen wie zuvorkommende Gnade, Geschöpflichkeit, Gottebenbildlichkeit, Rechtfertigung ohne Verdienstleistungen allein aus Gnade, also auch ohne Selbstopferung für einen guten Zweck. Deshalb kann es keine (protestantische) Sühnopfer-Theologie geben.[260] Jesu Hinrichtung war keine Selbsthingabe zwecks

---

259 Gerber, Individualisierung, 173 ff.
260 Jörns, Notwendige Abschiede, 286 ff.

Erlösung in einem heilsgeschichtlichen Drama, denn dann wäre sie durch Schuld einerseits und Erlösung durch Sühne andererseits bedingt gewesen. Rudolf Bultmann hat diese Mythologisierung Jesu rekonstruiert, „wo Jesus im metaphysischen Sinn als Gottessohn verstanden wurde, als ein großes, präexistentes himmlisches Wesen, das um unserer Erlösung willen Mensch wurde, das Leiden auf sich nahm, bis hin zum Kreuz. Solche Vorstellungen sind offensichtlich mythologisch, sie waren ja auch weit verbreitet unter den Mythologien der Juden und der Heiden und wurden dann auf die geschichtliche Person Jesu übertragen".[261] Da jeder Mensch eine unbedingte unantastbare Würde hat, kann auch kein Mensch geopfert werden zum Guten; Opferung ist immer Manifestation menschlicher Gewalt.[262] Wir leben mit unserem Körper (Leib, Fleisch) in einem ständigen Macht-Diskurs, den man als Kampf zwischen Gott als Schöpfer und dem Menschen als Geschöpf und der Menschen untereinander am mythologisierten Lebenslauf Jesu ablesen kann: Von der Menschwerdung (Inkarnation) als Geborenwerden durch eine Jungfrau bis zur Auferweckung und der Brot-Wein-Gegenwart im Abendmahl wird „erlöstes" Menschenleben als Gabe Gottes gegen die sündigen Menschen aufgefahren. Das Problem der Theologie ist die in uns Menschen verkörperte Macht- und Gewaltfrage wie sie der Mythos vom Sündenfall erzählt, der nicht von einer intellektuellen Verdunkelung berichtet, z.B. dass die Geist-Seele des Menschen mit dem Geborenwerden ins Materielle abdriftet und sich mühsam zurückkämpfen muss, wie es in manchen Strömungen der Gnosis und in Teilen der griechischen Philosophie vorgestellt wird. Der Mythos vom Sündenfall berichtet von körperlich-sinnlichen Schmerzerfahrungen der Frau bei der Geburt und des Mannes bei der Arbeit, die Gott verhängt hat. Aber solches Menschsein ist nur die halbe Wahrheit, denn Gebären und Arbeiten geschehen als ambivalente Tätigkeiten, die sowohl schmerzhafte als auch Glückserfahrungen einschließen. (Deswegen haben auch christlich Orientierte die Vertreibung aus dem schmerz- und arbeitsfreien „Paradies" als erste Menschwerdung zur Eigenverantwortung interpretiert.)

---

261 Bultmann, Jesus Christus, 14.
262 Agamben, Homo sacer, 91 ff.; Girard, Das Ende der Gewalt, 14 ff., 240 ff.

In dem mythologischen Heilsdrama von der Schöpfung über den Sün-
denfall und die Errettung durch die Heilstat Jesu Christi bis zum Neuen
Jerusalem wird die Abwesenheit Gottes als Modus seiner Anwesenheit in
der christologischen Mythologie von Auferstehung (Auferweckung) und
Himmelfahrt als den Gegenpolen zur Inkarnation symbolisiert. Es ist seit
Israels Monotheismus Glaubenseinsicht, dass sich Gott unter menschlichen
Bedingungen nicht darstellen lässt; das wäre ein Bildnis, eine Fetischisierung
und würde den Tod des Menschen bedeuten, da niemand Gott von Angesicht zu Angesicht sehen kann und darf (Ex 33). Jesus begehrte wohl vor
allem in seinem Sterben, Gott zu seinem „Vater" zu haben, der aber nicht
erschien: „In der neunten Stunde rief Jesus mit lauter Stimme: ‚Mein Gott,
mein Gott, warum hast du mich verlassen?'" (Mk 15,34). Auch Jesus lebte
nicht in Unmittelbarkeit mit Gott, sondern vermittelt durch seine menschliche Existenz; Jesus vertrat Gott, indem er dessen Kommen ankündigte; er
begehrte Gott als Vater und fand ihn nicht. Der Wunsch nach Unmittelbarkeit mit Gott wurzelt in unserem Trauma vom verlorenen Himmel und in
unserer Allmachtsphantasie eines ewigen Verbundenseins mit dem allmächtigen Gott. Aber jede behauptete Identifizierung Gottes mit uns Menschen
verdinglicht den Himmel und sakralisiert menschliche Gottesvorstellungen
zu unfehlbaren Dogmen. Das Sterben Jesu, sein Tod, seine Auferstehung
und Himmelfahrt repräsentieren nicht Gott, sondern was sich „in, mit und
unter" diesen mythologisch konzipierten Geschehnissen als Gewalt, aber
auch als Heilwerden (oder Subjektwerdung) vollzieht. Jesus macht mit seinem Weggehen Platz für unsere Phantasmen über den abwesenden Gott; er
suspendiert uns von der „Nachfolge Christi" und schickt uns in die Freiheit
und Pflicht eigenen Handelns und Verantwortens. Wenn dann Auferstehung
und Himmelfahrt verzwecklicht werden zu Machterweisen des anwesenden
Gottes, dann werden beide Mythen zu metaphysisch-theistischen Realitä-
ten, die auch das Todesrätsel vertröstend lösen sollen.

„Die Abwesenheit Gottes mag durch den Fetisch Mensch verdeckt werden, aber der Gott, den man entsorgt hatte, war ja selbst kaum mehr als ein
Fetisch gewesen […] [Dies war] eine bequeme Möglichkeit, eine Menschheit
vor der unerträglichen Wahrheit zu schützen, dass der Gott des Christentums ein Freund, Liebhaber und Mitangeklagter ist, kein Richter, Patriarch
oder Über-Ich. Er ist der Pflichtverteidiger des Menschen, nicht der Staatsan-
walt. Und seine augenscheinliche Abwesenheit ist geplant und sinnvoll. Die

Abergläubischen wollen Zeichen sehen, aber es gibt kein anderes Zeichen für den Vater als den Körper des Gekreuzigten. Im Christentum ist der Tod Gottes nicht gleichbedeutend mit seinem Verschwinden. Im Gegenteil, er ist der Moment seiner deutlichsten Anwesenheit. Jesus ist kein menschlicher Ersatzgott. Er ist ein Zeichen, dass Gott in aller menschlichen Zerbrechlichkeit und Nichtigkeit Fleisch geworden ist. Nur indem diese Realität ganz gelebt wird, in der Erfahrung des Todes bis zum Ende, eröffnet sich ein Weg über das Tragische hinaus".[263] Martin Luther hat hier von der Verborgenheit Gottes „unter dem Gegenteil" des Gekreuzigten gesprochen. Und dass der Heiland im gekreuzigten Jesus erkannt wird, kann man in unserem heutigen Kontext im Sinne von Luthers „Gott ist tot, welch' große Not" als Abwesenheit Gottes deuten. Gott hat seiner eigenen Göttlichkeit entsagt und wurde in dem jüdischen Reformer Jesus von Nazareth befreiender und fordernder Mitmensch. In den folgenden christologischen Formulierungen der Kirche(n) hat man dies so interpretiert, dass Gott in den Menschen eintritt und vorfindlicher Mensch wird, dass also Jesus vergöttlicht wird. Jean-Luc Nancy interpretiert anders, nämlich „dass das Göttliche im Menschen zur Dimension des Entzugs, der Absenz, selbst des Todes wird. Wenigstens weist das Christentum durch diesen ersten Zug in aller Tiefe die Dimension des Atheismus als Entzug Gottes auf. Wohlgemerkt: nicht nur einfach den Entzug Gottes im Verhältnis zum Menschen, sondern Gottes Entzug, insofern er im Menschen diese Dimension des Entzugs selbst eröffnet".[264] Dieser Entzug oder diese Lücke widerfährt Menschen als In-Beschlag-genommen-Werden und als Befreit-Werden in der Begegnung des Anderen, der in seiner uneinholbaren Offenheit und unstillbaren Verletzlichkeit als Stellvertreter Gottes für den Angesprochenen agiert.[265] Die Beziehung zum Anderen schließt die Beziehung zur göttlichen „Sphäre" schon immer in sich, sofern dem Anderen in seiner unendlichen Offenheit die *Spur Gottes eingeschrieben* ist.[266]

Der Künstler Hrdlika hat die Fleischwerdung als Macht der Kunst angesehen, vor allem der Bildhauerei: „Wir sind nun mal so geprägt, dass wir

---

263 Eagleton, Der Tod Gottes, 197.
264 Nancy, Entzug der Göttlichkeit.
265 Sölle, Stellvertretung, 111 ff.
266 Ohly, Der Reale Andere, 191.

dem Leib, dem Fleisch am meisten zutrauen, viel mehr als irgendwelchen abstrakten Symbolen und Zeichen. Das hat etwas mit der christlichen Religion zu tun. Da ist ja Gott auch nicht als etwas Abstraktes auf die Welt gekommen, sondern als Mensch, er ist Fleisch geworden. Und diese Fleischwerdung hat die größte Überzeugungskraft, auch in der Kunst".[267] Mit dieser Inkarnation sind wir insofern „ein Teil der Sinnlichkeit Gottes",[268] als Gottes Anwesenheitsmodus seiner Abwesenheit uns Menschen auf unserer anwesenden Verleiblichung behaftet und uns nicht mit einer Gottes-Idee, mit einem Himmel darben lässt.

3.4. Das Kreuz Jesu als Symbol für widerfahrendes Leben und Sterben

Wenn, wie manche behaupten, das Christentum geschichtsphilosophisch, kulturpolitisch und als religiöses Angebot uninteressant geworden sei, so bleiben mindestens zwei Erfahrungen hoffentlich im gesellschaftlichen Gedächtnis:

- Dass man Heilsein (Subjektwerdung oder Glück) sich nicht selbst beschaffen kann, was den spätmodernen Selfie in seiner Selbstverwirlichung ständig kränkt.
- Und dass das Kreuz Jesu als "Symbol" für Leben und Sterben gelten kann, was den Selfie in seinem Unsterblichkeitsdrang ebenfalls ständig kränkt.

Der Theologe Jan Ross hat menschliches Leben und Sterben gegen deren Auflösung in individualistisches Machtgehabe, in die Transformation in Cyborgs und gegen eine Umwandlung in digitale Information damit verteidigt, dass er das Kreuz zum Brennpunkt menschlichen Lebens, Leidens und Sterbens macht.[269] Das Kreuz Jesu: von Laizisten ins Private verbannt und z.B. in Schulen und Gerichtssälen bisweilen verboten, von Machthabenden zur Legitimierung von Gewalt und als Unterdrückungsinstrument verwendet, von Kirchenoberen zum Kultursymbol degradiert, von Gläubigen zu

---

267 DIE ZEIT Nr. 9 vom 21.02.2008, 45.
268 Dürrenmatt, Durcheinandertal, 171.
269 Ross, Das ist Gott!, 70.

einem Durchhaltesymbol und in einen „leidenstheologischen Sadomasochismus" pervertiert, von vielen Unverdächtigen als Halsschmuck und im PKW als Beschützer- und Anti-Unfall-Talisman verwendet und von manchen Gläubigen in Demut meditiert. Dieses Kreuz beendete das verkündigende und heilende Auftreten des jüdischen Reformers Jesus, der in seiner „Performance" insofern (den abwesenden) Gott darstellte, als in ihm sich ein Element zeigt, das man als „das Unvordenkliche der Begegnung", oder theologisch als Widerfahrnis von Gnade bezeichnen kann. „Insofern zeigt sich in ihm ein ‚ungeschaffenes' Element, weil das Unvordenkliche schöpferisch und also nicht geschaffen ist",[270] und als die „göttliche Natur" Jesu verstanden werden kann. Deswegen kann man sagen, dass mit dem Sterben Jesu auch Gott gestorben sei. Aber kann man dieses Sterben als eine Opferung verstehen, wie es in Abendmahlsliturgien zu hören ist? Eine Opferung also durch den grausam-gerechten Vater im Sinne eines metaphysischen Tauschhandels zur Überwindung der hypostasierten Sündenmacht? Oder die Selbstopferung Gottes als letztes Opfer in der Person Jesu? Oder haben wir einen Alternativentwurf zum Macht-Menschen, dem in der Kreuzes-Person seine eigene Verletzlichkeit (Vulnerabilität) aufgeht?

Was gibt der Passionsbericht her? Jüdische und römische Obere wollen sich dieses Jesus entledigen, weil er religiös und politisch als „wahres" Double vor eine Entscheidung stellt. Wenn sie ihn stellvertretend für die aufgebrachte Menge und ihre eigene Ablösung opfern, dann wird die politisch unruhige und religiös aufmuckende Gesellschaft wieder beruhigt und geeint, so jedenfalls interpretiert RenéGirard die „heilige (sakrifizielle) Opferung Jesu".[271] Der gewaltbesetzte Prozess gegen Jesus als stellvertretende Opferung des Unschuldigen, der gerade in seiner Schuldlosigkeit für schuldig gehalten wird und schuldig gesprochen werden soll, ist einer nicht-sakrifiziellen, nicht-heilsgeschichtlichen Interpretation zu unterziehen. Jesus machte diesen Gewaltprozess bis zu seinem Sterben am Kreuz mit und machte dadurch die Gewalt und Ungerechtigkeit dieses angeblich gerechten Verfahrens manifest und verzichtete als der „Gejagte" auf Gegengewalt.[272] Die jüdischen und römischen Oberen meinten, sich mit diesem Prozess

---

270 Ohly, Was Jesus mit uns verbindet, 64.
271 Girard, Das Ende der Gewalt, 232 ff.
272 Burkert, Anthropologie, 37.

auf gerechte Weise dem Anspruch Jesu auf Gewaltlosigkeit entziehen zu
können, überhaupt sich seines An-Spruchs entledigen zu können. Gemäß
der Opfertheorie von RenéGirard entlarvte Jesus den Macht- und Gewalt-
mechanismus im Verfahren der jüdischen und römischen Verurteiler und
war deswegen zugleich der Sündenbock-Ausgestoßene und der Messias-
Retter. Man kann vereinfacht formulieren, dass Jesus die sakrifizielle, also
die heilige, (angeblich) von Gott heilsgeschichtlich angeordnete Gewalt
säkularisiert, gleichsam entweiht, ihres Sühne- und Heilscharakters entle-
digt und als profane Gewalt von Menschen untereinander deutlich gemacht
hat. Mit dieser „Profanisierung" der Gewalt habe Jesus seine jüdische Tradition insoweit widerlegt, als er der „Menschheit Heil bringt, nie aber als
ein Opfer".[273] Jesus wurde zum Erhalt der politischen Besatzungsmacht
der Römer, zur Bestätigung der Orthodoxie der jüdischen Religionsoberen
und zum gesellschaftlichen Zusammenhalt des jüdischen Volkes geopfert.
Und dieses dreifache Bedürfnis nach Anerkennung mittels eines Opfers
wurde dann „sakrifiziert" zu einer heilsgeschichtlichen Wohltat Gottes. In
Wirklichkeit steckt dahinter nichts anderes als die Tagesordnung der Welt,
dass diese ihr verletzendes Geschäft mit opfernder Gewalt betreibt, und
sei es in der spätmodernen „sanften" Weise des Neoliberalismus. Davon
ist zu unterscheiden, dass jeder Umbruch in neues, freiheitliches und ver-
pflichtendes Menschsein immer auch Schmerzen mit sich bringt. Wo dieser
Schmerz verschwindet, da werden der Andere und ich zu Objekten: „Die
Palliativgesellschaft beseitigt den Anderen als Schmerz [...] Der Andere als
Objekt schmerzt nicht".[274] Die jüdischen und römischen Oberen empfanden
keinen Schmerz, weil sie Jesus nach ihren religiösen und politischen Maß-
stäben verurteilten und deswegen nicht erkennen konnten, dass sie sich auf
diese Weise dieses Gerechten gerade nicht entledigen konnten. Der Schmerz
der Kommunikation zerstörenden Gewalt blieb auf Jesu Seite, dessen Tod
„zum Grundmuster für den Tod des anderen Menschen" wird.[275]
    Während Schmerzen und Leiden heute durch den Wohlfahrtsstaat, durch
eine in alle Lebensbereiche eingreifende Psychotherapie und Perfektionsmit-
telindustrie mittels Drogen und Gentechnologie, durch eine hinter unserem

---

273 Girard, Das Ende der Gewalt, 187.
274 Han, Palliativgesellschaft, 108.
275 Ohly, Was Jesus mit uns verbindet, 142.

Rücken vonstattengehende allumfassende Digitalisierung in Grenzen gehalten und nach Möglichkeit überhaupt ausgelöscht werden sollen, thematisieren Andere mit oder ohne Christentum das Widerfahrnis, dass in unseren Begegnungen immer auch schmerzhafte Umbrüche, Veränderungen, Auszüge (wie der Exodus der Israeliten aus Ägypten), Auferstehungen (vom Krankenbett und aus dem Prekariat) geschehen. In diesem Sinne steht das Kreuz nicht nur „für die Bereitschaft, das Negative auszuhalten, statt davor zu fliehen" (Jan Ross), sondern für die unvordenklich gegebene (geschöpfliche) Differenz zwischen uns Menschen (und in uns selbst), wodurch der Andere gewissermaßen zum Befreier, Stellvertreter und Herausforderer wird und der Angesprochene zur „Geisel" im Sinne von Lévinas.[276] Gewalt als Hass gegen den Anderen und als Auslöschen des Anderen gehören nicht „von Natur aus" zum Menschsein als angeborenes Negativum, aber *Subjektwerdung durch den Anderen in der Spur Gottes impliziert Gewalt und Schmerz als paradoxer Prozess der Subjekt-Werdung.* Die paradoxe Qualifizierung einer Begegnung zeigt sich darin, dass in ihr die Einzigartigkeit beider Personen, ihre Verletzlichkeit, ihre Sterblichkeit gerade konstitutiv sind als Medium ihrer Ich- oder Subjekt-Werdung. Theologisch formuliert: Der sogenannte Sündenfall (Gen 3) hat schmerzhafte Folgen und geschieht zugleich als Befreiung in verantwortliches Menschsein. Will man diese *kommunikative Gewalt* bändigen, dann läuft man Gefahr, „die Menschen voneinander zu entfernen, indem er (sc. dieser Akt) das Bewusstsein dafür trübt, was sie als der Gewalt Ausgelieferte miteinander verbindet [...] Und nur unter diesem Vorbehalt wäre es überhaupt sinnvoll, von ‚kommunikativer Gewalt' zu sprechen".[277] Um Subjekt-Mensch, um „versöhnter Sünder" zu werden, fügen uns die Anderen – christlich: im Namen und in der Spur Gottes – Gewalt und Schmerzen zu und umgekehrt. Jesus ist stellvertretend, exemplarisch, fokusartig in seinem Leidensweg und Kreuzestod nicht solche kommunikative, sondern auslöschende Gewalt widerfahren. „Das Kruzifix ist kein harmloses ‚abendländisches Kultursymbol'. Es ist auch kein religiöses Abgrenzungssignal. Es steht für ein Bild vom Menschen, das kostbar und bedroht ist".[278] Es ist das Bild vom Menschen, der sein Ich von Anderen

---

276 Lévinas, Jenseits des Seins, 50 f., 260 f. u.ö.
277 Liebsch, Verletztes Leben, 182, 205.
278 Ross, Das ist Gott!, 70.

durch kommunikative, nicht durch opfernd-zerstörerische und ausgrenzende Gewalt und unter Schmerzen bekommt. Diese kommunikativ-konstituierende Gewalt ist immer wieder abzugrenzen sowohl gegen Gewalt, die verbal, psychisch, physisch, kriegerisch ausgeübt und erfahren wird, als auch gegen sich selbst ausgeübte Gewalt und dadurch verursachte Leiden, gegen Leidens- und Kreuzesverherrlichung als Wege in den Himmel, z.B. bei frühkirchlichen und modernen Märtyrerinnen und Märtyrern, gegen Askese und Fasten als Selbstopferungen einem Körperideal oder einem anderen Menschen oder einem Gott/Göttin gegenüber, gegen die Himmelseroberung bei religiös-terroristischen Suizidären, auch gegen Leidensmystik, gegen masochistische Selbstgeißelungen und gegen jegliche Körperverachtung.

Es gibt die These, dass *Adam und Eva* von Gott in einem Strafakt aus dem Paradies vertrieben und in die Selbstständigkeit entlassen worden seien (Gen 3). Man kann diesen Mythos vom Sündenfall von Adam und Eva also auf zweifache Weise lesen, zum einen: dass die ersten beiden Menschen ihre Unschuld verloren hätten und sündig geworden seien und unter dieser „Erbsünde" bis heute litten (während sie bei ihrer Erschaffung „integer" und wohl unsterblich gewesen seien und durch den Sühnopfertod Jesu Christi wieder zur einstigen vorsündlichen Integrität errettet werden könnten). Zum anderen: dass sie aus der Abhängigkeit von dem Gebot bzw. Verbot, nicht vom Lebens-Baum zu essen, in ein selbstverantwortliches Leben geschritten seien. Kant, Schiller, Hegel, Schelling und weitere Philosophen haben den Sündenfallsmythos entsprechend interpretiert als Ausgang aus „einem Paradies der Unwissenheit und Knechtschaft [...] zu einem Paradies der Erkenntnis und der Freiheit" (Friedrich Schiller); dies ist klassisch subjektlogisch. Friedrich Schiller stellt den „Volkslehrer", der Gen 3 als Sünden-Fall interpretiert und „nützliche moralische Lehren daraus zieht", dem Philosophen gegenüber, der darin einen „Schritt zur Vollkommenheit" sieht. Der Volkslehrer: „Der Mensch wurde aus einem unschuldigen Geschöpf ein schuldiges, aus einem vollkommenen Zögling der Natur ein unvollkommenes moralisches Wesen", also fiel er aus einem integren Naturzustand in den Zustand des Entscheidens und Schuldigwerdens. Der Philosoph: Er „hat recht, es einen Riesenschritt der Menschheit zu nennen, denn der Mensch wurde dadurch aus einem Sklaven des Naturtriebes ein freihandelndes Geschöpf, aus einem Automat ein sittliches Wesen". Mit dieser sittlichen Interpretation wird aus Sünde (als Bruch der Beziehung mit Gott, Mitmenschen und Schöpfung) Schuld, wird aus Glauben Sittlichkeit. Zwei Fragen sind zu stellen: (a) Mit Jürgen Habermas fragen wir, wie man (mit Kant) „das radikal Böse aus der biblischen Sprache in die der Vernunftreligion zu übersetzen" vermag, wenn man nicht „die semantische Differenz zwischen dem, was moralisch falsch, und dem, was zutiefst böse ist", einebnen will?[279] Abgekürzt kann man theologisch antworten: Im Sinne des Protestantismus geht die Beschlagnahmung und gleichzeitige Befreiung des Sünders durch den Anderen im Namen Gottes der moralischen Aktivität des gerechtfertigten Sünders grundlos und umsonst voraus, während z.B. bei Kant und Schiller die individuell erfahrene Freiheit der Verantwortung für den Anderen vorausgeht. Insofern ist das Widerfahrnis Gottes in der Begegnung des Anderen mit mir nicht moralisch (sittlich, ethisch) begründet und entsprechend nicht begründbar. (Eine postchristliche Interpretation der Sündenlehre hat die feministische Theo-Philosophin Mary Daly vorgenommen als Kritik an der androzentrischen Auslegung von Gen 2 und Gen 3 und sie hat den Sündenfall als Fall in die Freiheit und den Vollzug des zu sich selbst kommenden Frauseins interpretiert.[280])

Die zweite Frage lautet (b): Ist für das Widerfahrnis der Gnade Gottes als Geschehen der Subjektwerdung durch den Anderen Sünde oder eine Art Urschuld (auch Erbsünde genannt) und deren Tilgung durch ein Opfer die notwendige Voraussetzung? Bejaht man diese Frage, dann macht man das Gnaden-Widerfahrnis ursächlich abhängig von der Sünden-Schuld. Und dann müsste man folgern, dass das Leiden und Sterben Jesu heilsnotwendig gewesen sei, was als Opferung durch Gott selbst, als notwendige Wiederholung dieses Todes im Abendmahl und als Schuldabwehr abzulehnen sei.

„Aber das System der Schuldabwehr ist falsch konstruiert. Das Abendmahl, christliches Symbol für die Vergebung der Sünden, erinnert an den Mord, an das heimliche Einverständnis, an den seelischen Profit, an die orale Gier, die sich nicht damit abgibt, an die Erlösung zu glauben, sondern auf die infantilste Weise das Glück in den Mund nehmen, schmecken, kauen, zerstückeln und sich einverleiben will. Darum sind Hostien so dünn: damit man nicht aggressiv kaut, damit keine Erinnerung an Gewalt oder gar

---

279 Habermas, Glauben und Wissen, 24.
280 Daly, Jenseits von Gottvater, 61–87.

Widerstand des Opfers aufkommt. Das Konstrukt eines Vaters, der seinen einzigen Sohn opfert, aus was für überwältigenden heilsgeschichtlichen Notwendigkeiten auch immer, ist Projektion im Dienst von Schuldabwehr. Die Söhne projizieren ihre erlösungsbedürftige Zerstörungslust in den Vater, von wo sie als verklärte göttliche Liebe zurückgespiegelt wird".[281]

Schaut man in die Evangelien, dann deutet Johannes die Hinrichtung Jesu nicht als Sühnopfer und vertritt eine opferfreie Mahlfeier.[282] Damit löst er – in einem menschheitsgeschichtlich bedeutsamen Verabschiedungsakt – das Heil vom Sühnen durch ein blutiges Opfer (Jesu) ab, so wie einst Abrahams Opfer seines Sohnes Isaak durch ein Tieropfer abgelöst wurde (Gen 22, 1–4).[283] Die Vertreter einer Sühnopfer-Abendmahls-Christologie berufen sich vor allem auf den Hebräerbrief 7, 27: Jesus Christus ist ein Hoherpriester, „der nicht wie die Hohenpriester täglich nötig hat, zuerst für die eigenen Sünden Opfer darzubringen, dann für die des Volks; denn dies hat er *einmal* getan, als er sich selbst darbrachte". Klaus-Peter Jörns kommentiert: „Auch wenn Jesu Opfer das letzte und ‚ein für allemal' dargebrachte gewesen sein und alle Opferkulte überflüssig gemacht haben soll, kann es diese Funktion ja nur erfüllt haben, wenn es ein wirkliches Opfer gewesen ist, Gott es als geboten angesehen und angenommen hat". Dann aber „müßte *Gott selbst* dann mit diesem Opfer wieder an den Anfang der blutigen Opfergeschichte zurückgegangen sein – bis zu den Menschenopfern sogar".[284] Heute muss man fragen: „Wäre es nicht vorstellbar, den Gnadenakt – und meinetwegen auch die Menschwerdung – ohne eine Schuld zu denken, oder kann ich Gnade nur erfahren, wenn ich zuvor schuldig geworden bin? Oder […] stellt die Gnade selbst vielleicht das Gefühl der Schuld im Moment ihres Erscheinens her?"[285] Wenn man die Gnade als einen act gratuit: als ein umsonst, zuvorkommend, unverfügbar, unmöglich widerfahrendes Geschenk interpretiert, dann geht es weder um vorauseilenden Gehorsam noch um das Abwaschen von Schuld im moralischen Sinne, sondern um eine Beziehung, in der der Andere mir ein Ich (Selbst, Subjektsein) gibt,

281 Von Wedel, Als Jesus sich Gott ausdachte, 37.
282 Girard, Das Ende der Gewalt, 283–295.
283 Jörns, Notwendige Abschiede, 307 ff.
284 Jörns, a.a.O., 315; Girard, Das Ende der Gewalt, 189–192.
285 Steinweg; Witzel, Humor und Gnade, 251.

indem er mich befreit zu eigenem Antworten und zugleich verpflichtet zu eigenem Antworten. Mit diesem Paradox widerfährt vormoralisch *Schuld*, weil ich mein Antworten nur als phantasiertes, unterstellendes Antworten vollziehen kann und den Anderen (und mich selbst) schon immer verfehle. Diese Schuld wäre insofern *Sünde*, als ich mein Antworten als das vermeintlich einzig richtige Antworten vollzöge und also den Anderen gar nicht als Gegenüber wahrnähme. Indem der Andere und ich uns begegnen, treten wir auseinander, und diese Sünden-Schuld träte dann ein mit dem Auseinandertreten, weil ich meine Antwort nur als Phantasma geben kann in der paradoxen Situation der Befreiung und Verpflichtung. Man wird an Martin Luthers Paradox von „gerecht und sündig zugleich" je nach der Perspektive erinnert, wonach der im Auseinandertreten für sich beziehungslos werdende Mensch zugleich der vom Anderen in der Spur Gottes her als Gerechter (Subjekt) anerkannte Mensch ist.

Stellt man hier nochmals die Frage nach dem *Schuldig/Sündig-Werden*, dann wird man begegnungstheologisch formulieren können: Ich werde dem Anderen gegenüber zum Sünder, nicht einer Norm oder Gesinnung, auch nicht der gesellschaftlich zugeschriebenen Macht- oder Ohnmachtposition des Anderen gegenüber. Ich bin zum „Sünder" geworden und bleibe „Sünder", weil ich mit meiner Ant-Wort dem Anderen gegenüber – in tragischer Weise – schon immer zu spät komme. Und allein der Andere ist es, der mir vergeben kann, indem der Andere mir in der Spur Gottes begegnet. Ich selbst habe nicht die Ermächtigung, mich von meiner Schuld dem Anderen gegenüber zu befreien; ich kann ihn um Vergebung bitten. Dem Anderen schulde ich mich gewissermaßen, indem ich ihm meinen bislang als Eigentum betrachteten Lebensraum als seinen Gast-Raum freigebe. Indem ich ihm Gastfreundschaft schulde, weckt er Schuldigkeit in mir. Aber der Ursprung der Schuld, nämlich der Andere, entzieht sich mir, sodass ich schuldig werde vor meiner Freiheit (was man unter Ausblendung der herkömmlichen Biologisierung als Erbsünde bezeichnen könnte). Zugleich habe ich dem Anderen Hilfe zu geben und die Rolle des Messias für ihn zu übernehmen: „Der Messias ist Ich; Ich-Sein heißt Messias sein [...] Der Messias ist der Gerechte, der leidet, der das Leid der anderen auf sich geladen hat. Wer lädt letztlich das Leid der anderen auf sich, wenn nicht dasjenige Seiende, das ‚Ich' sagt? [...] Und das bedeutet konkret, daß jeder so handeln muß, als wäre er der Messias. Der Messianismus ist also nicht die Gewißheit der Ankunft eines Menschen, der die Geschichte anhält. Er ist meine Fähigkeit, das Leiden aller zu tragen".[286] Das äußerste Widerfahrnis für die Subjektivität des Ichs als In-Beschlag-Genommener durch den Anderen ist das Sterben für den Anderen. Indem ich für den Anderen Verantwortung trage und ihn nicht dem Tod überlassen darf, ist die äußerste Gabe an das Subjekt, für den Anderen zu sterben. Nicht der Tod des Anderen als Messias ist die äußerste Gabe, sondern der Tod des Subjekts. Und zwar nicht als Opfer einem Vergeltungsmechanismus gegenüber, sondern aus Liebe und als „kommunikativer Gewaltakt".

Klassische Sätze werden dann fremd: „Die Sünde ist um der Gnade willen groß zu machen [...] Das Geschöpf mutet Gott die Sünde zu, indem es den seinem Geschöpfsein entsprechenden Selbstvollzug schuldig bleibt und dadurch seine ihm vom Schöpfer gewährte relative Selbständigkeit grundlos pervertiert".[287] Der Sünde Sold sei der Tod. Sünde sei der grundlegende Ungehorsam gegen Gebote und Verbote Gottes und sei zu Recht zu bestrafen. Dagegen formuliert der in Kap. 2.1. zu Wort gekommene Klaus-Peter Jörns: „Gehorsam ist nicht die Mitte des Glaubens, sondern Vertrauen".[288] Auch Wahrheit ist nicht die Mitte des Glaubens, sondern Treue (und Liebe). Wer von Gott (wie der Philosoph Kant) ausgleichende Gerechtigkeit einfordert, der macht Glauben zu einem lebensfeindlichen moralistischen Gehorsamsakt, bindet ihn an Bedingungen und vergisst Barmherzigkeit und Vergebung.

Ein literarischer Nachtrag zu Kreuz und Auferstehung von André Kaminski: *„Die Kreuzigung ist eine bittere Wahrheit. Die Auferstehung eine Verdrängung. Wir bilden uns ein, daß der Heiland zum Leben zurückkehrt, daß alles gar nicht so schlimm gewesen ist [...] Ich will mich nicht abfinden mit Tod und Untergang. Die Überwindung der Schwerkraft ist die Sehnsucht meines Lebens. Und doch habe ich meine Zweifel an der Auferstehung. Ich glaube an die Kreuzigung des Nazareners, weil sie uns anklagt. Weil sie zeigt, wie niederträchtig wir sind. Die Auferstehung ist eine Entschärfung der Realität. Das scheint mir gefährlich. Sie enthebt uns der Verantwortung".[289]

---

286 Lévinas, Schwierige Freiheit, 94 f.
287 Axt-Piscalar, Sünde, 430.
288 Jörns, Notwendige Abschiede, 279.
289 Kaminski, Schalom allerseits, 42.

Auferstehung (und Himmelfahrt) Jesu als des Christus kann man umgekehrt zur Wiederkehr in unsere irdische Lebenswelt als sein Weggehen und seine universale, aber nicht greifbare Abwesenheit interpretieren. Dieses Befreiungswiderfahrnis eröffnet Christen unzählige Gottesvorstellungen und „die unterschiedlichsten Lebensstile" und macht das Christentum zu einer Weltreligion, die sich mit anderen Religionen und Kulturen kritisch und rezeptiv auseinandersetzen kann.[290] Folglich kann der Protestantismus nicht Gottesbilder und Lebensstile und Einstellungen mit dem Argument verbieten, dass Jesus diese nicht selbst verwendet und gelebt habe, z.B. homosexuelle Partnerschaften/Ehen oder zölibatäre Lebensformen. Kreuz und Auferstehung Jesu stehen für die Freiheit und Verantwortung des Christen – und ich meine für alle Menschen im Sinne von RenéGirards Vorstellung vom Christentum als dem Ende der Gewalt. Aber das Kreuz Jesu geht aufgrund der Differenz von uns Menschen nicht in unserem Kreuz auf und ist nicht nur das Modell unseres Kreuzes, „sondern Grund und Urbild – exemplar, nicht exemplum, sagt Luther! – des Glaubens. Nach 2 Kor 13, 4 bleibt Jesu Kreuz jedoch, nachdem er selbst erhöht wurde (sc. um unseretwillen abwesend wurde), auf Erden so gegenwärtig, daß wir es, gleichsam stellvertretend, ihm nachtragen [...] Jesu Kreuz ist auf Erden nicht vergangen. Es wird bloß nicht mehr von ihm, sondern von uns als seinen Statthaltern getragen. Es ist nicht so Heilsereignis, daß man es isolieren könnte, wie ein historisches Ereignis, das nur einmal geschehen ist, isoliert werden kann. Jesu Kreuz bleibt auf Erden aufgerichtet als Zeichen der göttlichen Wahrheit und des damit der Welt gesetzten Ärgernisses. Nur der Gott des Kreuzes ist unser Gott. Er ist jedoch nie der Gott, den die Welt akzeptiert, ohne sich bekehrt zu haben".[291] Auf der Erde gibt es „keine Teilhabe an der Herrlichkeit des Auferstandenen außer in der Kreuzesnachfolge".[292]

---

290 Ohly, Was Jesus mit uns verbindet, 207 f.
291 Käsemann, Der Ruf der Freiheit, 101 f.
292 A.a.O., 112.

3.5. Heilsein kann man nicht sich selbst beschaffen, es widerfährt „von außen"

Der Schriftsteller Peter Handke lässt in der Erzählung „Die linkshändige Frau" den Besucher die Frau, die sich ihren auf der Schreibmaschine geschriebenen Text vorliest, fragen: „Und niemand hilft Ihnen?" Und die Frau antwortet: „Nein [...] Der Mann, von dem ich träume, das wird der sein, der in mir die Frau liebt, die nicht mehr von ihm abhängig ist", sondern durch die bindende Liebe paradoxer Weise unabhängig wird. „Und was werden Sie an ihm lieben"? „Diese Art Liebe".[293] Keine Verschmelzung, keine Harmonie, kein Gleichklang, sondern erhoffte Anerkennung der Frau seitens des Anderen, weil man sich Liebe (Vertrauen, Freundschaft, Hoffnung) nicht selbst beschaffen kann. Der Protestantismus ist im Gegensatz zur römisch-katholischen Religiosität des Zusammenwirkens des Menschen mit Gott, des Repräsentierens und des Sehens und Gesehenwerdens eine Religion des Sprechens und Hörens auf die mit ihrem Gesprochenwerden verschwindenden Worte der Bibel, einer Predigt, eines Gesprächs.

Ein weiteres literarisches Beispiel für die Subjekt-Werdung durch Andere (in der Spur Gottes, sagen Christen) hat Connie Palmen gegeben: „Ich sagte Thomas, daß ich alles am besten begreifen könne, indem ich mir die Menschheit wie eine Sprache vorstellte. In einer Sprache kann ein Wort nie für sich stehen. Um Bedeutung und Sinn haben zu können, ist es von anderen Wörtern abhängig, mit denen es verbunden wird und aus dem es seine Bedeutung ableitet. So ergeht es auch den Menschen. Wir erhalten Bedeutung durch unsere Beziehungen zu etwas oder jemandem, zur Familie, zu Freunden, zum Geliebten und – über die Arbeit – zur Welt. Ich denke, daß es von den persönlichen Beziehungen, die jemand eingehen kann, abhängt, ob er sein Leben als sinnvoll oder sinnlos ansieht. Man ist Mutter durch sein Kind, so verhält sich das. Man ist Geliebte durch den Geliebten, Freund durch den Freund, Schriftsteller durch den Leser. Das ist das Drama der Abhängigkeit, und dagegen ist nichts zu machen".[294] Aber das spielt zugleich als Komödie, als Ouvertüre zur Subjekt-Werdung durch den Anderen.[295]

---

293 Handke, Die linkshändige Frau, 73.
294 Palmen, Die Freundschaft, 291 f.
295 Luther, Religion und Alltag, 62 ff.

Ein Einschub zu den Begriffen *Erlösung, Heil, Versöhnung* ist hier notwendig: „Das Wort ‚Heil‘ ist nie im strengeren Sinn ein Wort der dogmatisch-soteriologischen Fachsprache gewesen [...] Unter ‚Erlösung‘ wurde ‚Heil‘ als *auslösende Befreiung*, unter ‚Versöhnung‘ als *verzeihende Zusammenführung*, unter ‚Genugtuung‘ als *aufopferndes Zurechtbringen* und unter ‚Rechtfertigung‘ als *schenkendes Freigesprochenwerden* verstanden. Die Vorstellung vom ‚Heil‘ als ‚Erlösung‘ hat die Soteriologie des patristischen Altertums, diejenige vom ‚Heil‘ als ‚Genugtuung‘ die Soteriologie des scholastischen Mittelalters, diejenige vom ‚Heil‘ als ‚Rechtfertigung‘ die Soteriologie der Reformation und diejenige vom ‚Heil‘ als ‚Versöhnung‘ insbesondere die Soteriologie des 19. u. 20. Jh. bestimmt".[296] Der das ganze Menschsein implizierende Begriff des „Heils" wird hier verwendet, weil er die genannten Elemente einschließt vom Rettungsgeschehen aller Art über Wohlergehenszustände bis zur optimistischen Deutung von leiblicher Integrität und Einbezug eines nachhaltigen Umgangs mit der Welt. Der vor allem in römischen Katholizismus geläufige Begriff der „Erlösung" wird hier (unter Verweis z.B. auf die kritischen Vorschläge von Peter Gross in 2.5.) vermieden, weil er negativ den Loskauf aus dem Sklavenzustand (Ex 21, 8) oder eines zum Tode Verurteilten meint (Ex 21, 28–30; 1 Sam 14, 45), schließlich den Freikauf aus der Erbsünde und der sündigen Welt intendiert, weil er stark von der Schuld- und Genugtuungstheologie geprägt ist und weil diesem Begriff Erlösung der klassische, heilsgeschichtlich ausgerollte Dualismus von der notwendigen Bewährung auf der sündig-vergänglichen Erde und dem Wohnen in der dereinstigen ewigen Himmelsheimat eingeschrieben ist. Erlösung hat einen totalitären Beigeschmack, zumal wenn die endgültige Erlösung am Ende der Zeiten mit gesetzt ist. Karl Barths Religionskritik hat plausibel gezeigt, dass der christliche Glaube keine Erlösungsreligion impliziert entsprechend seiner (biblischen) Heils-Erwartungen. Auf dieser Linie hatte Dietrich Bonhoeffer die jüdisch-christlichen diesseitsorientierten, geschichtlichen Erlösungserzählungen den ungeschichtlichen, jenseitsorientierten und auf eine Ewigkeit nach dem Tode bezogenen Erlösungsmythen gegenübergestellt.[297] Im *Heil*

---

296 Seils, Heil und Erlösung, 623.
297 Bonhoeffer, Widerstand und Ergebung, 226.

können sich als einem *befreienden und verpflichtenden Widerfahrnisdes begegnenden Anderen in der Spur Gottes* verschiedene Interpretationselemente treffen unter dem Ausschluss der Selbstheilung.[298] Und *Versöhnung* „erweist sich als grund- und bedingungsloses Auf-uns-Zukommen Gottes [...], als die Entstörung einer gestörten Beziehung [...], als friedensstiftende Maßnahme".[299]

Da ich mich selbst weder heilen noch versöhnen noch identifizieren kann außer in Form einer urkundlich als echt bezeugten Identitätskarte (Personalausweis), weil mir dieses Ich-Selbst als Beziehung von Anderen her schon immer vorausgeht und von mir nicht zu meinem Identischwerden eingefangen werden kann, bleibe ich auf die Macht und die Güte des mir in der unvordenklichen Spur Gottes begegnenden Anderen angewiesen. Der andere Mensch vertritt mein Ich-Selbst, ohne dass ich dieses Ich-Selbst oder Subjekt-Sein in mein Ich übernehmen und mit mir selbst identisch werden kann.[300] Der springende Punkt dieses religiösen Aktes des widerfahrenden *Anerkanntwerdens* als der Mensch- oder Subjekt-Werdung liegt darin,[301] dass das Glauben weder ein metaphysisch-theistisches Ausweichen „nach oben" oder in die „Innerlichkeit", noch ein fundamentalistisches Beharren auf einer verbalinspirierten Bibel zulässt, noch dass das Glauben sich auf ein historisches Ereignis in der Vergangenheit wie z.B. das Auftreten Jesu als Heilsfaktum berufen kann, noch dass der einzelne Mensch sich sein Ich-Selbst-Werden aus sich selbst heraus oder mit therapeutischen Mitteln erwerben kann. Und die mit der Geburt manifestierte Unvordenklichkeit und Abhängigkeit eines jeden Individuums kann von diesem nicht in Freiheit und Unabhängigkeit umgemünzt werden.[302] Deswegen kann der Einzelne nicht sich selbst identifizieren, sozusagen mit sich selbst identisch sein und sich *heil* machen, denn das wäre sein Tod. Er kann sein vorgängiges externes Ich-Selbst nicht einholen. Theologisch spricht man von der „Rechtfertigung allein aus Gnade" durch das „von außen" ergehende Wort des Anderen in der Spur Gottes, das Glauben zuspricht und aufzwingt. Dieses

---

298 Ringshausen, Heil, 425 f.
299 Sauter, Versöhnung, 1166, 1168.
300 Luther, Religion und Alltag, 150 ff.
301 Gerber; Ohly, Anerkennung, als Diskussion um Anerkennungs-Modelle.
302 Dungs, Anerkennen, 268–271.

Glauben „unterläuft die Identität, weil es zu immer neuen, immer anderen Identifizierungen drängt". Damit werden „alle Absolutheitsansprüche fragwürdig, auch ethische und religiöse. Ihnen allen ist der Grund entzogen, den sie immer setzen müssen [...] Die Wunde bleibt offen", die Wunde der Differenz von Gott und dem Anderen her und in mir selbst.[303] Das Glauben ist die Wunde unseres Menschseins, das wir nur phantasmatisch als Vollzug dieser Wunde vergegenwärtigen, verkörpern (verleiblichen) können.[304]

Eine ähnliche Rolle spielt der Wunsch nach *Authentizität* in den kirchlichen Glaubensvorstellungen. (Dieser Begriff stammt aus dem Griechischen und bedeutet, dass etwas „mit eigener Hand vollbracht" wird und kommt heute vor allem als emotional aufgeladener Appell zu „echtem, selbstständigem Leben" vor.) „Lebe deinen Glauben authentisch!" (als ob ich mein Glauben kennen und aus mir heraus manifestieren könnte), „Sei ganz du selbst!" (als ob ich wüsste, wer ich bin), „Lebe echt, original, unverstellt". Und das kann man lernen in Coachingangeboten wie „Echt ist das neue Schön", „Authentisch sein, aber richtig!" und in diversen Selbstverwirklichungskursen. Paolo d'Arcais spricht von der „Falle der triumphierenden Religiosität".[305] Charles Taylor bemerkte schon 2007, dass Authentizität die Sehnsucht unserer gefühlsbetonten Spätmoderne ist, und der Literaturwissenschaftler Erik Schilling hat diesen beinahe metaphysischen Echtheits-Kult analysiert.[306] Diese Sehnsucht nach „Realem" sei verständlich in einer Welt, in der Fakes, Cyborgs und KI „den Glauben an Evidenz erschüttern". Diesem letztlich suizidären Wunsch und dieser letztlich nekrophilen Sehnsucht nach Authentisch- und Identisch-Sein, nach absoluter Wahrheit, Letztbegründung und Erfüllung des Selfie-Seins muss eine post-fundamentalistische Religion und Theologie widersprechen.

Es folgt ein Anhang zur Frage des *Mitwirkens beim Heilwerden*. Diese Frage kann man als Problem der *menschlichen Freiheit* formulieren. Es wird an Hand zweier Beispiele erörtert, die eine gewisse Mit-Wirkung am Heilwerden reklamieren: nämlich (1.) die Resonanztheorie von Hartmut Rosa (behandelt in 4.4.a.) und (2.) die Mitwirkungsthese der Feministischen

---

303 Zilleßen, Die Wahrheit der Differenz.
304 Gerber, Individualisierung, 158–163.
305 D'Arcais, Eine Kirche ohne Wahrheit, 86 ff.
306 Schilling, Authentizität.

Theologie (behandelt in 2.6.). (1.) Hartmut Rosa setzt in seinem Beitrag „Unverfügbarkeit" von 2020 für eine unerwartete, gelingende Resonanz-Begegnung voraus, „dass ich mich *anrufen* lasse, dass ich *affiziert* werde, dass mich etwas von außen erreicht".[307] Und er stellt diese Resonanz-Begegnung der Echobeziehung gegenüber.[308] Die Unverfügbarkeit setzt er von der Kontingenz ab und fährt dann fort: „Konzeptionen der Gnade oder der Gabe legen nahe, dass das ‚Entgegenkommen' zwar nicht *verdient*, gefordert oder erzwungen werden kann – daher der *Geschenkcharakter* der Gnade -, dass es aber auf einer Erreichbarkeit basiert, zu der das empfangende Subjekt durchaus beitragen kann, insofern es für die Gnade oder die Gabe empfänglich sein muss. Soziologisch gewendet bedeutet dies, dass Resonanz stets auch einen *Geschenkcharakter* trägt; sie ereignet sich als Widerfahrnis. Eben dies ist mit dem konstitutiven Moment der Unverfügbarkeit mitgemeint".[309] An drei Punkten sollen aus theologischer Perspektive eine Präzisierung und auch Widerspruch formuliert werden. (a) „Erreichbarkeit" erinnert in diesem religiös/theologisch aufgeladenen Zusammenhang an die römisch-katholische Vorstellung eines desiderium naturale nach Transzendentem, der potentia oboedientialis als Hab-Acht-Einstellung für Gottes Eingreifen, eines übernatürlichen Existentials im Sinne Karl Rahners, an die Fähigkeit einer natürlichen Gottes-Erkenntnis einschließlich Beweisen für die Existenz Gottes, der natürlichen Verfassung des Menschen als Vernehmenkönnen der übernatürlichen Offenbarung Gottes und der Fähigkeit der Selbsttranszendierung. Und alle diese desideria und potentiae werden von der Gnaden-Resonanz erfüllt. Das heißt: dass der Angerufene synergistisch (theologisch: pelagianisch) mitwirkt bei dem (symmetrisch vorgestellten) Resonanz-Geschehen. Diese Fähigkeit wird theologisch im Protestantismus infrage gestellt. – (b) Das beitragende Subjekt wird hier gedacht als ein Individuum, das im Empfangen der Resonanz sich selbst konstituiert oder mindestens einen Part zu seiner Subjektwerdung beiträgt. Deswegen wird die Kontingenz m.E. eingeengt auf den Anlass des Begegnungsgeschehens. Und warum und wie wird Kontingenz als Ereignis (?) von der Resonanz als Widerfahrnis abgehoben? Theologisch gesehen

---

307 Rosa, Unverfügbarkeit, 50.
308 A.a.O., 51.
309 A.a.O., 68.

umfasst das Widerfahrnis den Begegnungs-Resonanz-Akt seitens des anrufenden Anderen in der Spur Gottes. – (c) Dass Resonanz ein zusammengesetztes Geschehen ist aus asymmetrischer Anrufung (Geschenk, Gabe) und symmetrischer Antwort (Mitwirkung, empfänglich sein, etwas beitragen) zeigt der Hinweis, dass Resonanz „stets auch" einen Geschenkcharakter trägt. Vielleicht spielen Anknüpfungen an Kommunikationsvorstellungen der Romantik hinein, denen hier mit dem Vorschlag begegnet wird, dass Widerfahrnis als asymmetrische Begegnungsfigur zu verstehen sei ohne Elemente einer Selbstermächtigung und Selbst-Anerkennung unter Absehung des konstitutiven Anderen.[310] M.E. verbleibt Rosa hier in dem subjekt-philosophischen, kontrollierenden Ansatz mit einer verkappten Metaphysik und lässt sich nicht voll auf die entgrenzende Widerfahrnis-Vorstellung ein.

Dieses Problem der Selbstaktivität oder Mitwirkung bei der Subjektwerdung verhandelt Lukas Ohly unter dem von Dieter Korsch übernommenen Begriff der „Zustimmungsaporie". Da ich nicht unmittelbar über mich nachdenken kann, kann ich auch nicht „über Gottes Gegenwart unmittelbar nachdenken, wie ich zu ihr stehen will. Daher steht mein Verhältnis zu Gott nicht zur Entscheidung. Die Gegenwart Gottes kann mir nur widerfahren, sie ist ‚Offenbarung' – oder sie ist nicht". Dies meint die Zustimmungsaporie.[311] „Die Zustimmungsaporie widerfährt also, ohne dass sie durch Menschen steuerbar ist. Sie ist genau das ‚transsubjektive' Moment des Widerfahrenscharakters [...] Was Jesus verkündigt, ist das, was allen *widerfährt,* wenn er ihnen begegnet. Insofern verkündigt Jesus keinen bloßen Inhalt, sondern die Begegnung selbst in ihrem theologischen Charakter".[312] Alle zwischenmenschlichen Begegnungen bauen Zustimmungsaporien auf, wie sie Jesu Verkündigung in ihrem Widerfahrnischarakter darstellt. Oder mit Niklas Luhmann formuliert: „Die Welt ist in der Kommunikation für die Kommunikation immer nur als Paradox gegeben".[313] Man muss differenzieren: Es „besteht eine Zustimmungsaporie nur für das Unvordenkliche, auf dem Jesu Verkündigung beruht. Es besteht aber keine

310 Schüßler, Beschleunigungsapokalyptik, 182 f.
311 Ohly, Was Jesus mit uns verbindet, 70.
312 A.a.O., 73.
313 Luhmann; Fuchs, Reden und Schweigen, 7.

Zustimmungsaporie im Hinblick auf den Verkündigungsinhalt selbst".[314] Bei Jesus selbst fallen das kontingente Daß der Verkündigung und das Was des Verkündigungsinhaltes zusammen. Mitwirkung beim Inhalt ist geboten, aber absolute Passivität besteht beim befreienden und zugleich verpflichtenden Angerufen- und Konstituiertwerden.

(2) In Feministischer Theologie(n) bleibt an der Stelle der Mitwirkung oder Anerkennung eine Unklarheit: „Unser Bild vom übermächtigen Wundertäter Jesus hat verdeckt, daß Menschen sich selbst diese Kraft (sc. zum Heilen) holen. Unser traditionsreiches Bild vom nichtigen, sündigen Menschen hat uns vergessen lassen, wie aktiv Menschen dabei waren. Dogmatische Angst vor Pelagianismus (Mitwirken des Menschen am Heil) hindert uns, vom Menschen ausgehende Heilungsprozesse zu sehen. An den Frauengeschichten wird sichtbar, was für alle Heilungen wichtig ist: die Aktivität des Menschen, sein eigener Schritt zum Heil-Werden. Das heißt allerdings nicht, daß wir unser Heil selbst inszenieren. Doch die Kraft, die wir uns holen, wird heilend, wird unsere eigene Kraft".[315] Den ersten vier Sätzen kann man zustimmen, aber der Verweis auf die Aktivität des Menschen verlangt einige Anfragen: Steht die klassische Unterscheidung von Heil als asymmetrischem Widerfahrnis der Gnade und dem Wohl (Kraft) als menschlich-symmetrischer Fähigkeit dahinter? Heilungsprozesse gehen nie unmittelbar-direkt von einem Gott/Göttin aus, sondern immer menschlich vermittelt? Was bedeutet „Kraft selbst holen"? Hinter den feministischen Ausführungen steht meistens das Modell der symmetrischen Gegenseitigkeit zwischen Menschen und Gott/Göttin: „Und die Kraft, die Menschen sich holen, verwandelt sich in Macht, die den Energie-Spender verändert; denn die Kraft, das Zutrauen, das wir für uns bekommen, wird zum Vertrauen, das wir in andere investieren. Dies ist eine Gegenseitigkeit, in der Autonomie entsteht, in der Autonomie sich entwickelt, in der Ganz-Sein erlebt werden kann: volle Rezeptivität und volle Aktivität [...] Diese aus der Frauengeschichte kommende Erfahrung von Gegenseitigkeit hat viele Konsequenzen. Sie ist aber bisher kaum beachtet worden".[316] Inwiefern wird der Energie-Spender verändert? Kann ich Vertrauen von mir aus in

314 Ohly, a.a.O., 74.
315 Moltmann-Wendel, Das Land, 129 f.
316 A.a.O., 130.

andere „investieren"? Wie liegen volle Rezeptivität und Aktivität in Begegnungen auf Gegenseitigkeit ineinander? Geht man von Gegenseitigkeit aus,
dann lässt sich eine Rechtfertigungslehre darstellen, „die das Versagen,
ein Selbst zu werden, in den Blick bekommt und einen Prozeß von Selbst-
aktualisierung eröffnet [...] Vielleicht müssen wir aber etwas pelagianisch
(mit-wirkend am Heil) werden, um Frauenerfahrung gerecht zu werden".[317]
Hier ist interessanter Diskussionsbedarf mit den Potentialen des Protestantismus angezeigt.

---

317 Plaskow, zit. bei Moltmann-Wendel, a.a.O., 161.

4. Phantasmen des Jenseits im Diesseits

4.1. Das Phantasma einer besseren anderen Welt: Himmel und Erde

Existiert Gott, in seiner Sonderwelt? Das ist heute eine ebenso überholte metaphysische Frage wie die mythologische Frage nach dem Himmel der Erde. Selbst wenn man im Protestantismus noch auf die Meinung trifft, dass man die Existenz Gottes (zivilreligiös, kulturprotestantisch) plausibel findet und entsprechend beweisen könne (trotz des Endes der Gottesbeweise z.B. durch den Protestanten Kant), so wird man dagegen sagen müssen: Einen Gott, den es *gibt (z.B. wie eine vorfindliche Person), der/das ist kein Gott*; wir müssen leben als ob es Gott nicht gäbe (Dietrich Bonhoeffer). Diese Aussage ist eine neuzeitliche, nach Nietzsches Toterklärung Gottes notwendige Aussage über die Abwesenheit Gottes als Modus seiner Anwesenheit. In früheren Zeiten war die Anwesenheit von (Stammes- und Natur-) Göttinnen und Göttern ebenso selbstverständlich wie die geschlossene Kultgemeinschaft z.B. als Stamm, sodass es keine Gläubigen und Ungläubigen im neuzeitlichen Sinn einer Glaubensentscheidung gab, sondern verschiedene Gottheiten und entsprechende Kultgemeinschaften. Deswegen ist der Monotheismus nicht die numerische Reduktion der Götter und Göttinnen auf einen einzigen Gott/Göttin, sondern Monotheismus bedeutet das Nicht-Vorhandensein, die Abwesenheit, den Entzug Gottes. Es kann also nicht (mehr) um einen vorhandenen Gott oder Nicht-Gott gehen, weshalb z.B. der Gotteslästerei-Paragraph, der sich auf einen vorhanden vorgestellten Gott/Göttin bezog, in Deutschland abgeschafft wurde und stattdessen nur noch die Störung des öffentlichen Friedens durch Beleidigung von Religionsangehörigen strafbar sein kann. Umgekehrt verschärft sich das Bilder-Verbot.[318] „In the biblical tradition, God is not the object of a speculative mysticism that sweeps us up an eternal now where we are one with the One, but the one who comes knocking at our door dressed in rags in search of bread and a cup of cold water".[319] Entscheidend ist also nicht,

---

318 Brumlik, Schrift, Wort und Ikone, 27 ff.
319 Caputo, The weakness of God, 263.

dass ich einen bestimmten Gott oder Göttin, einen Gott oder Nicht-Gott als bestimmenden Kausalpunkt voraussetze für mein protestantisch-theologisches Denken und für meine Lebensgestaltung, sondern was jeweils für mich im Prozess der Begegnung geschieht, die man das Widerfahrnis des nicht vorhandenen, abwesenden Gottes nennen kann. Dies weist sich nicht an einem Bekenntnis und Dogma aus, die als evozierte Reflexion notwendig sind, sondern an einer Veränderung vom Anderen her.[320]

Im theistisch-metaphysischen Modell wird Gott als Spitze und Ausgangspunkt des Denkens gesetzt und man überlegt, wie man mit welchen Hilfen dorthin gelangen kann und wie man diesen vorausgesetzten Gott als Person in seiner Über- und Gegenwelt (namens Himmel) zu unserer sterblichen Schöpfungswelt verteidigen kann gegen Atheismus, Weltanschauungen und Wissenschaft. Dies ist das klassische Zwei-Welten-Modell, das oft noch das Grundmuster für den Umgang mit Gott auch im Protestantismus ist und das von Gläubigen als ein funktionierendes geschlossenes System vorgestellt und befolgt wird. Diesem Modell liegt die metaphysische Einstellung zugrunde, wonach alles Vorhandene (Seiende) durch einen transzendenten Schöpfergott oder einen Wesensgrund der Natur oder durch das absolute Sein zu einem totalitären Ganzen zusammengehalten ist. Deswegen kann man Wahrheit mittels Letztbegründung darstellen. Wir Menschen sind dazu privilegiert, dies mit unserem Geist/Intellekt durchschauen und begrifflich-logisch ausweisen zu können. Diese metaphysische Philosophie und Theologie beginnen im Kopf des Menschen als des Erkenntnissubjektes. Dadurch wird die Alltagswelt abgewertet zugunsten der theoriegesteuerten, elitären Erschließung der Lebenswelt. Diesen meta-physisch an einem höchsten Sein/Idee und zugleich am Subjekt orientierten Ansatz gilt es mit einer postmetaphysischen Theologie und Philosophie zu überwinden.[321] Dies bedeutet den Verzicht auf Letztbegründung.

Dreht man diesen (subjektphilosophisch konzipierten) Ansatz um, dann kann der Atheismus so gut wie der Glauben an Gott Ausgangspunkt für christliches Leben und Denken sein, weil es keinen festen Ausgangspunkt gibt. So gut wie für einen protestantischen Gläubigen Gott ihm schon immer

---

320 Latour, Jubilieren, 7 ff.
321 Habermas, Motive nachmetaphysischen Denkens, 36–41.

vorausgeht (z.B. in Ex 33 geschildert zwischen Gott und Mose) und ihn in Begegnungen mit anderen Menschen und der Schöpfung verwandelt hat, bevor er sich dieser Verwandlung als Glaubensakt bewusst wird, so treffen Unverfügbarkeiten den Atheisten und verwandeln ihn. Damit sind für beide (und Andersgläubige) die Figur des einen wahren Gottes und das Modell der beiden Welten des besseren Himmels und der minderen Erde nicht mehr akzeptabel, weil nicht mehr verständlich und sinnvoll verwendbar. Es gibt keine andere, zweite Welt, sondern „verschiedene Arten und Weisen, in der vorhandenen zu leben, und auch verschiedene Arten und Weisen, sie zu erkennen".[322] „Kein Streben nach dem Jenseits entstammt religiöser Eingebung. Entweder handelt es sich um Information, und dann führt sie zu Welten – zu den einzigen, die es gibt; oder aber es handelt sich nicht um Information, und sie *führt* nirgendwohin – kann dafür jedoch viele andere Wunder vollbringen".[323] Information von einem Wunder, in der Bibel als Zeichen bezeichnet, ist Ausdruck von Fundamentalismus. Deswegen kann Bruno Latour als Grund-ent-Täuschung folgern: „Die Religion führt zu nichts";[324] sie widerfährt, aber eben umsonst; sie ist als Glauben in dem Moment weg, in dem sie mit Sinn, Ziel, Zweck oder Geboten, Verboten und Gehorsam, Bedürfnissen und Instrumentalisierungen gefüllt wird. Religion widerfährt enttäuschend, indem sie Täuschungen über ein gläubiges Leben entlarvt,[325] weil sie keine Antworten und Lösungen auf unsere Lebensfragen gibt.

Wir haben uns angewöhnt, den im Paradies-Mythos inszenierten „Himmel mit fröhlichen Farben" auszumalen, „um das Grau in Grau des Alltags einigermaßen erträglich zu machen".[326] Das ist Erleichterungsreligion, die kompensatorische Vorschläge zum Überleben in unserer fragilen, zerstörerischen Gesellschaft macht, also *Resilienz-Religion* betreibt.[327] Diese religiösen Therapeutika und deren kognitiven Vorstellungen und Repräsentationen liefern verfügbare Selbstverwirklichungsaktionen an und vergessen,

---

322 Latour, Jubilieren, 52.
323 A.a.O., 50.
324 A.a.O., 50 f.
325 Zilleßen; Gerber, Und der König stieg herab, 7–13.
326 A.a.O., 51.
327 Gerber, Wie überlebt das Christentum?, 117 ff.

dass Religion nicht verfügt: „Man hat den Atem der Religion jedesmal verloren, wo man fragte: ‚Aber was sagt sie letztendlich?' Auf der Stelle ist sie in eine [...] Monstrosität verwandelt. Denn streng genommen sagt sie nichts, sie macht etwas Besseres: Sie bekehrt, sie rettet, sie transportiert Transformationen, sie erweckt Personen wieder zum Leben".[328] Pointiert formuliert: Religion gibt uns nichts zu glauben, sie verändert uns als ganze Person – das ist Protestantismus pur. Aber deswegen muss man Gottesvorstellungen nicht auf personale Kategorien festlegen, die beim Beten Sinn machen können. „Für die Kontemplation braucht man allerdings anthropomorphe Gestaltkonfigurationen nicht".[329]

4.2. Die Seele als unsterbliche Kontaktstelle zwischen Gott und Mensch?

Was die Seele sei, war für den Israeliten ziemlich klar: nefesch war das von Gott gegebene, eingehauchte Leben, die persönlich-individuelle Vitalität in der Verleiblichung des betreffenden Menschen, also das Gegenteil von Totsein. Nefesch wird manchmal mit „Person" übersetzt. Im Christlichen (Neuen) Testament bedeutet der griechische Begriff „psyche" das Selbst oder das Ich eines Menschen, das den sterbend-toten Körper nicht wie bei Platon als Rationales/Geistiges überlebt, sondern an die Stelle des irdisch-materiellen, geschöpflichen Leibes (nach der Vertreibung aus dem Paradies) tritt der neue pneumatische (himmlische) Leib (2 Kor 5, 1–10). Damit wurde die Frage nach der Identität und Kontinuität der Person hier auf Erden und vor allem dereinst bei der Auferweckung im neuen Leib virulent, ob nämlich in den beiden unterschiedlichen Leibern dieselbe Psyche im Sinne des Ichs oder Selbst stecke? Wenn angezeigt werden soll, dass Gottes Geist den Menschen geistlich berührt hat, dann wird von „pneuma" gesprochen. Im Platonismus, der in der Alten Kirche gleichsam als Gerüst für den Aufbau der Theologie rezipiert wurde, galt die Seele als Ableger des umfassenden Gottes-Logos und als der (teils sterblich erschaffene und teils) unsterbliche Teil des Menschen, der dualistisch über dem Gefängnis-Körper stand. Um den Herrschenden ihre Verantwortung für die Stadt (Polis) und den Staat

---

328 Latour, Existenzweisen, 440.
329 Jörns, Notwendige Abschiede, 236.

drastisch vor Augen zu führen, funktionalisierte Platon die Seelenwande-rungsvorstellungen: „Auch sie sind in die Logik von Strafe und Vergeltung integriert, sie haben ihren Dienst zu leisten für die Sicherung humanen Zusammenlebens".[330] Und in diesem Sinn hat man dann im Christentum bis heute mit wenigen Ausnahmen die Seele als den unsterblichen „Kern" oder als das identifikatorische Selbst/Ich des Menschen verstanden und auf Erden entsprechend geistlich gepflegt im Wissen darum, dass der Seele ewiges Leben bevorsteht und keine (re-inkarnatorische) Wiederkehr.[331] Als die frühen Christen die Botschaft Jesu vom hereinbrechenden Gottesreich und die auch von dem Apostel Paulus getragene Ankündigung der Wie-derkehr Jesu mit einem neuen Himmel und einer neuen Erde durch eine mehr oder weniger zeitlose Jenseitshoffnung ersetzten, wurde die Frage nach dem Überleben der Seele erst recht laut. Ob sie lebend oder sterbend in das Jenseits wechselt, „vielleicht nach einem Zwischenaufenthalt bis zum Jüngsten Tag, und dort ungestörtes Glück genoß, das *sah* niemand. Das war ausgedacht und wurde ausgemalt mit Nachdenken und Phantasie [...] Die Erlösung lag jetzt im Unsichtbaren".[332] Das heißt, dass Christen das Nachseits nur ausmalen können in Diskussion mit dem apokalyptischen Potential des Christentums mit dem Zentrum der Totenauferweckung und dem Weltgericht am Ende der Zeit(en). Man kann statt dieser Wunsch-, Schreckens- und Trost-Bilder auch andere Bilder entwerfen, um das Ent-zugsmoment im Widerfahrnis eines Toten zu verdeutlichen. Vielleicht Bil-der, die das Schwanken (des Glaubens) zwischen Protest (Widerstand) und Sich-Fügen (Ergebung lt. Bonhoeffer) spiegeln. Das sind persönliche Ent-scheidungen im Dialog, indem jeder seine Widerfahrnis-Interpretationen eingibt und freigibt.

Zurück zur Seele als Scharnierstelle zwischen Gott und Mensch. Ein Bei-spiel für die Vorstellung der gläubigen Seele bietet die Gesangbuch-Verto-nung von Psalm 146: „Lobe den Herrn, o meine Seele! Ich will ihn loben bis in' Tod; weil ich noch Stunden auf Erden zähle, will ich lobsingen meinem Gott. Der Leib und Seel gegeben hat, werde gepriesen früh und spat. Hal-leluja". Dieser Vorstellung nach ist die (unsterbliche) Geist-Seele nicht so

---

330 Zander, Geschichte der Seelenwanderung in Europa, 80.
331 A.a.O., 119 ff.
332 Flasch, Warum ich kein Christ bin, 234 f.

etwas wie eine wenn auch verdunkelte, aber jedenfalls überdauernde Kontaktstelle zwischen Gott als dem biblischen Schöpfer des Menschen (und
als dem philosophisch gedachten höchsten, wahren, guten und schönen
Sein) und dem Menschen als seinem Geschöpf und Denker? Der Theologe
Hans U. Hauenstein zeigt, „dass die Seele in der neuzeitlichen christlichen
(protestantischen) Tradition als Instanz erscheint, die ihren Sitz in einem
extrovertierten emotional-geistigen Empfinden hat, selbstreflexive Züge
aufweist, vom Ich als Sitz der Ratio unterschieden ist, in enger Verbindung
mit einer materiellen, sozialen und spirituellen Umwelt steht, vitale Züge der
Leiblichkeit aufweist und mit dem Leib eng verbunden ist, darin aber nicht
aufgeht. Nur am äußersten Rand steht die Seele in dieser Tradition für das,
wofür sie meistens gehalten wird: für den ‚Teil' des Menschen, der den Tod
überlebt".[333] Diese Seele macht sich in Ahnungen von etwas Entzogenem in
der eigenen Person bemerkbar, mal als Ruhepol und mal als Antrieb, mal
rein individuell etwa in einem Selbstgespräch und mal als Seelenverwandtschaft mit dem Freund, mal muss sie gepflegt werden („baumeln lassen")
und mal „geht sie mit uns durch", immer ist sie körperlich und emotional
wirksam, aber nie greifbar. Ist sie letzter persönlicher Rückzugsort und
Schutzraum in der durchrationalisierten okzidentalen, „seelenlosen" Gesellschaft? Gefahr droht von der anderen Seite, wenn Psychotherapie und auf
andere Weise christliche Therapieversuche die Seele vergegenständlichen
und durch Resilienz- und Wohlfühlübungen instrumentalisieren. Ob diese
Seele in ihrer unvordenklichen Herkunftslosigkeit und Geschöpflichkeit
sterblich oder unsterblich ist, können wir nicht in einem binären Entscheid
befinden.

In Diskursen des frühen Christentums wurde ein Überleben eines Teils
des sterbend-toten Menschen mittels der Annahme einer überlebenden Seele
erläutert, die mit dem Tod vom irdischen Körper getrennt wird, aber mit
dem endzeitlich auferstehenden Körper wiederum vereint werden wird.
Die Aufklärungsphilosophie und die aufstrebenden (Natur-)Wissenschaften
verabschiedeten sich von der „Seele", wandten sich dem *Selbst* als dem
„Kern" des Menschen zu und überließen die Seele der christlichen Theologie und Frömmigkeit. Diese hielten an dem Bild von der Seele sowohl

---

333 Hauenstein, Verlorene Seelen?, 194.

der Lebenden als auch als der postmortalen neuen Lebendigkeit der Person fest. In modernen Gesellschaften wird die Seele „als körperlos, entmaterialisiert, privatisiert und individualisiert vorgestellt" und sie „dient als eine Art Residuum dem Schutz der Einzelnen vor den Übergriffen moderner Institutionen, die sowohl die körperliche wie die soziale Integrität infrage stellen und bedrohen".[334] Die Seele hilft beim Kompensieren der Bedrohungen des vielfältigen Sterbens und der Angst davor: „Die ‚Seele' wird nun zu einer Art Vehikel der Selbstzuschreibung von Identität in einem institutionellen Kontext, der körperliche, soziale und psychische Aspekte der Person zunehmend instrumentalisiert".[335]

So wird die Seele in der Spätmoderne auch durch die Psychologie instrumentalisiert zum phantasierten (phantasmatischen) Ort im Menschen, wo seine Selbstverwirklichungs- und Selbstheilungskräfte schlummern und seine gewünscht positiven Gefühle beheimatet sind. In diese Seele muss man, damit „sie baumelt", hineinstopfen, was an vermeintlich Positivem für die innere Stärke angeboten wird. Die Hirnforschung geht davon aus, „dass das Gehirn die Seele hervorbringt", d.h. die Seele ist so etwas wie ein Epiphänomen des Gehirns. Sind dann noch ein freier Willen und Schulderfahrungen möglich, Strafen und Resozialisieren sinnvoll, das Reden von Person noch notwendig?[336] Und mit der fortschreitenden technischen Repräsentation von Personen wird suggeriert, dass das persönliche Dasein über seine Körpergrenzen und somit über den Tod hinaus als „digitale Information" verlängert, also gewissermaßen unsterblich vernetzt wird. Folglich werden sich digital-simulierte Beziehungen zwischen lebenden und gestorbenen Personen faktisch nicht mehr von (ihren) Online-Bekanntschaften unterscheiden.[337] War früher der Körper mit seinen Trieben ein moralisches Problem, so ist dieser Körper immer mehr zum biologischen Problem geworden: „dass wir uns irgendwann biologisch entgleiten",[338] wodurch der spätmoderne Selfie sich in seiner Individualität und Souveränität selbst kränkt. Die bisherigen meist religiösen Ritualisierungen dieser Kränkung

---

334 Hauenstein, a.a.O., 197; Di Franco, Die Seele. 7 ff., 109–111.
335 Hauenstein, a.a.O., 198.
336 Roth, Wie das Gehirn die Seele macht, 43.
337 Hauenstein, Verlorene Seelen?, 169; Illouz, Gefühle, 115 ff.
338 Demuth, Der nächste Mensch, 32.

„in animistischen Bündnissen", mittels der Annahme einer unsterblichen
Seele oder der Auferstehung des Leibes münden immer deutlicher in die
technisch-wissenschaftliche Transformation unseres Menschseins in „elek-
tronische Nachkommen" im Novozän.[339] Die Seele wird zum elektronischen
Informationsfluss.

Im römischen Katholizismus und im landläufigen Protestantismus wird
die platonisch-aristotelische Lehre von der Unsterblichkeit der menschlichen
Seele auch heute noch hochgehalten, weil mit diesem jedem Menschen „von
Natur aus" gegebenen geistigen „Kern" eine Verbindungsbrücke zwischen
Gott und Mensch besteht. Man ist mit einem „geistlichen Bein" auf spi-
rituelle Weise schon immer im Jenseits verankert (was im Katholizismus
durch die Beweisbarkeit der Existenz Gottes belegt wird). Mag die Seele
noch so verdunkelt sein, es zieht sie aufgrund ihrer Geistigkeit und ihres
Begehrens nach Unendlichkeit und Unsterblichkeit permanent zum sogenannten Selbst-Transzendieren auf Gott hin. Manche Theologen meinten,
dass die Seele ein natürliches Sehnsuchtsverlangen nach Gott habe. Das
Laterankonzil von 1512–1517 hat diese Seele (aristotelisch) als „Wesens-
form des Leibes (sc. als materia)" definiert und sie (platonisch) für unsterblich erklärt. Das nimmt Angst, lindert die Todesfurcht, denn so wird der Tod
zu einer Episode des Lebens; Leiden und Schmerzen werden irrelevant.[340]
Protestantische Theologen wie Karl Barth mit seiner metaphysik- und reli-
gionskritischen Dialektischen Theologie haben dagegen die sogenannte
Ganztod-Theorie in dem Sinn vertreten, dass mit dem Eintreten des Todes
nicht ein „Seelchen" übrig bleibe, „das wie ein Schmetterling über dem
Grab davonflattert und noch irgendwo aufbewahrt wird, um unsterblich
weiter zu leben".[341] Die Hoffnung auf Auferweckung als Vollendung des
Menschenlebens durch Gott ist das Gegenstück zur Vorstellung von der
Unsterblichkeit der Seele als eines Teils des Menschen und stellt sich gegen
die dualistisch mit dem Geist-Körper-Modell begründete Abwertung des
sterblichen Fleisches-Körpers zugunsten einer unsterblichen Geist-Seele.

Dem Begriff der Seele widerfuhr dasselbe Schicksal wie dem Gottes-Kon-
zept: Mit dem Ausscheiden des christlichen Gottes aus der Philosophie seit

---

339 Lovelock, Novozän, 12.
340 Ott, Grundriss der katholischen Dogmatik, 117 ff.
341 Barth, Grundriss der Dogmatik, 181.

der Aufklärungsepoche verzichtete diese auch auf die Seele. Die Identität des Menschen in seiner prämortalen und postmortalen Existenzweise ist keine Kontinuität am oder im Menschen selbst, sondern eine solche „Identität" kann man als erhofftes Widerfahrnis der Treue Gottes glauben, erhoffen und bekennen. Ein „Fortleben nach dem Tod" ist nicht denkbar für uns Menschen, weshalb z.B. Kant die „Unsterblichkeit der Seele" einerseits in der „Kritik der reinen Vernunft" mit dem „Ich denke" (= Ich-Selbst) umschrieben hat und transzendental als empirisch nicht greifbares Bedingungsorgan jeder empirisch greifbaren Erfahrung bestimmt hat. Die Seele ist als transzendentale Bedingung der Möglichkeit des Denkens der erscheinenden Phänomene zwar logisch gedacht existent, aber man kann deswegen nicht sagen, sie sei unsterblich. Andererseits hat Kant zum Zweck ausgleichender Gerechtigkeit die „Unsterblichkeit der Seele" durch die praktische Vernunft postuliert zusammen mit Gott und Freiheit.[342] Diese kausal-logische Folgerung aus Gründen der letztlich siegenden Gerechtigkeit, weil unsere Welt sonst defizitär wäre, mag psychologisch beruhigend für die Guten und anspornend oder gar rächend für die Bösen sein und letztlich an einen Allmachtswahn grenzen, der Christen-Mensch wird sterben in der Hoffnung, dass etwas Sinnvolles durch den abwesenden Gott geschehen wird – was, das bleibt ihm bei allem Glauben und bei aller Hoffnung und Anrufung entzogen. Er kann in seinem gegenwärtig-kontingenten Widerfahrnis geschenkten und geforderten Ich-Seins insofern zugleich Gewissheit seiner postmortalen Existenz erhalten, als er diesen eschatologischen Augenblick als ihn ganz und für immer konstituierende Existenzweise im Nachhinein so auslegt, dass zugleich seine Natalität (Geborensein, Geschöpflichkeit, Lebendigkeit) und seine postmortale Existenzweise als „Seele" widerfahren sind und „erfüllt" waren. Insofern kann man sagen, dass die „Seele" eine Begegnungsweise mit toten Menschen ausmacht.

Theologen haben z.B. die mythologische Botschaft von der Auferstehung Jesu als der bislang einzigen Auferstehung und der dereinst erfolgenden Auferstehung seiner Gläubigen und als Konsequenz aus der Barmherzigkeit Gottes sogar aller Menschen (sogenannte Allversöhnung) „als spätere Eintragungen und Übermalungen" festgestellt. Die theologische Zielsetzung

---

342 Flasch, Warum ich kein Christ bin, 242 f.

des Auferstehungs-Projektes liege darin, „ein Vater-Sohn-Verhältnis zu suggerieren, wie es ins Konzept der trauerunfähigen Theologensöhne paßt" und
sowohl Trauern als auch Erwachsenwerden verhindert.[343] Exegeten meinen,
dass der Mythos von der Verklärung Jesu auf dem Berg (als Offenbarungs-
ort) in Mk 9,2–13 eine in das Leben Jesu zurückdatierte Vorstellung einer
Auferstehungserscheinung sei, damit der Gottes-Sohn zu seiner Erdenzeit
zwar von den Jüngern unentdeckt (gemäß der Messias-Geheimnis-Theorie
im Markusevangelium), aber real präsent war.[344]

Kehren wir zurück zur Seele. Wenn die Seele heute „auf dem Trödelmarkt
der Begriffsgeschichte gelandet ist",[345] dann gibt es zwei Möglichkeiten: Entweder man lässt den Begriff der Seele in Theologie und Frömmigkeit weg,
was ich aufgrund der Tradition nicht notwendig fände, oder man versucht,
diesen Begriff wegen seiner Vergeistigung, Verinnerlichung, Unsterblich-
keitsfüllung, Jenseitsverhaftung und heutigen Funktionalisierung anders
zu interpretieren. Im Jüdischen (Alten) Testament wird mit der nefesch
die Lebendigkeit des ganzen Menschen verstanden, die aber, und das ist
der springende Punkt, nie zum Besitz des Menschen werden kann, weil
sie schon immer so etwas wie die *göttliche Leerstelle* in uns und unseren
Begegnungen ist, die wir nachträglich mit unseren Deutungen ausfüllen,
ohne sie damit treffen zu können. Diese Lebendigkeit ist gewissermaßen
reserviert für den schöpferischen (abwesenden) Gott. Und entsprechend
kann man theologisch sagen, dass die Seele die uns entzogene Lebendigkeit oder Lücke in uns und den Anderen gegenüber ist, was Christen als
Widerfahrnis Gottes durch andere Menschen bekennen können. „Seele" ist
die uns entzogene Mitte von uns selbst und das Kontingente unserer Begegnungen und Beziehungen, die Gott offen hält zu unserer Subjektwerdung
und um unserer Hilfe-Antwort an den Anderen willen. Denn: „Die leere
oder unbestimmte Mitte des Selbst kann durch keine Artikulation hinrei-
chend erschöpft werden [...] Das Subjekt ist nicht; es ist nicht *etwas*, es ist
nur Impuls", und der Christ wird sagen: Impuls durch den Anderen in der
Spur Gottes. „Meine Dezentrierung folgt seinem (sc. des Anderen) mora-
lischem Anspruch [...] Die Paradoxie ist an diesem höchsten Punkt einer

343 Von Wedel, Als Jesus sich Gott ausdachte, 108.
344 Breytenbach, Markusevangelium, 296.
345 Hauenstein, Verlorene Seelen?, 199.

Philosophie der Unerreichbarkeit des Selbst mit Händen zu greifen: Gerade in der Entfernung aus seinem Mittelpunkt [...] erreicht das Selbst seine wirkliche Selbstbestimmung [...], eine subjektlose Subjektivität".[346] Und dieses Selbst kann man auch als Seele bezeichnen. Dann kann man mit dem Theologen Hauenstein die persönliche Frage stellen: „Könnte es sein, dass die ‚Seele', als verlorene, gerade diese Lücke, dieses Unzugängliche, Unverfügbare und sich Entziehende des Personseins sowohl der Lebenden wie der Toten darstellt und füllt?"[347] Insofern geschieht Trauerarbeit als Einüben in die Abwesenheit des fehlenden Anderen, mit dem ich kommunizieren kann, indem er mich „affiziert", mir widerfährt; es geht nicht um Trauern um den Realverlust des Anderen, das wäre unerwachsen und vermessen.[348] Nur so kann uns der Tote widerfahren, ohne dass wir dies in ein „objektives" Weltbild einordnen können. Der physisch-leiblich abwesende, gestorbene Jesus begegnet einigen Jüngern auf dem Weg nach Emmaus, die ihn an der Handlung des Brotbrechens erkennen als den abwesend Auferstandenen (Lk 24, 13–35). Jesus ist ihnen in seiner leiblichen Abwesenheit evident präsent im Widerfahrnischarakter ohne leibhaftig präsent zu sein; die Jünger interpretieren diese Präsenz Jesu als dessen Auferstehung.

"Es mag ein Leben nach dem Tod geben und die Seele unsterblich sein, aber unsere Bestimmung ist das Leben auf der Erde" (Rabbi Shlomo Kugel. Lubawitscher).

4.3. Ist die Vorstellung einer Heilsgeschichte eine notwendige Projektion?

Die Vorstellung einer mit der Schöpfung beginnenden und dem Endgericht und der Heraufkunft des Neuen Jerusalems endenden Heilsgeschichte ist zunächst einmal ein Konglomerat aus jüdischer (linear-eschatologischer, teleologischer) Messianologie, griechisch-metaphysischer Kosmologie, Resten naturzyklischen Zeiterlebens und Zeitbestimmung und göttlich-trinitarischer Familiengeschichte von Vater, Sohn und Heiligem Geist mit dem Appendix Mariens als der Gottgebärerin und Miterlöserin (wobei

---

346 Gamm, Chantals Gesichter, 15.
347 Hauenstein, Verlorene Seelen?, 233.
348 Waldenfels, Sozialität, 167.

Luther und mit ihm die Mehrzahl der Protestanten wenig Interesse an der Trinitätsvorstellung zeigen und Maria als lobenswerte Frau ohne göttliche Attribute in Luthers „Lobgesang" mitbeten). Theologische Lehre sagt, dass jede „Person" der Dreifaltigkeit eine im inneren Dreier-Kreis vereinbarte situations-, zeit- und geschichtsbezogene Spezialaufgabe hat, die sich im dreigliedrigen Glaubensbekenntnis widerspiegelt: Gott ist als der Vater zugleich der „Schöpfer Himmels (!) und der Erden" und damit der Initiator der Geschichte; der Sohn Jesus ist der Christus (= gesalbter König) und Versöhner durch seinen Kreuzestod und steht gewissermaßen für die Mitte der Zeit; und der Heilige Geist ist der Gründer der Kirche an Pfingsten und der Erlöser am Ende der Zeiten, also der Erhalter der Kirche und insgeheim der gesamten Schöpfungswelt bis zum Neuen Himmel und der Neuen Erde. In der Offenbarung dieses dreifaltigen Gottes nach außen treten die „Personen" geschlossen und für uns Menschen nicht unterscheidbar auf. (Opera Dei ad intra sunt divisa, ad extra sunt indivisa.) Und jetzt zum Modell der Heilsgeschichte: Die ersten Menschen Adam und Eva lebten „integer" (sündlos) und begingen den sogenannten Sündenfall, der für die beiden die Straffolgen der Gebärschmerzen Evas und der harten Arbeit auf schlechtem Boden einbrachte und schließlich mit der Vertreibung aus dem Paradies endete. Für die folgende Menschheit äußerte sich die „nachparadiesische Welt" im Totschlag Kains an Abel, in der Sintflut, in „Lug und Trug", was etliche Propheten wie z.B. Amos anprangerten. Deswegen muss Gott, weil die Menschen ihr Heil verspielt haben, seinen sündlosen Sohn auf die Erde schicken, der durch seinen Kreuzestod die Menschheit stellvertretend sühnend erlöst, auferweckt wird und als Herr zum Kosmokrator inthronisiert wird. Der Heilige Geist manifestiert sich als die eine heilige christliche Kirche mit der Vergebung der Sünden, der Auferstehung des Leibes und dem ewigen Leben. In der hebräischen Bibel finden sich z.B. in Gen 1–3 entsprechende Schöpfungserzählungen, in der christlichen Bibel werden in den drei synoptischen Evangelien und im Johannesevangelium Leben, Wirken, Sterben und Auferstehen Jesu erzählt, in der Apostelgeschichte wird von der Ausgießung des Geistes auf die Pfingstgemeinde berichtet und in der Offenbarung des Johannes wird die Endzeit ausgemalt bis zum Erscheinen des Neuen Himmlischen Jerusalems. In diesem unheils- und erlösungsdramatischen Spannungsbogen vom Schöpfungsgeschehen bis zur Vernichtung des Satans, der allgemeinen Auferstehung mit dem Weltgericht und der Heraufkunft des Neuen Jerusalems (Offb 21) befindet sich die Welt und mit ihr die Kirche(n) derzeit auf Bewährung. Zeit wird in christlicher Perspektive kaum mehr als Aufschub bis zur Endzeit er- und gelebt, sondern als gegenwärtige Bewährung.[349] Jesu Verkündigung war nicht apokalyptisch aufgeladen; Paulus hatte das Christusgeschehen „in einen Geschichtsentwurf apokalyptischer Art"[350] eingezeichnet; und Johannes hat als jüdischer Anhänger Christi in seiner Offenbarung eine synkretistische „Absorption erlösungsrelevanter Bilder und Zeichen der spätantiken Kultur" geliefert und zur Einigkeit und Standfestigkeit aufgerufen.[351] Luther hat die Apokalyptik „als nicht verbindlich betrachtet, obwohl der den Papst als Antichristen der Endzeit bezeichnete[352]. Gerhard Sauter beurteilt die Apokalyptik als ambivalent: „Sie bringe als bildhafte Antizipation der Zukunft Gottes deren Andersartigkeit zur Geltung, tue das aber derart geschlossen, daß die Offenheit für sie verlorenzugehen drohe"[353]. Im gegenwärtigen Protestantismus gehen die Meinungen weit auseinander.[354] Apokalyptisches Gedankengut spielt in außerkirchlichen Gemeinschaften verbunden mit „Erweckung" eine stärkere Rolle, kaum mehr im Kirchenprotestantismus und bei „religiös interessierten Laien".[355]

Diese Vorstellung einer kosmischen Unheils- und Heilsgeschichte ergibt einen überschaubaren, sogar logisch plausiblen teleologischen Ablaufplan, der die Gläubigen zu beruhigen vermag, aber auch immer wieder mit apokalyptischen Endzeitdiagnosen aufschreckt (z.B. in den letzten Jahren vor dem Wechsel nach 2000). Aber, sagen kritische Beobachter: Das von Jesus verkündigte in Kürze hereinbrechende Gottesreich (Naherwartung) traf nicht ein;[356] seine Wiederkunft bzw. die Ankunft des Messias (Parusie) trafen nicht ein (Parusieverzögerung); die Kirche(n) hat sich eingerichtet und hält die Erwartung der Endereignisse und „End-Lösung" lediglich im

---

349 Kaube, Nachwort, 150 f.
350 Koch, Apokalyptik, 197.
351 Kaube, Nachwort, 148, 151, 153.
352 Deppermann, Apokalyptik, 200.
353 Seebaß, Apokalyptik, 286.
354 Herkert; Remenyi, Zu den letzten Dingen,15 ff., 99 ff., 123 ff.
355 Kraft, Apokalyptik, 472.
356 Theißen; Merz, Der historische Jesus, § 9: Jesus als Prophet: Die Eschatologie Jesu.

Glaubensbekenntnis offen. Die Endzeiterwartung der Erlösung ist zum enthistorisierten Gegenwartsglauben an ein zeitlos-ewiges Jenseits geworden. Und wenn man den Ablauf der universal konzipierten Heilsgeschichte anschaut, dann läuft er nicht wie eine „gnädige Zuwendung Gottes" ab, sondern wie unser menschliches Alltagsverhalten nach dem Ergehensprinzip von Wohlverhalten-Fehlverhalten-Bestrafung: Es beginnt mit der Paradies-Idylle, die durch das Naschen vom verbotenen Baum ins Wanken gerät – weil der Besitzer des Gartens aus Gerechtigkeit oder Neid oder Angst oder aus Engstirnigkeit nicht teilen möchte? Natürlich gehen die Erzähler vom „sündigen Menschen" aus und erklären nachträglich (in einem vaticinium ex eventu) die Ursache als Fehlverhalten, die einem Dritten (Schlange) in die Schuhe geschoben wird. Es brechen neue Konflikte aus, die mittels neuer Sündenböcke geschlichtet werden können/müssen, und alle hoffen einvernehmlich auf ein gutes Ende – und fertig ist die Unheils-Heils-Geschichte. Und das trauen wir als Widerfahrnis dem durch seine Abwesenheit anwesenden Gott zu? „Der Mensch hat gesündigt, Gott straft mit Vertreibung, schickt eine große Flut und antwortet schließlich mit Gnade, Vergebung und Erlösung. Ist die Fremdheit dieser Vorstellungswelt nicht offensichtlich?"[357] Heute kann eine solche mythologisch-monistische Geschichtsdeutung nur noch in Einzelgeschichten dargestellt werden, seien es Erzählungen von persönlichen Widerfahrnissen, seien es biblische Narrative, sofern sie sich als Potentiale unserer Lebensgestaltung erweisen. (Dieser geschlossene teleologische Spannungsbogen löst zusammen mit der Vorstellung einer göttlichen Vorsehung zugleich das Problem der Theodizee: Wenn es in unserer Welt keinen Zufall gibt, wie z.B. Hegel postulierte, und ihr teleologisch ein Versöhnungsende eingeschrieben ist, dann muss aber der Einzelne selbst schauen, wie er mit seinen Leiden in diesem vernünftigen Kosmos als Sonderfall umgeht. Diese weltgeschichtliche Auflösung der Theodizee in der geschichtlich voranschreitenden Versöhnung der Welt muss z.B. in Hiobs Ohren wie Hohn klingen, weil Hegel das Verhalten von Hiobs Freunden in ihrer Anklage und Schuldzuweisung an Hiob für „wirklich" und deswegen für „vernünftig" hält und umgekehrt. Der Protestantismus ist in diesem Punkt mehrheitlich Hegel gefolgt.)

---

357 Gross, Jenseits der Erlösung, 9.

Aber es geht auch anders. In der protestantischen Theologie findet man verschiedene Konzeptionen von Zeit und (Heils-)Geschichte.[358] (a) Die Position der *präsentischen Eschatologie* hat Rudolf Bultmann vertreten. Er ging bei seiner Hermeneutik des Entmythologisierens und der an Heideggers Philosophie angelehnten existentialen Interpretation von einem doppelten Geschichtsbegriff aus: Einerseits gibt es die faktenhistorisch greifbare Geschichte ohne Erlösungswert, z.B. die Kreuzigung Jesu als objektives historisches Faktum der Vergangenheit, und andererseits die eschatologisch-existentiale, heilsam verkündigte Bedeutung des Kreuzes „für mich".[359] „In, mit und unter" der fortlaufenden Weltgeschichte ereignet sich in paradoxer Weise das kairologische Ende der Geschichte für den Glaubenden in seinem neuen Selbstverständnis. *„Die Paradoxie der christlichen Existenz* ist die, daß der Glaubende der Welt entnommen ist, als gleichsam Entweltlichter existiert, und daß er zugleich innerhalb der Welt, innerhalb seiner Geschichtlichkeit bleibt".[360] Das hinter dieser „Enthistorisierung" und „Entweltlichung" stehende Anliegen Bultmanns war es, die biblischen Mythen zeitgemäß und verständlich zu interpretieren: „Man kann nicht elektrisches Licht und Rasierapparat, in Krankheitsfällen moderne medizinische und klinische Mittel in Anspruch nehmen und gleichzeitig an die Geister- und Wunderwelt des Neuen Testaments glauben. Und wer meint, es für seine Person tun zu können, muß sich klar machen, daß er, wenn er das für die Haltung christlichen Glaubens erklärt, damit die christliche Verkündigung in der Gegenwart unverständlich und unmöglich macht".[361] Bultmanns initiatorische Theologie des „Selbstverständnisses", die mit der *Bibel* und mit den *christlichen Überlieferungen* als „produktivem Potential" hermeneutisch umging, wurde von der Lutherischen Bischofskonferenz am Totensonntag 1953 in Gemeinden als „Irrlehren" vor- und symbolisch zu Grabe getragen. Dietrich Bonhoeffer setzte sich 1944 in einem Brief aus der Haft mit Bultmanns Anliegen sorgfältig auseinander. Er meinte, dass Bultmann „nicht ‚zu weit', wie die meisten meinten, sondern zu wenig weit

---

358　Gerber, Heilsgeschichte, 239–243; Theißen; Merz: Der historische Jesus, 223–226.
359　Ott, Geschichte, 201.
360　Bultmann, Geschichte, 181.
361　Bultmann, Neues Testament, 18 f.

gegangen ist. Nicht nur ‚mythologische' Begriffe wie Wunder, Himmelfahrt etc. (die sich ja doch nicht prinzipiell von den Begriffen Gott, Glauben etc. trennen lassen!), sondern die ‚religiösen' Begriffe schlechthin sind problematisch. Man kann nicht Gott und Wunder voneinander trennen (wie Bultmann meint), aber man muß *beide* ‚nicht-religiös' interpretieren und verkündigen können. Bultmanns Ansatz ist eben im Grunde doch liberal (d.h. das Evangelium verkürzend), während ich theologisch denken will".[362] Liberal auch in dem Sinne, dass Bultmann zwar nachmetaphysisch und nachmythologisch zu interpretieren versuchte, aber dass er dadurch einem enthistorisierenden und entweltlichenden Innerlichkeitsindividualismus nicht ganz entgeht.[363] Hat er letztlich nicht den geschichts- und kommunikationsindifferenten Subjektansatz beibehalten: „Die Verkündigung fordert als Anrede *Entscheidung* [...] In der Entscheidung des Glaubens entscheide ich mich nicht für eine verantwortliche Tat, sondern für ein neues Verständnis meiner selbst als des durch Gottes Gnade von sich selbst befreiten und sich neu geschenkten Menschen, und damit für ein Leben aus der Gnade Gottes [...] In jedem Augenblick schlummert die Möglichkeit, der eschatologische Augenblick zu sein. Du mußt ihn erwecken".[364] Wie muss man sich diese „Erweckung" des Kairos vorstellen ohne Selbstermächtigung? Und hat Bultmann nicht doch gemeint, zwischen dem „Wesen" des Christentums und dessen mythologischer Einkleidung entmythologisierend trennen zu können? Man wird Hans Blumenberg zustimmen können, „dass unser Welt- und Selbstverständnis bleibend durch mythische und metaphorische Elemente geprägt ist".[365] Die Begriffe und Mythen müssen in einer Weise interpretiert werden, „die nicht die Religion als Bedingung des Glaubens [...] voraussetzt".[366] So könnte eine zeitgemäße nicht-religiöse Interpretation z.B. der *Wunder* verständlich machen, dass Wunder als Widerfahrnisse immer hinterher als Wunder wahrgenommen und erzählend interpretiert werden. Wunder kann man nicht machen, dann sind es Zauberkünste. Wunder kann man auch nicht erwarten, sonst sind es Befriedigungen unserer

362 Bonhoeffer, Widerstand und Ergebung, 183; Gerber, Rudolf Bultmann, 55.
363 Wiederkehr, Heilsgeschichte, 465.
364 Bultmann, Geschichte, 181, 184.
365 Rentsch, Philosophie, 118.
366 Bonhoeffer, Widerstand und Ergebung, 221.

Bedürfnisse. Wunder kann man als die Art und Weise bezeichnen, wie wir Menschen zur Welt kommen und uns Menschen die Welt widerfährt, die wir nicht machen und begreifen, sondern nur nachträglich dankbar bestaunen können, z.B. bei einer „wundersamen" Genesung, und verdammen können, z.B. bei einer Krebserkrankung. Glauben an gegenständlich und buchstäblich Materielles, Bedingtes und Befriedigendes ist eine heute beliebte Lebenshaltung, die, überspitzt formuliert, Geschichte zum Kairos der individuellen Bedürfnisbefriedigung degradiert.

(b) Der frühere Basler Münsterpfarrer und Professor Fritz Buri verabschiedete im Sinne von Albert Schweitzer, Martin Werner u.a. sowohl die präsentische Eschatologie im Sinne Bultmanns und Dodds, dass in Jesu Person alle eschatologischen Erwartungen erfüllt seien,[367] als auch das traditionelle Modell der dreigliedrigen Heilsgeschichte im Sinne Cullmanns unter den Stichworten der „Enteschatologisierung", „Entkerygmatisierung" und *„futurischen Eschatologie"*.[368] Diesen Versuch einer „konsequenten Eschatologie" als „simplifizierende Alternative" abzutun,[369] klingt leicht fundamentalistisch.

(c) Das an die Einteilung der Weltgeschichte in drei Zeitalter bei Joachim von Fiore (Zeitalter des Vaters unter dem Gesetz; Epoche des Sohnes unter dem Evangelium; kommendes Zeitalter des Heiligen Geistes) und an August Comtes Drei-Stadien-Gesetz (Theologie – Metaphysik – Wissenschaft) erinnernde Modell hat der Basler Neutestamentler Oscar Cullmann aufgenommen und hielt an der in Inkarnation und Auferstehung Jesu Christi gipfelnden Heilsgeschichte fest.[370] Alle Punkte der „Heilslinie" sind auf diese Christus-Mitte bezogen, die Vergangenheit, Gegenwart und Zukunft gleichermaßen bestimmt. Die Geschichte läuft ab der universalen Schöpfung focussierend auf den Endpunkt des Sündenunheils in dem Retter Jesus Christus zu und kehrt sich dann um, sodass ab der Auferstehung Jesu

---

367 Theißen; Merz, Der historische Jesus, 224; C.H. Dodd, The Parables of Kingdom, 1935.

368 Buri, Zur Theologie der Verantwortung, 13 ff., 39 ff., 225 ff.; Gerber, Heilsgeschichte, 240–242.

369 Lochman, Eschatologie, 1124.

370 Cullmann, Christus und die Zeit, 9–46; Steck, Die Idee der Heilsgeschichte, 43 ff., 52 ff.

Christi Offenbarung und Heil „auf einer ansteigenden Zeitlinie" im Sinne progressiver Universalisierung erfolgen bis zur endgültigen Kosmokratie Gottes. In der Christus-Mitte sind Heils- und Profangeschichte zentriert und deswegen von dort aus gleichsam nach rückwärts bis zu Christus als Schöpfungsmittler in Kooperation mit Gott-Vater und nach vorwärts bis zum Christus-Weltenrichter und Kosmokrator für den Christen lesbar.[371]

(d) Der Theologen-Kreis um Wolfhart Pannenberg hat aus der Not der (theistischen) Offenbarungstheologie und der (subjektivistischen) Kerygma-Theologie und Dialektischen Theologie die freilich sofort bestrittene Tugend einer liberal kulturprotestantischen Geschichtstheologie der „indirekten Selbstoffenbarung Gottes durch die von Gott gewirkte Geschichte" geboren.[372] „Die Offenbarung findet nicht am Anfang, sondern am Ende der offenbarenden Geschichte statt".[373] Damit kann man sowohl das Wesen Gottes als von Ewigkeit zu Ewigkeit dasselbe aussagen als auch annehmen, dass dieses Wesen Gottes in der Zeit eine Geschichte hat.[374] Mit diesem Ansatz kann das Theologisieren auf das Problem- und Lösungsniveau gegenwärtiger Wissenschaft gebracht werden. Umgekehrt bleibt man in einem „verifikationistischen" Denkmodell hängen,[375] weil man die Gegenwart stets abgleichen muss. Pannenberg fährt fort: „Aber im Geschick Jesu ist das Ende aller Geschichte im voraus, als Vorwegnahme ereignet".[376] Und diese Geschichtsoffenbarung ist „jedem, der Augen hat zu sehen, offen. Sie hat universalen Charakter".[377] Entsprechend ist Predigt „Bericht von der offenbarenden Geschichte und Explikation der in dieser Geschichte implizierten Sprache der Tatsachen".[378] Hier wird das klassische heilsgeschichtliche Modell (im Sinne Hegels) als Fundament vorausgesetzt. Jürgen Kaube kommentiert: Würden wir dieser Vorstellung folgen, die im Christus-Geschehen (wie bei Cullmann) das Ende vorwegereignet sieht und seither

---

371 Cullmann, Christus und die Zeit, 36; Gerber, Heilsgeschichte, 240 f.
372 Pannenberg, Offenbarung als Geschichte, 20; Gerber, Heilsgeschichte, 242 f.
373 Pannenberg, a.a.O., 95.
374 Pannenberg, a.a.O., 97.
375 Ohly, Theologie als Wissenschaft, 72 f.
376 Pannenberg, a.a.O., 98.
377 A.a.O.
378 A.a.O., 114.

keine neuen Offenbarungen annimmt, dann „hätten wir das Ende der Geschichte hinter uns, wüssten aber nach wie vor nicht, was es bedeutet".[379]

Nach diesem Kurzdurchgang durch protestantische Geschichtskonzeptionen muss die kritische Frage gestellt werden, ob das traditionelle heilsgeschichtlich-triadische Schema der Dogmatik und des Glaubensbekenntnisses: Vater – Sohn – Heiliger Geist, weiterhin ein Leitfaden sein kann, oder ist es eher ein mythologisierendes Konstrukt und aufzugebende Fessel theologischen Denkens, oder gibt es andere Interpretationsmöglichkeiten und -notwendigkeiten?

Geht man, wie gezeigt, davon aus, dass sich die Fülle und Relevanz der Heilsgeschichte von ihrem Anfang her erschließt, dann kann und muss man den vorgegebenen Geschichtsplan (der ewigen Entscheidung Gottes, die sich im Christusgeschehen als Vorwegnahme des Endes manifestiert) und dessen irdische Durchführung zu rekonstruieren versuchen. Das aber heißt, dass ich mich in meinem Denken in den Horizont Gottes begeben muss mittels Bibel- und Traditionsauslegung (was Lukas Ohly als „verifikationistisch" kritisiert hat). Also: Gott erlöst nach Adams und Evas Sündenfall die Menschheit, indem er seinen einzigen Sohn auf die Erde schickt, ihn kreuzigen lässt und auferweckt zur Rettung der Sündenwelt. „Wird diese Geschichte so erzählt, hat sie keinen Wahrheitswert mehr: sie ist weder wahr noch falsch; bestenfalls dient sie als Glaubensgegenstand, schlimmstenfalls als Anlaß zu Spott, da nicht mehr zu erkennen ist, woran sie ihren Prüfstein hat, ihre Beweise, ihre Prüfer, ihre Validierungen, ihre Sicherheiten; sie kann nur in Bausch und Bogen angenommen oder verworfen werden".[380] Dietrich Bonhoeffer hatte diesen Einwand gegen die offenbarungspositivistische Theologie Karl Barths erhoben: Dieser habe zwar die Religion als Menschenwerk kritisiert, „aber er hat dann an ihre Stelle eine positivistische Offenbarungslehre gesetzt, wo es dann heißt: ‚friß, Vogel, oder stirb'".[381] Diese Art positivistischer Theologie „macht es sich zu leicht, indem (sie) letztlich ein Gesetz des Glaubens aufrichtet",[382] also den von der Offenbarung Betroffenen und die Geschichte letztlich ignoriert. Man muss sich gegen alle machtorientierten

---

379 Kaube, Nachwort, 159.
380 Latour, Jubilieren, 195.
381 Bonhoeffer, Widerstand und Ergebung, 184.
382 A.a.O., 185.

Versuche wehren, die Geschichte als eine Art „geschlossene Totalität" einer
Vorsehung, einer Finalursache oder einer pädagogischen Offenbarung eines
Gottes zu deuten, weil dabei ein der Geschichte vor- oder eingeschriebenes
Wesen oder Sinn oder ein Fahrplan (voraus-)gesetzt wird. Dann wird Gott
in ähnlicher Weise wie im Deismus als „Uhrmacher" für seine Uhr=Welt
überflüssig, weil er der Geschichte fern bleibt.

Anders als in dem hermeneutischen Gefälle von Ursprung und Gegenwart kann man umgekehrt *von der Gegenwart zur Vergangenheit* gehen.
Man wendet sich vom gegenwärtigen Widerfahrnis hin zur Diskussion mit
früheren theologischen (und sonstigen) Interpretationen von Widerfahrnissen, z.B. mit den Schöpfungsmythen und den Mythen von der Inkarnation
Gottes und der Geistausgießung. Die Möglichkeit und Wahrhaftigkeit einer
Heilsgeschichte hängt nicht von ihrem Anfang und Ende ab, sondern von
ihrem Fortgang als Widerfahrnis, das sich der Betroffene in einem Ablauf-
modell vorstellen kann.[383] Das Original ist eben nicht das Ur-Ereignis in der
Vergangenheit, sondern widerfährt in der Gegenwart und dient als „Auge"
in die Vergangenheit und Zukunft. Auch die symbolische Deutung, z.B. bei
Paul Tillich, setzt letztlich einen zeitlosen Kern voraus und liefert sich nicht
vorbehaltlos der Kontingenzstruktur von Geschichte aus. Zeitgemäße Theologie muss historisch situiert sein in ihrem geschichtlichen Kontext und sich
insofern selbst historisieren, als ihr keine absolute „Substanz" wie Gott,
Glaube, Gnade eingeschrieben sein kann.

Geschichte wird in der *heutigen Netzwerkgesellschaft* präsentisch-
kairologisch erfahren, ähnlich wie in Bultmanns *präsentischer Eschatologie*. Nach dem vormodern-mythischen *Ewigkeits*-Dispositiv und dem
modern-dynamisierten *Geschichts*-Dispositiv lässt das *Ereignis*-Disposi-
tiv Geschichte in den kairologisch aufgeladenen Augenblick implodieren.
Aber wäre diese Implosion nicht mindestens eine Chance, Geschichte aus
der Gegenwartsperspektive zu betreiben, indem man historische Entste-
hungskonstellationen diskursiv zu rekonstruieren versucht? Mit der Aufklärung antwortete Geschichte „auf die kreatürliche Ruhelosigkeit des
Menschen, indem sie dessen unsicher gewordenen ‚Platz' verzeitlicht, und
das heißt hier: in die chronographisch gebändigte Flucht der Epochen und

---

383 Latour, Jubilieren, 197.

Verlaufsformen eingefügt. Als neuzeitliches Erbe der im Ursprungsdenken wurzelnden Vollkommenheitsidee bleibt der Fortschritt mit der Entwicklung vom ‚Schlechteren zum Besseren' (Kant) betraut".[384] Die Heilsgeschichte hat sich in ihrem fiktiven Ablauf vom Erstparadies (Gen 1–2) zum Letztparadies des Neuen Jerusalems in der Neuzeit gespalten und die ihr eingeschriebene Vervollkommnungs- und Erlösungsdynamik einerseits in die Innerlichkeit des sich mühenden Gläubigen verlegt und zugleich andererseits als profane Fortschrittsideologie in die Gesellschaft vererbt. Dann ist, wie es Rudolf Bultmann meinte, z.B. die Schöpfung kein überzeitliches Ereignis, sondern sie ereignet sich zeitlich als Beginn und Dauergestalt der Evolution, aber für Christen paradoxerweise als Widerfahrnis eigener Geschöpflichkeit, als Widerfahrnis der Natalität (Hannah Arendt). Wenn Gott nicht mehr aus der Weltgeschichte herausdestillierbar ist, weder als prima causa noch als creatio continua (fortwährende Schöpfung) noch als Zielpunkt, dann können theologische Schöpfungsaussagen das mythologische Urgrund- und Ewigkeitsdispositiv aus Gen 1–2 nicht mehr einfach wiederholen und sich dadurch gegen deren Relativierung immunisieren, sondern sie werden als kontingente Aussagen gemacht und müssen plausibilisiert werden, ohne in ihrer Kontingenz als Widerfahrnisse gedacht werden zu können. Und damit wird Gott zum abwesenden Gott in der Erfahrung der eigenen als auch der Geschöpflichkeit der anderen Menschen und der Welt. Aber man sollte hier nicht dem Kurzschluss unterliegen, an die Stelle des abwesenden Gottes einen Gott als eschatologischen Erfüller der Geschichte zu setzen. Einen Sinn der Geschichte, auch als Heils- und Unheilsgeschichte, können wir nur aus unserer widerfahrenden Kontingenzposition antwortend unterstellen als ein sinnvolles „Konstrukt" oder Phantasma. Dieses Paradox zerstört die Fiktion einer „objektiv" einheitlichen Geschichte als Veranstaltung Gottes und damit auch das traditionelle theologische und kirchlich gehütete Konstrukt der Heilsgeschichte und zwingt dazu, Ereignissen in ihrem Widerfahrnis- charakter einen Sinn zu unterstellen. Ein Ziel und einen Sinn einer meta- historischen Heilsgeschichte zu formulieren, ist nicht-protestantisch, „weil denn weder Ziel noch ende sich in Gottes Liebe find't" (Paul Gerhardt). Jede und jeder wird im Antworten auf Andere selbst sagen müssen, wie ihn das

---

384 Konersmann, Die Unruhe der Welt, 169.

Narrativ z.B. von der Kreuzigung Jesu angesichts des ewigen Schweigens der unendlichen Welt (Blaise Pascal) kontrafaktisch als heilsames Widerfahrnis verändert hat. Entweder wir flüchten in den Glauben an die Heilsgeschichte Gottes und halten „für wahrheitsfähig nur das, was rein und von Menschen unberührt, was offenbart und damit eine ‚Tatsache' ist. In der *Welt der Kultur* verhält es sich umgekehrt. Hier müssen die Menschen sich an das halten, von dem sie wissen, dass sie es selbst geschaffen haben: an die ‚kulturellen Tatsachen'".[385] Oder wir entwerfen Sinn als Antworten und geben dabei den kontingenten Widerfahrnissen relative, vorläufige Bedeutung und konstruieren ungesichert „Geschichte", auch Heilsgeschichte ins Offene, das sich im Paradox von Heils- und Unheilsereignissen, von Konstituierung durch den Anderen und Verpflichtetwerden, von Abhängigkeit und Freiheit, ebenso von Ruhe und Unruhe bewegen wird.[386]

Die Vorstellung eines *geschichtlichen, sich vervollkommnenden Kontinuums* wurde exemplarisch von *Hegel* ausformuliert als eine idealistische Konstruktion. Andere wie Oswald Spengler haben eher biologisch-"morphologisch" argumentiert. Baruch Spinoza hat Geschichte pantheistisch gedeutet als die Selbstentfaltung Gottes in Gestalt der Natur (Deus sive natura). Immer geht es um die Autonomie und um die Perfektion des Menschen und der Welt. Der Philosoph Karl Löwith hat dieses Fortschrittsmodell als *säkularisierte Heilsgeschichte* rekonstruiert und dadurch die Säkularisierung als Eigendynamik des Christentums erscheinen lassen, was ihm Kritik z.B. von Hans Blumenberg eingebracht hat, der entsprechend die Säkularisierung als Selbstverwirklichungsmoment des neuzeitlichen Menschen reklamierte.[387] Der Historiker Leopold von Ranke hielt jeden geschichtlichen Augenblick für „unmittelbar zu Gott", ohne aber von diesem „kairologischen" Ansatz her die Vorstellung eines unheils-heilsgeschichtlichen Entwicklungskontinuums kritisch in den Blick zu nehmen. Der Geschichtstheologie geht es um die Möglichkeit des Waltens einer göttlichen Vorsehung, eines Heils- oder Erziehungsplanes Gottes in den geschichtlichen Erscheinungen, Krisen und Katastrophen. Dazu bedarf es, paradoxerweise, sowohl des präzisen Rekonstruierens der Geschichte als Wissenspotential

---

385 Konersmann, a.a.O., 329.
386 A.a.O., 331.
387 Löwith, Weltgeschichte und Heilsgeschehen; Rentsch, Philosophie, 118.

als auch des Einverständnisses, dass Geschichte in kontingenten Ereignissen widerfährt, die man als so etwas wie das Unvordenklichkeitspotential von Geschichte bezeichnen kann.

4.4. Gottes-Repräsentationen

a. Erlöst Gott durch Resonanzen? (zu Hartmut Rosa: Resonanz)

Der Soziologe Hartmut Rosa hat Aufsehen erregt mit seinem Konzept der Resonanzen, auch für die Theologie. Unter *Resonanz* versteht Rosa: „einen Modus der Weltbeziehung, indem sich Subjekt und Welt gegenseitig ‚erreichen‘, so dass eine Antwortbeziehung entsteht, die transformative Effekte zeitigt, weil sie das Weltverhältnis gleichsam *verflüssigt*. In Resonanzerfahrungen werden Subjekte von einem *Anderen,* das sie etwas angeht und gleichsam *zu ihnen spricht,* berührt (affiziert), während sie zugleich darauf (emotional und leiblich) antworten und sich dabei als *selbstwirksam* erfahren. *Unverfügbarkeit* erscheint dabei als ein konstitutives Merkmal solcher Beziehungen: Sie lassen sich weder politisch verordnen noch einfach instrumentell herstellen".[388] Auf solche Resonanzen kann man „selbst ‚dispositional‘ eine resonanzsensible Haltung einnehmen".[389] Theologisch wird man fragen: Was meinen ‚dispositional‘ und ‚Resonanzsensibilität‘? Was ist unter ‚Selbstwirksamkeit‘ verstanden? Hartmut Rosa geht von einer „Anrufung" durch Anderes und Andere aus: „Plötzlich ruft uns etwas an, bewegt von außen und gewinnt dabei Bedeutung für uns um seiner selbst willen. Die Sache oder der Mensch, von dem her wir einen solchen Anruf erfahren, erscheinen uns ‚intrinsisch‘ und nicht nur instrumentell bedeutsam oder wichtig zu sein".[390] Die grenzenlose Verfügbarkeit der Welt bringt diese Erfahrung des Angerufenwerdens zunehmend zum Verstummen und lässt nur noch „Echobeziehungen" übrig. Aber wie kann und soll ich mich anrufen lassen; wie kann ich den „Passivischen ‚Anruf‘ " erhalten; wie kann ich meinerseits den Anderen erreichen?[391] Wenn Resonanz „den Verzicht auf Kontrolle des Gegenübers und des Prozesses der Begegnung"

---

388 Rosa, Gelingendes Leben, 41.
389 A.a.O., 43.
390 Rosa, Unverfügbarkeit, 39.
391 A.a.O., 50, 62, 63.

erfordert und zugleich „auch (das Vertrauen in) die Fähigkeit, die andere
Seite zu erreichen und responsiven Kontakt herstellen zu können",[392] dann
stellt der Theologe heraus, dass die protestantische Vorstellung der Rechtfertigung des Sünders durch den Anderen im Namen Gottes eine asymmetrische Korrespondenz meint. Und es ist m.E. so etwas wie eine endzeitliche
Erlösungs- und Erfüllungsvorstellung, wenn man vom Anrufenden und
Angerufenen annimmt, dass sie Resonanzen ohne Kontrolle gestalten können, weil unsere Leiblichkeit schon immer die Zweiheit in der Differenz
einschließt und damit zugleich Vergleichen und Kontrollieren mit setzt. Der
Disput geht um Symmetrie oder Asymmetrie der Resonanz, wobei Hartmut Rosa (mit Hegel, Honneth u.a.) auf der Symmetrie-Seite argumentiert.
„Auch und gerade wenn Gott im Sinne einer tendenziell negativen Theo-
logie als prinzipiell *unverfügbar* gedacht wird, ist das Verhältnis zwischen
Gott und Mensch doch (!) als eines der wechselseitigen Erreichbarkeit oder
Bezogenheit konzipiert" – und wenn man so symmetrisch ansetzt, dann
folgt der (unprotestantische) Imperativ auf dem Fuß: „Der Mensch soll auf
Gott *hören,* und Gott lässt sich im Gebet erreichen".[393] Dagegen nochmals
Paul Tillich ohne imperativische Formulierung des Betens als eines paradoxen Vorganges: Betende wissen „um den paradoxen Charakter jedes Gebets,
in dem zu jemandem gesprochen wird, mit dem man nicht sprechen kann,
weil es kein jemand ist; in dem an jemanden eine Bitte gerichtet wird, von
dem man nichts erbitten kann, weil er gibt, oder nicht gibt, ehe man ihn
bittet; in dem man ‚Du' zu jemandem sagt, der dem Ich näher ist als das
Ich sich selbst".[394] Dann stellt sich Hartmut Rosas Problem nicht, dass der
Geschenkcharakter der Gnade „auf einer Erreichbarkeit basiert, zu der das
empfangende Subjekt durchaus beitragen kann, insofern es für die Gnade
oder die Gabe empfänglich sein muss".[395]

Der Theologe Ottmar Fuchs fragt, ob die Resonanzerfahrungen nicht
„etwas zu machbar formuliert" seien und das übertriebene Versprechen
abgäben, „dass Resonanzen das Leben gelingen lassen".[396] Eine weitere

---

392 A.a.O., 66.
393 Rosa, Unverfügbarkeit, 67.
394 Tillich, Mut zum Sein, 138.
395 Rosa, Unverfügbarkeit, 68.
396 Fuchs, Beschleunigung, 133 f.

kritische Anfrage geht dahin, ob die Theoriebildung von Hartmut Rosa nicht klassisch subjektorientiert ist und die zwischen uns Menschen und in uns selbst unhintergehbare Differenz vernachlässigt, weshalb z.B. Andreas Reckwitz „die Theorie der Resonanz als Ausdruck einer neoromantischen Kultur (deutet), die das Erleben, genauer: die subjektive Affiziertheit durch das Andere (codiert als ‚Resonanz', also als geglücktes und empfundenes Antwortverhältnis) als zentrales Kriterium für ein gutes Leben begreift".[397] Hartmut Rosas Sozialtheorie entfaltet sich moralisierend und politisierend mit dem Ziel, den Riss zwischen uns Menschen (und in uns selbst) zu heilen durch Resonanzen, während z.B. Emmanuel Lévinas auf diesem Riss beharrt.[398]

Theologisch greift Hartmut Rosas Theoriebildung bei aller Anverwandlung z.B. der trinitarischen (augustinischen) Perichorese von Vater, Sohn und Geist für sein Resonanzmodell deswegen zu kurz, weil sie das Widerfahrnis des Unverfügbaren, von Christen Gott genannt, für das Subjekt nicht plausibel gegen emotionale Erfahrungs-, Selbstermächtigungs- und Verfügungsattitüden abgrenzt. Rosa stellt sich hier mit seiner Verwurzelung in Ganzheitskonzepten explizit gegen die Differenz- und Alteritäts-Philosophie von Lévinas: „Das Leid, die Not, die Verletzbarkeit im Auge des ‚Anderen' zu sehen bedeutet in gewisser Weise – und hier verlasse ich die Spur der Philosophie von Lévinas –, sie selbst zu spüren und zu empfinden".[399]

Es fällt mir bei aller Sympathie für die erhellenden Analysen von Hartmut Rosa schwer, von der „Theologie und Religionswissenschaft" anzunehmen, „ein schier unerschöpfliches konzeptuelles und theoretisches Reservoir für die weitere Ausbuchstabierung der Resonanztheorie" zu sein, wenn Rosa dabei als Beispiel die bereits genannte trinitätstheologische Vorstellung der Durchdringung von Gott Vater, Sohn und Heiligem Geist unter Verweis auf die theistisch-metaphysisch konzipierte Hoffnungstheologie von Jürgen Moltmann heranzieht.[400] Man wird disputativ zu zeigen haben, ob bzw. dass die resonanz-soziologische Theoriebildung für die hier betrieben theologisch-dekonstruktive Theoriebildung mehr als Assoziationen hergibt.

---

397 Reckwitz, Das Ende der Illusionen,227 mit Anm. 33.
398 Schüßler, Beschleunigungsapokalyptik, 167.
399 Rosa, Resonanz, 120.
400 Rosa, Gelingendes Leben, 50.

b. Macht Gott Sinn?

Für viele Christen hat Gott die Funktion, unserem menschlichen Leben in seiner Fragilität und inmitten unserer instabilen Welt einen festen Sinn und stabile Orientierung zu geben. Gott soll einen eindeutigen, von höchster Stelle autorisierten Sinn für unser Leben, Zusammenleben und den Umgang mit dem Kosmos verbürgen. In der Moderne hat sich die Perspektive auf Gott als Sinn-Geber verschoben auf die menschliche Sinn-Suche und Sinn-Setzung als Problem der Deutungshoheit.[401] Hierher gehört auch die Sehnsucht nach Identität, endlich ganz sich selbst zu sein; die Sehnsucht nach Authentizität, endlich ein ganz selbstbestimmtes Leben aus sich heraus zu führen; die Sehnsucht nach Überwindung der Fragmentarität des Lebens, endlich sinnlich und sozial ganzheitlich zu leben, und nach ruhevoller Vollendung (dereinst in einer jenseitigen Heimat, wobei ein Moment von Suizidalität und Nekrophilie beigemischt ist). Sinn steht traditionell für Ordnung und Klarheit, die im Glauben ohne Ambiguität erhofft werden. Aber der Glaube ist nichts Ordnendes, sondern „verhindert das alles, er ist der Stachel im Fleisch, der alles verwirrt, so wie es auch die Liebe ist, von der wir uns eine ähnliche Erfüllung und Ruhe erhoffen, die uns gerade durch sie unmöglich gemacht wird".[402]

Um Sinn zu finden, suchte man in der Bibel nach Sinn-Sprüchen als Wegweisern zu und Verbürgungen für ein glückliches, zufriedenes Leben und hielt sich an ethische Weisungen als sinnvollen Kompass zur Sinn-Fülle. Dies bedeutete zugleich eine Art Rationalisierung und Moralisierung der Gottes-Vorstellung, indem von ihm absoluter Sinn und ethische Direktiven erwartet werden. Predigten, Gebete, Lieder, Kasualien und üblicherweise religionspädagogische Angebote formulieren den Wunsch, Gott möge unserem Leben und möglichst der ganzen Welt einen andauernden Sinn geben, der positiv ausfallen sollte und im Negativfall als pädagogische Maßnahme oder als Bestrafungsaktion seitens Gottes gedeutet werden kann. (Und es soll Belege dafür geben, dass Gläubige ihr Leben seltener für sinnlos halten als Nicht-Gläubige.) Mit dem verschiedentlich angesprochenen „Entzug der Göttlichkeit" als Leben „als ob es Gott nicht gäbe" hört Gottes

---

401 Gerber, Fundamentalismen, 9, These 4.
402 Steinweg; Witzel, Humor und Gnade, 262.

Lückenbüßerei in Sachen Sinngebung für das Leben, Zusammenleben und die Welt und ebenso seine Vorsehungsaufgabe auf und verlangt von uns Menschen das Risiko ab, selbst je Situation antwortend-unterstellend einen Sinn in aller Relativität zu setzen oder keinen Sinn zu finden, wenn man mit sinnlosen Ereignissen rechnet.[403] „Der Mensch hat gelernt, in allen wichtigen Fragen mit sich selbst fertig zu werden ohne Zuhilfenahme der ‚Arbeitshypothese: Gott'".[404] Mit der Abwesenheit Gottes soll angezeigt werden, dass Gott nicht für unsere Sinngebungsversuche einsteht: „Bin ich nur ein Gott, der nahe ist, spricht der Herr, und nicht auch ein Gott, der ferne ist?" (Jer 23,23), ein Gott, der keinen Sinn macht?

Die Vorstellung des fernen Gottes, den Luther den „verborgenen Gott" (Deus absconditus), auch den „nackten", unter dem Gekreuzigten sub contrario verborgenen Gott genannt hat,[405] weist bei aller Verhaftung in theistischen Bildern nochmals auf die Differenz in Gott und in uns Menschen hin, dass man zum einen „zwischen Gott selbst, der uns entzogen bleibt (sc. in seiner Abwesenheit), und dem Worte Gottes, an das wir uns zu halten haben" (sc. als Modus der Anwesenheit Gottes), unterscheiden muss. Gerhard Ebeling interpretiert Luther im Blick auf die absconditas Dei: „daß die Verborgenheit, in der der Gekreuzigte der offenbare Gott ist, von Gott gewollte, von Gott verursachte Verborgenheit ist, daß also die Verborgenheit selbst Gott ist und so der offenbare Gott nur gegen den verborgenen Gott, Gott nur gegen Gott geglaubt werden kann und deshalb Gott als Gott im strengsten Sinn *geglaubt* werden muß". Und diesen Widerspruch in Gott selbst hielt z.B. Martin Luther aus – als Glauben. Zum anderen wird deutlich, dass unser Subjekt-Menschsein bestimmt wird durch „das Handeln Gottes, das den Menschen im Geschehen der Rechtfertigung vom Menschen selbst unterscheidet und den Menschen dieses Lebens die Materie für das Leben seiner Zukünftigkeit sein läßt".[406] Und darum hat sich der Gerechtfertigte insofern mit seinem Theologisieren um Sinn zu kümmern, sofern Gott als Ende allen Sinngebungs-Theologisierens widerfährt und auf den Anderen-Nächsten verweist: „Nicht die unendlichen, unerreichbaren

---

403 Neiman, Das Böse denken, 457 ff.
404 Bonhoeffer, Widerstand und Ergebung, 215, 240 ff.
405 Ebeling, Luther, 276.
406 Ebeling, Luther, 277.

Aufgaben, sondern der jeweils gegebene erreichbare Nächste ist das Tran-
szendente. Gott in Menschengestalt! [...] ‚der Mensch für andere'!, darum
der Gekreuzigte. Der aus dem Transzendenten lebende Mensch".[407] Dann
wäre gerade die Verabschiedung der Sinn-Frage und jeglicher Sinnerwar-
tung insofern protestantisch, als – um mit Luther zu reden – die letzte
Sinngebung die Sünde der Selbstbelügung manifestiert und wir – paradox – „tapfer sündigen" können und müssen, weil wir in paradoxer Weise
für einen relativen, persönlich zu vertretenden Sinn einstehen müssen. Wir
haben Sinn zu suchen, Sinn zu bestimmen und zu verantworten, ohne ihn
je zu haben, weil er uns zustößt oder sich verweigert. Wir müssen in der
Konsequenz den Sinn des Sinnlosen aushalten, was man als das Paradox
von Sinnverlangen und Sinnentzug bezeichnen kann. Es ist der Andere, der
uns in dieses Lebensparadox treibt, sodass man sagen kann, dass der Andere
von mir sinnvolles Antworten in Wort und Tat verlangt. Aber „eine Religion
der Sinnfindung [...] ist nicht mehr eine Religion von Menschen, sondern
von Konsumenten (von Sinn)".[408] Mit dem Verschwinden der sinngefüllten
Selbstverständlichkeit des jenseitigen, das Diesseits bestimmenden Gottes
ist jede „Selbstverständlichkeit" zur Illusion geworden.

Es gehört zum Erwachsenwerden im Glauben, sich nicht den Sinn des
Lebens vorgeben zu lassen: „Hoffnung mag gerade nicht darin liegen, die
Frage nach dem Sinn des Lebens zu beantworten, sondern darin, sie abzu-
weisen. Sinn ist etwas, was Menschen erringen müssen. Ein von vornherein
sinnvolles Leben wäre kein Leben gewesen. Zwischen dem Erwachsenen,
der weiß, dass er keinen Sinn in der Welt erkennen wird, und dem Kind,
das sich weigert, die Suche nach dem Sinn aufzugeben und unaufhörlich
nachhakt ‚Warum?', liegt der ganze Unterschied zwischen Resignation und
Bescheidenheit".[409] Der Professor für Kinder- und Jugendpsychiatrie Reinhart Lempp hat in seinem Buch „Die autistische Gesellschaft" (1996) der
angstbesetzten Unfähigkeit, die Kindheit zu verlassen, und der Suche nach
Abhängigkeit die Folgerung entgegengestellt: „Der wirklich ‚erwachsene'
Mensch bedürfte auch dieser Geborgenheit (sc. „die Abhängigkeit von Gott

---

407 Bonhoeffer, Widerstand und Ergebung, 260.
408 D'Arcais, Eine Kirche ohne Wahrheit, 89.
409 Neiman, Das Böse denken, 476.

beziehungsweise die Geborgenheit in der Transzendenz") nicht".[410] Kritisch gesehen wird hier eine Geborgenheit im Sinne einer kindlich-unmittelbaren Gottesbeziehung.

c. Braucht der Protestantismus einen Vater-Gott und Kinder Gottes? – Erwachsenwerden im Glauben

Unsere fragile, vaterlose, aber patriarchalisch geprägte Gesellschaft ruft Sehnsucht nach Orientierung, Identität, Harmonie, Führung, Autorität hervor. Man wird an Sigmund Freuds Konstrukt des Über-Ichs als der Moral- und Gehorsamszentrale der Gesellschaft und der Seele (mit ihrem Ich und Unbewussten) erinnert, die in der Vater-Figur reale Gestalt gewinnt. Und dieses unsere Gesellschaft dominierende Patriarchat habe seine Wurzeln in der Stilisierung des Vaters zu dem „Gott", den die (ersten) Menschen (wie im Ödipus-Mythos) ermordeten, und sie wurden von dieser Urschuld durch den sich opfernden Sohn Jesus Christus errettet. Und dieser Retter wird seinerseits vergöttlicht: „Die Sohnesreligion löst die Vaterreligion ab".[411] Geblieben sind beide, ergänzt durch eine Religion des Heiligen Geistes, der nach seiner Ausgießung am ersten Pfingsten als eine Art Transmissionsriehmen zwischen Gott-Vater, Gott-Sohn und der Menschheit fungiert.

Im Christentum hatte sich in der östlichen Orthodoxie die Hierarchie von Vater-Sohn-Geist durchgesetzt, während im Westen mit der augustinischen Trinitätsvorstellung die drei „Personen" auf gleicher Augenhöhe in einer Perichorese kommunizieren (was Jürgen Moltmann in seiner „demokratischen" Trinitätsvorstellung aufgenommen hat). Im Westen setzen Theologien beim Gottesbegriff an und die Gläubigen werden als Söhne, im Zuge feministischer Emanzipation als Töchter und zusammen als Gottes Kinder bezeichnet. Andere bieten jesulogische Ansätze, wobei die Gläubigen Nachfolger, Nachbilder, Brüder (und Schwestern) genannt werden. Die interessanteste Variante hat Ezzelino von Wedel vorgestellt mit seinem in Kap. 2.7 behandelten Buch „Als Jesus sich Gott ausdachte. Die unerwiderte Liebe zum Vater" (1990), dessen Fazit lautet: „Das nostalgische Festklammern an Bildern aus einer vergangenen Welt zeigt, wie leicht aus Gott ein

---

410 Lempp, Die autistische Gesellschaft, 152; vgl. Stiegler, Die Logik der Sorge, 11 ff.
411 Freud, Totem und Tabu, 185.

Götze werden kann. Jesus ist zeitlebens Sohn geblieben. Aber Jesus war der Anfang. Die Geschichte, die mit ihm begonnen hat, ist noch lange nicht zu Ende. Gott ist mehr als ein Vater. Und wir mehr als seine Kinder. Es wird Zeit, erwachsen zu werden", nämlich eigene Gottes- und Menschen-Vorstellungen zu entwerfen im Diskurs mit anderen gegenwärtigen und überlieferten Gottes- und Menschen-Bildern.[412]

Neben solchen Jesulogien gibt es christozentrische Ansätze, z.b. bei Karl Barth, die die Selbstoffenbarung des dreieinigen Gottes in dem Herrn Jesus Christus in den Vordergrund stellen und die Gläubigen als errettete, versöhnte, erlöste, erwählte sündige Menschen bezeichnen. Und in den pneumatologischen Ansätzen steht die Kirche als Gemeinschaft der Glaubenden/Heiligen im Vordergrund bis hin zu pfingstlerischen Geistbegabten.[413] Je nach Entwurf stehen die Vater-Figur und die „Kinder" im Vordergrund. Auch hier gilt das paradoxe Verhalten, dass der Protestant Gottes-Bilder entwirft, also gewissermaßen zu einem projizierenden, unterstellenden, phantasierenden Schöpfer von Gottes/Göttin-Bildern wird, weil er/sie den abwesend wirksamen Gott/Göttin nicht anders bezeugen können. Ohne dieses Wagnis und Risiko – das sich in jeder Liebesbeziehung ebenso ereignet –, ohne dieses „pecca fortiter" (sündige tapfer) des sündigen und zugleich gerechten Menschen, ohne Angst vor Verletzungen, ohne Schmerzen des Verändertwerdens (der sogenannten Buße), ohne schmerzhaftes Erwachsenwerden geschieht dies nicht.[414] Unsere heutige durchindividualisierte Selfie-Gesellschaft leidet unter der Unfähigkeit, „die Kindheit zu verlassen", weil ihr in ihrer „ungewollten Rücksichtslosigkeit", ihren Phobien, Wahrnehmungs- und Essstörungen, mit ihrem Selbstverwirklichungs- und Perfektionierungswahn nur Enttäuschungen erwachsen.[415] Ein kurzer Einschub zum Erwachsenwerden: Ein Mann erinnert sich „an einen Moment aus seiner eigenen Kindheit, als er einmal seine Mutter, obwohl mit ihr doch im selben kleinen Zimmer, in einem herzzerreißenden, wie zum Himmel schreienden Abstand von sich empfand: Wie kann diese Frau dort jemand

---

412 Von Wedel, Als Jesus sich Gott ausdachte, 142.
413 Gerber, Nachwort, 168–178.
414 Lempp, Die autistische Gesellschaft, 146 ff.
415 Lempp, Die autistische Gesellschaft, 42 ff.; Dornes, Die Modernisierung der Seele, 101 ff.; Illouz, Gefühle, 14 ff.

anderer sein als Ich hier?"[416] Ein solcher Durchbruch durch das kindli-
che Einheitsweltbild symbolisiert Erwachsenwerden, oft gegen kindische
Interpretationen des biblischen „Werdet wie die Kinder". In solchen Ver-
änderungsprozessen der Begegnung mit Anderen wird der Betroffene zum
eigenständigen Antworten ermächtigt in Treue zum Anderen. Ob man diese
Ereignisse liturgisch und theologisch mit familialen Vater-, Mutter- und
Kind-Metaphern bezeugen möchte und noch bezeugen kann oder wieder
bezeugen möchte, diese Frage bleibt als Interpretationsmöglichkeit dem
Widerfahrnis überlassen: „In einer Welt, in der solche Rangordnungen sich
mehr und mehr aufs Biologische reduzieren, sind solche Bilder der elemen-
taren Kraft Gottes nicht mehr adäquat. Sie erinnern an Kinderkleider, die
wir schon längst abgelegt haben".[417]

Aber langsam: Söhne und Töchter Gottes nannten sich die Israeliten.
Propheten und Prophetinnen, Seher und Seherinnen, Jesus und seine Anhänger und Nachfolgerinnen, Christen und Christinnen nennen sich *Kinder
Gottes/Göttin*. Und wenn Jesus bei seiner Taufe von der göttlichen Stimme
mit „Sohn Gottes" angesprochen wurde, dann liegt diesem Taufritual die
israelitische Inthronisation des Königs zugrunde aus Psalm 2,7: „Und eine
Stimme erscholl aus den Himmeln: ,Du bist mein geliebter Sohn, an dir habe
ich Wohlgefallen gefunden'" (Mk 1,11). Hier geht es nicht um ein identi-
fikatorisches Königsein als Gott wie die Pharaonen in Ägypten und Könige
in mesopotamischen Reichen, sondern um die Adoption des Königs zum
Sohn Gottes. Man kann, wenn man das *adoptianische Geschehen* vergisst,
leicht in die Gefahr geraten, von Gott in kindlichen Geborgenheitsphanta-
sien und Allmachtsphantasien die Erfüllung entsprechender Bedürfnisse zu
erwarten und in kindischen Bildern zu reden. Gott ist nicht die Überhöhung
oder kompensatorische Ersetzung von Mutter und Vater, das wäre ein ver-
fügendes Glauben als Bedürfnisbefriedigung. Die Vorstellung der Menschwerdung Gottes in der Adoption Jesu von Nazareth entzieht Gott jeglicher
Verfügung, macht ihn gleichsam abwesend, fern, fremd. Weder Gott noch
Jesus sind imitierbar. Wir müssen aber imitieren, um mit anderen Menschen
und der Welt kommunizieren zu können: Lernen durch imitieren; auch um

---

416 Handke, Kindergeschichte, 29.
417 Von Wedel, Als Jesus sich Gott ausdachte, 141.

uns unser Antworten bewusst zu machen. Dieses unser Imitieren, unsere gewählte „Nachfolge Christi", stellt der Andere radikal infrage und verlangt *meine Antwort,* meine eigene, meine „erwachsene" Antwort auf seine und keine andere *Beschlagnahmung.*[418] Dadurch rettet mich der Andere vor der Auflösung in eine Imitationsexistenz, in das religiöse, kirchliche, gesellschaftliche System und ebenso vor dem Verbleiben in der „kindlichen Selbstsucht" des spätmodernen Selfie.[419] Nachmachen kann man nahezu alles, aber das Leben mit seinen Widerfahrnissen seitens einer anderen Person kann man nicht nachmachen; dasselbe gilt für die beliebte Ermahnung zur „Nachfolge Christi". (Dietrich Bonhoeffer hat sein Buch „Nachfolge" in einem Brief aus dem Gefängnis mindestens infrage gestellt.[420]) Jesus ist nicht imitierbar, indem er den abwesenden Gott-Vater (Abba) nahe brachte, indem er dessen Kommen ankündigte und sich entsprechend verhielt und in Gottes Namen heilte, tröstete, Geister austrieb – und doch von Gott verlassen blieb. Dazu kann sich niemand selbst berufen. Söhne und Töchter – wie Jesus selbst – haben die Chance, die väterlich und mütterlich gelebte Einstellung zu Gerechtigkeit, Freiheit, Gehorsam, Strafe ihrerseits zu beantworten. Es steht jedem und jeder frei, ihre als Begegnungen Gottes gedeuteten Widerfahrnisse mit Namen, Titeln, Begriffen wie Mutter und Vater (in ihrer Vieldeutigkeit) zu benennen, ohne mittels Traditionalismus und Imitationslust eigener Verantwortung zu entgehen.[421] Anders kann man im Glauben nicht erwachsen werden.

d. Gott erlöst nicht, sondern widerfährt „abwesend".

Der in 2.5. behandelte Soziologe Peter Gross hält das Christentum für eine „sublimierte Erlösungsreligion, eine Religion also, die dem Gläubigen Erlösung durch den Tod von diesem irdischen Leben in einer anderen Welt verspricht".[422] Diese andere Welt ist die eigentlich wirkliche, ewige Welt und ist deswegen wertvoller als die irdische, episodale, vergehende Welt der Bewährungsproben für die echte himmlische (Über-)Welt. Erlöst wird der Mensch,

418 Lévinas, Humanismus, 131 ff.
419 Lempp, Die autistische Gesellschaft, 13 ff.; Leitschuh, Ich zuerst!, 66 ff.
420 Bonhoeffer, Widerstand und Ergebung, 248.
421 Zilleßen; Gerber, Und der König stieg herab, 32 f.
422 Gross, Jenseits der Erlösung, 23.

indem seine unsterbliche (Geist-)Seele vom sterblichen Körpergefängnis
ab-ge-löst und mit einem „pneumatischen Leib" bekleidet werden wird.
Gebracht wird diese Erlösung von Gott durch den Erlöser Jesus Christus;
sie kann, anders als z.B. im Buddhismus, nicht von uns Menschen vollzogen
werden. Aber die Welt ist erlösungsmüde geworden. Das Erlösungsdrama
wird, wenn überhaupt noch, innerweltlich in zwischenmenschlichen Konstellationen gespielt. „Das kommende Reich ist von dieser Welt".[423] Unsere
Gesellschaft(en) heiligt sich selbst insofern als religiöse „Selbstversorger"
und Bewegungen ihre eigenen heiligen Räume, Schriften, Rituale, Orte,
Zeiten und Propheten erfinden, etablieren, anbieten. Weltliche Erlösung ist
die Zukunft der Welt: „Der Himmel will auf Erden errichtet werden".[424]
Fatal wird diese Transformation, wenn man die Erde zum Erlösungsterrain
erhebt, das gleichsam permanent heiliger gemacht werden muss. Wenn man
einfach die bislang heilig-jenseitig vorgestellten Personen, Räume, Zeiten,
Beziehungen *säkularisiert*, dann bleiben die bisherigen Machtverhältnisse
bestehen und bringen das Revolutionär-Skandalöse des (paulinisch-luthe-
rischen) Protestantismus zum Verschwinden: statt Stärke Verletzlichkeit,
statt Gewalt Antwort auf den Anderen, statt Diktatur Geschwisterlich-
keit. Die theistische Glaubenswelt ist zu *profanisieren* oder mit Dietrich
Bonhoeffers „weltlicher Interpretation" formuliert: „Die Bibel weist den
Menschen an die Ohnmacht und das Leiden Gottes; nur der leidende Gott
kann helfen. Insofern kann man sagen, daß die beschriebene Entwicklung
zur Mündigkeit der Welt, durch die mit einer falschen Gottesvorstellung
aufgeräumt wird, den Blick freimacht für den Gott der Bibel, der durch
seine Ohnmacht in der Welt Macht und Raum gewinnt. Hier wird wohl
die ‚weltliche Interpretation' einzusetzen haben".[425] Gerhard Ebeling hat
diesen Ansatz einer „nicht-religiösen Interpretation biblischer Begriffe"
weiterführend diskutiert.[426]

Nach Erlösung wird gefragt, wenn globale Katastrophen wie Erdbe-
ben, Pandemien, Tsunamis eintreten, wenn regionale Unwetter, Erdrutsche,
Kriege ausbrechen, wenn ein Mensch schwer, unheilbar mit starkem Leiden

---

423 A.a.O., 25.
424 A.a.O.
425 Bonhoeffer, Widerstand und Ergebung, 242; Richter, Der Gotteskomplex, 19–31.
426 Ebeling, Die „nicht-religiöse Interpretation biblischer Begriffe", bes. 157–160.

erkrankt, wenn ein Sportler/Team am Rande einer blamablen Niederlage das Spielende herbeisehnt, wenn sich jemand in einer Gewissensbeichte um sein Vergehen erleichtert. Wer kann erlösen? Im Zusammenhang mit der Pandemie des Sars-Cov2-Virus haben Machthaber und angstgetriebene Kontrollnarzissten Verschwörungsideologien verbreitet, um das Erlösungsbegehren der Masse zu befriedigen und ihre eigene uneingestandene Angst und Unfähigkeit zu überspielen. Manchmal läuten sie sogar eine Erlösungsschlacht ein gegen die Aliens aus dem Diesseits, z.B. gegen Bill Gates, die Juden, Chinesen und Flüchtlinge, oder Aliens jenseitigen Ursprungs und fordern zum Kampf auf. Ist die Welt tatsächlich erlösungsmüde geworden oder skeptisch den derzeitigen Erlösungsmythologien einschließlich den tradierten christlichen Erlösungsvorstellungen gegenüber, die alle mit ihrem Versprechen der Bewahrung des Selfie dieses gerade in den Selbstverlust jagen?

Der Erlösungsmarkt ist „nicht mehr und nicht weniger als eine kulturspezifische Auslegung eines uralten Traums vom wirklichen Leben als einem großen, gleichmäßigen, differenzlosen und immerwährenden Wohlbefinden […] Ein Traum, der auch, je weniger er sich zu verwirklichen schien, die Religionen erzeugte, jedenfalls in einer konstruktivistischen Perspektive […] Träume vom wirklichen Leben und die Erfahrung der irdischen Vorläufigkeit und Nichtigkeit – das ist Religiosität".[427] Weg von dem mythologischen Erlösungsdrama mit einem obersten Richter, der angeklagten sündigen Menschheit und einem vom Himmel herabsteigenden, durch Leiden und Sühnetod die Erlösung der Menschheit bringenden Erlöser Christus. Weg mit den apokalyptischen Katastrophen kosmischen Ausmaßes, die den Hereinbruch der Erlösung pflastern. Weg von dem supranaturalistischen (geschlossenen), theistischen Weltbild, das dem Christentum mit der Übernahme hellenistischer Erlösungsphilosophie eingeschrieben wurde und stattdessen zurück zum jesuanischen, jüdischen Potential, wie es z.B. Dorothee Sölle und der katholische Theologe Johann Baptist Metz gefordert haben. „Ein hellenisiertes Christentum hat sich durch die philosophische Vernunft griechischer Herkunft dem eignen Ursprung aus dem Geiste Israels so weit entfremden lassen, daß die Theologie gegenüber dem Aufschrei des

---

427 Gross, Jenseits der Erlösung, 27.

Leidens und dem Verlangen nach universaler Gerechtigkeit unempfindlich geworden ist [...] Die Forderung heißt: Die auf dem Boden des Hellenismus erwachsene eurozentrische Kirche muß ihr monokulturelles Selbstverständnis überwinden und sich, ihres jüdischen Ursprungszusammenhanges eingedenk, zu einer kulturell polyzentrischen Weltkirche entfalten".[428] Ein Appell auch an die protestantischen Kirchen.

Dietrich Bonhoeffer hielt den Glauben des Alten Testaments (sc. der Hebräischen Bibel) im Gegensatz zu anderen (orientalischen) Religionen oder auch innerweltlichen Erlösungsversprechen nicht für eine Erlösungsreligion: „Nun wird doch aber das Christentum immer als Erlösungsreligion bezeichnet. Liegt darin nicht ein kardinaler Fehler, durch den Christus vom Alten Testament getrennt und von den Erlösungsmythen her interpretiert wird? Auf den Einwand, daß auch im A.T. die Erlösung (aus Ägypten und später aus Babylon, vgl. Deuterojesaja) eine entscheidende Bedeutung habe, ist zu erwidern, daß es sich hier um *geschichtliche* Erlösungen handelt, d.h. *diesseits* der Todesgrenze, während überall sonst die Erlösungsmythen gerade die Überwindung der Todesgrenze zum Ziel haben. Israel wird aus Ägypten erlöst, damit es als Volk Gottes auf Erden vor Gott leben kann. Die Erlösungsmythen suchen ungeschichtlich eine Ewigkeit nach dem Tod [...] Die christliche Auferstehungshoffnung unterscheidet sich von der mythologischen darin, daß sie den Menschen in ganz neuer und gegenüber dem Alten Testament noch verschärfter Weise an sein Leben auf der Erde verweist".[429] Das erinnert an das „Christentum jenseits der Erlösung" als scheiterndes und gelingendes Umgehen mit den Unvollkommenheiten unseres Lebens, Zusammenlebens und der Welt im Sinne von Peter Gross (s. Kapitel 2.5.). Erlösung kann protestantisch weder als Bedürfnisbefriedigungsveranstaltung noch als Vertrösten auf ein Erlösungsjenseits nach dem Tod angeboten werden, auch nicht als Befreiung von Alltagssorgen und Nöten, von Ängsten und Sehnsüchten durch einen Deus ex machina in ein besseres Wohlstandsdiesseits hinein: „Bes. für die an Karl Barths (1886–1968) Aufnahme reformatorischer Erkenntnisse anknüpfende Theologie

---

428 Habermas, Israel oder Athen, 247.
429 Bonhoeffer, Widerstand und Ergebung, 225 f.

des Wortes [...] ist christlicher Glaube keine Erlösungsreligion entsprechend menschlichen, diesseitigen oder jenseitigen Heilserwartungen".[430]

Während manche – in historischer Erinnerung an den Nationalsozialismus – die „Erlösung" mit der „Endlösung" als Errettung am Ende der Zeiten verbinden und diesen Begriff dadurch überfrachtet finden,[431] lehnen andere „den mit zuviel religiösem Ballast beschwerten Begriff der Erlösung (ab), der auch vornehmlich auf etwas Innerliches zielt".[432] Letztere Meinung wird von vielen feministischen Theologinnen vertreten, die stattdessen von *Heilung oder Heilwerden* reden. Vielen Kirchenchristen ist der Begriff „Erlösung" fremd geworden, und man könnte stattdessen sachgemäßer und verständlicher von Heilwerden, Heil, Heilung, Menschwerdung als dem Widerfahrnis der Subjektwerdung durch Andere oder von Versöhnung sprechen.[433] Der Erlösung geht ein lösender Richter-Spruch voraus. Aber bei der Subjektwerdung geht es nicht um Lösung(en), geschweige denn um eine End-Lösung am Ende der Zeiten.[434] Ein Widerfahrnis geschieht, wie bereits angesprochen, als Unterbruch, als Revolution, als Chaotisierung, als Umkehrung der gegebenen Weltordnung, als Einspruch gegen die Herrschaft der Verfügbarkeit, Machbarkeit und Selbstermächtigung. Das Widerfahrnis bringt dem betroffenen Christen an den Tag, dass der abwesende Gott schon immer bei ihm war – ähnlich dem Motto der art Basel 2010: „Stell Dir vor, ich öffne die Augen und die Welt sieht mich", und ich muss und kann in meiner Betroffenheit antworten, ich kann und muss mir einen Reim darauf machen, einen Sinn „generieren". Mein Leben und meine Welt können nur die Gabe (Geschenk) des Anderen sein, der uns beide dadurch aus dem Definiertwerden als Subjekt und als Objekt herausnimmt. Er überrascht mit einer asymmetrischen Vertrauens-, Liebes-, Hoffnungsbeziehung und der Verpflichtung, zu ihm zu stehen. Und wenn jetzt zu Recht gefragt wird, warum Christen zu diesem unbedingten Betroffenwerden durch Andere und

430 Ringshausen, Heil, 425.
431 Gross, Jenseits der Erlösung, 13 ff.
432 Ricarda Huch, zit. bei Moltmann-Wendel; Kirchhoff (Hrsg.): Christologie im Lebensbezug, 23.
433 Gerber, Individualisierung, 173 ff.
434 Gross, Jenseits der Erlösung, 115–134; Steinweg; Witzel, Humor und Gnade, 265 f.

anderes „Gott" sagen, dann können sie „Gott" als Eigennamen verwenden mit der Konnotation, dass sich das/der/die, worauf verwiesen werden soll, mit „Gott" nicht nur nicht abgebildet werden kann, sondern sich entzieht. Aber der entzogene „Gott" ist jetzt nicht irgendwo anders – wie es unser Wahrnehmen und unser Denken logischerweise wollen -, sondern er bleibt die Leerstelle, die unbesetzbare Lücke, ein Riss in mir und allen meinen Beziehungen. Kein Christ wird erlöst von dieser Welt, um in eine „bessere Welt" zu gelangen; er wird durch den Anspruch des Anderen zu einem neuen Menschen (2 Kor 5,17); er wird erwählt durch den Anderen in der Spur Gottes zum eigenen Antworten: „Erwählung durch Unterwerfung";[435] er wird befreit von der „Einkurvung" in sich und seinen Moralismen und wird in die Verpflichtung (in die schon immer gefallene Entscheidung) genommen dem Anderen, den Anderen und der Welt gegenüber. Deswegen können Protestanten nicht auf die Idee kommen, ihrem Glauben „das Riskante, Zerbrechliche, Prekäre abzusprechen, *ihreAbhängigkeit vom richtigen oder falschen Wort,* dieses schwindelerregende, unaufhörliche Streifen an einen Abgrund".[436] Oder sie unterwerfen ihr Glauben, Lieben, Hoffen den Riten, Lehren und Symbolen des Kirchen- und Gewohnheitsprotestantismus. Peter Gross interpretiert die Erlösungsthematik ähnlich: „dass die Religion gegenüber anderen Institutionen die Türen immer wieder aufsperrt und sich jeder Verschließung entzieht",[437] also die unwiederholbare, weil sich schon immer entziehende Differenz.

Statt um Erlösung geht es um Versöhnung und Vergebung, die keine Annullierung des Geschehenen ist, weil Schuld nicht eine Eigenschaft ist, die man z.B. durch ein Bußsakrament oder Wiedergutmachung wegnehmen kann. Schuld zeigt eine beschädigte Beziehung an, die nicht durch Gerechtigkeit, nicht durch einen Tausch, nicht durch eine paternalistische Geste repariert werden kann. Schuld kann nur vergeben werden vom Anderen her, „umsonst" aus Barmherzigkeit als Neuwerdung, in der eine befreiende und verpflichtende Diskontinuität zwischen der Person und ihrer Tat waltet, die der Andere stiftet.

---

435 Lévinas, Jenseits des Seins, 282; Jörns, Notwendige Abschiede, 188 ff.: Abschied von Erwählungs- und Verwerfungsvorstellungen.
436 Latour, Jubilieren, 78.
437 Gross, Jenseits der Erlösung, 113.

4.5. Kirche ist eine paradoxe Gemeinschaft.

Auch in der Spätmoderne sind es die meisten Menschen in unserem Kultur-
kreis gewohnt, Religion mit Kirche und umgekehrt gleich zu setzen: Reli-
gion= Kirche, obwohl es Religiosität sowohl außerhalb der Kirche(n) seit
der Aufklärungszeit als auch andere Religionen bzw. grundgesetzlich nach
Art. 7 zugelassene Religionsgemeinschaften gibt. Kirche wurde in der
Öffentlichkeit – protestantisch wie römisch-katholisch – als ein idealisti-
sches Gemeinschafts- und Erlebniskonzept verstanden mit der eingeschriebenen Zuständigkeit, Verpflichtung und Kompetenz für nahezu alles. Das
war einmal, aber die heutige evangelische Rest-Kirche(n) ist oftmals der
Versuch, das protestantische Christentum als Religion wie ein Kulturgut zu
erhalten: „Kirche in der Selbstverteidigung. Kein Wagnis für andere", stellte
Dietrich Bonhoeffer 1944 fest.[438] Sollte sich die protestantische Kirche(n)
nicht eher mit Fingerspitzengefühl und Risikobereitschaft bewegen zwischen problemabweisender Zirkelmentalität und Engagement für Menschen
im Sinne von Bonhoeffers „Dasein-für-andere", zwischen apologetischer
Selbstbefriedigung und Kirche in ständigem Aufbruch, zwischen frommer
Mentalitätspflege der „erlebten" Kirche und dem Mandat, „den Menschen
aller Berufe sagen, was ein Leben mit Christus ist, was es heißt, ‚für andere
dazusein'".[439] Trägt der Gemeinde-Protestantismus als Reaktionsverhalten
auf die sich mehrenden Kirchenaustritte und auf den schleichenden, aber
offensichtlichen Autoritätsverlust nicht eine ins Ideologische abdriftende
Überfrachtung an Glauben, Lieben, Hoffen, Helfen, Integrieren als bürger-
licher Tugenden mit sich herum? Glauben lebt mit Liturgie, Diakonie, als
Erfüllen der notwendigen Aufgaben, aber erschöpft sich darin nicht. Droht
auf der anderen Seite nicht die Gefahr, dass Nächstenliebe – ungewollt, aber
in Predigten bis ins Pathetische vorgetragen und in diakonischen Werken
betont – zur stets verfügbaren Ware wird? Betreibt Kirche nicht insofern
eine Helfer-Romantik als sie das moralisch-idealistische Anerkennen der
Anderen (Glaubensfremden, Migranten u.a.m.) zu Recht zu ihrer Pflicht
erhebt, aber die eigene Hilfsbedürftigkeit (in Form von Veränderungen)

---

438 Bonhoeffer, Widerstand und Ergebung, 259.
439 Bonhoeffer, Sanctorum Communio, 208 f.; ders.: Widerstand und Erge-
    bung, 261.

nicht erkennt?[440] Beruft man sich hier auf Jesu Gebot der Nächstenliebe, dann muss man beachten, dass Jesu Losung die hereinbrechende Herrschaft Gottes war; „die Mitmenschlichkeit ist der Lebensraum, nicht aber Grund und Ziel seines Evangeliums".[441] Dann müsste man z.B. die Praxis und Theorie der Integration als Einfügen der Fremden in das Eigene der bestehenden Gemeinde mit einem verpflichtenden Glaubensbekenntnis oder religiöser Leitkultur ablösen durch ein solches Modell der *Inklusion*, die sich als Veränderung aller Beteiligten in Anerkennungsprozessen vollziehen würde. An diesem Punkt könnte der Protestantismus der Politik vorausgehen und diese kritisch begleiten in deren oft erfolglosen (integrativen) Versuchen, Gemeinschaft, ein „Wir", eine lebendige Gesellschaft zu schaffen (was übrigens gar nicht geht lt. Verfassungsrichter Wolfgang Böckenförde, weil die Gesellschaft von Voraussetzungen lebt, die der Staat/Politik nicht schaffen kann).[442] Folgt man dem offenen Konzept von Inklusion, dann gibt es keine festen Identitäten und sicheren Fundamente des Glaubens mehr. Das heißt: Indem ich den Anderen anerkenne in seinem von mir vorgestellten Anderssein, widerfährt mir zugleich die Selbstentfremdung in mir selbst, da ich nie dieser Andere von mir aus sein kann und dieser reale Andere in einer unaufhebbaren Differenz mir gegenüber *bleibt*.[443] Also fehlt mir etwas, das mir der Andere als Fremder aufscheinen lässt, ohne dass ich dieses Andere-Fremde begreifen und in meine Lebensgestaltung religiös, wissenschaftlich, moralisch integrieren könnte (oben wurde dafür auch der Begriff der „Spur" verwendet). Auf diese Art unhintergehbarer Konfrontationsbegegnung kann man entweder mit Trauer antworten, mit der Ablehnung des Anderen-Fremden und Rückzug, mit Xenophobie. Ebenso fatal wäre die Bindung des Anderen an uns (in einem Helfersyndrom), indem wir uns für ihn unentbehrlich machen und damit ihn in unsere Lebensgestaltung hinter dessen Rücken integrieren, aber damit zugleich uns selbst verlieren aus Angst vor eigener Lebensgestaltung.[444] Wenn Kirche sich diesem Konzept verschreibt, dann verhält sie sich wie eine pragmatische Erlebnis- und

---

440 Schmidbauer, Hilflose Helfer, 25; Luther, Religion und Alltag, 224 ff.
441 Käsemann, Der Ruf der Freiheit, 52.
442 Dreier, Staat ohne Gott, 189 ff.
443 Gerber, Auf die Differenz kommt es an, 91 ff., 297 ff.
444 Fromm, Die Furcht vor der Freiheit, 103 ff.

Helfer-Gemeinschaft, meistens mit einem fatalen Verweis auf den Barmherzigen Samariter (Lk 10,25–37). Diese Berufung auf ein zu imitierendes
Vorbild ist deswegen irreführend, weil sie Glauben in Moral umdeutet. Die
klassische Auslegung dieser Beispielgeschichte des Lukas appelliert an die
moralische Bewährung des Glaubenden, der mit dem Samariter identifiziert
wird. Man kann aber auch den Samariter als Jesus symbolisiert sehen und
gerade nicht als Idealgestalt der Glaubenseifrigen: Jesus als der Andere,
der das Kommen des Reiches des abwesenden Gottes verkündete, Menschen aus ihrer Not half und den Angesprochenen die Stelle des Glaubens
offen hielt.[445] Diese Abwesenheit Gottes muss als der abwesende Grund
der Kirche ständig thematisiert werden als kommunikative Gestaltung von
Gemeinde, als interreligiöser Dialog ohne Harmonisierung, als proviso-
rische Theologie. Man kann nicht das Christliche des Protestantismus in
seinem „Wesen" reformieren, sondern die Veränderung oder Reformation ist die innere Dynamik und Macht, die aber von den Glaubenden
nicht wie ein vorentworfenes Programm umgesetzt werden kann, weil sie
die den Glaubenden widerfahrende, aber von ihnen nicht objektiv fest-
stellbare Bewegung des Protestantismus in Gestalt ihres eigenen Lebens
ist (Nancy, Entzug der Göttlichkeit). Die „Abwesenheit des Grundes",
also Gottes, verhindert, dass protestantische Kirche(n) ihre reformierende
Selbstgestaltung als „unfehlbaren" Prozess ausgeben und praktizieren kann
aus subjekt- und modernitätsfeindlichen Gründen. Sie muss zugleich so
tun, *als ob* sie selbst Gründungskraft besäße (1 Kor 7, 29 ff.), und bleibt
zugleich *kommende Kirche*. Das Paradox des Glaubens als Geschenk und
als Phantasma in Bekenntnisform kehrt in diesem Paradox der Kirche als
geschenkter Gemeinschaft der Heiligen (communio sanctorum) und als
Aufgabe ständigen Reformierens um der Anderen willen wieder. So ist die
Religion „das Medium der Individualität, die von Zumutungen theologischer, kirchlicher, staatlicher etc. Art frei gehalten werden soll, zugleich
aber auf solche Institute angewiesen ist, weil sie der religiösen Individualität
erst diesen Freiraum verschaffen und dauerhaft sichern"[446] Gemäß Dietrich
Bonhoeffer kann Kirche „nur erfaßt werden *als göttliche Tat und d.h. in*

---

445 Sölle, Stellvertretung, 111 ff.
446 Voigt, Genealogie, 259.

der Glaubensaussage [...] Kirche wird nicht ‚gemacht' in großen Gemein-
schaftserlebnissen; nicht nur historisch, sondern auch glaubensmäßig findet
sich jeder immer schon in der Kirche vor, wenn er zum Bewußtsein dessen
kommt. Die verschüttete Erkenntnis, daß jeder, der vom Geist bewegt ist,
in der Kirche steht als Gabe und Aufgabe, gilt es lebendig zu machen".[447]
Kirche ist eine paradoxe Veranstaltung: „Sie ist so ‚vor' allem Willen
zur Gemeinschaft von Gott gewollt und gleichzeitig ist sie nur wirklich
als Wille zur Gemeinschaft: Diese Antinomie löst sich nur darin, daß Gott
den menschlichen Willen dem seinen unterwirft".[448] Wer sich in der Kirche
als Kirche *in* dieser Welt engagiert, der hat diese Antinomie, Paradoxien,
Widersprüche, Gelingen und Scheitern auszuhalten, ist doch die Kirche *in*,
aber zuerst nicht *von* dieser Welt. Wo sich Kirche dem Erlebnis der Harmonisierung, z.B. in interkonfessionellen und interreligiösen Dialogen und
mit ökumenischen Theologien, verschreibt, produziert sie Opfer (wie Jesus
durch Juden und Römer): Zweifler, Häretiker, Ritenverweigerer, Religions-
kritiker, Atheisten – eigentlich alles Ikonen einer fragilen, lebendigen Kirche.
Sie produziert solche zufälligen Opfer, weil sie sich darüber als Gemeinschaft definiert.[449] Dies widerspricht sowohl dem Person-Verständnis der
hier implizierten Begegnungs- und Alteritätstheologie, dass das Person-
Subjekt konstituiert wird durch den fordernden und befreienden Anderen
(Ich ist ein Anderer),[450] als auch dem Gemeinschaftsverständnis, dass Kirche
nur Kirche ist, wenn sie für andere, für alle Menschen da ist. So wie mit der
Inkarnation Gottes das Jenseits-Diesseits-Modell als Sortierschema seine
Relevanz verloren hat, so kann Kirche nicht sortieren in Gewollte und
Ungewollte. „Als Macht- und Ordnungsbereich religiöser Art ist sie (sc.
Kirche) im Profanen längst überholt [...] Auch ökumenisch dargestellte und
beanspruchte Freiheit der Kirche bleibt ideologisch, sofern sie sich nicht auf
der Freiheit der Christenmenschen gründet und in ihr offenbart. Wir müssen
es wieder lernen, daß im Alltag des Säkularismus jeder einzelne Christ die

---

447 Bonhoeffer, Sanctorum Communio, 208.
448 Bonhoeffer, Sanctorum Communio, 209.
449 Girard, Das Ende der Gewalt, 144 ff.
450 Lévinas, Humanismus, 88; Luther, Religion und Alltag, 61 ff.; Reckwitz, Sub-
    jekt.

Kirche vertritt, und dazu muß man mehr als Ordnung anbieten, nämlich die geistgewirkte Freiheit des Jüngers".[451]

Wie aber, fragen wir zusammenfassend, gehören Person/Jünger, Gott und die Sozialdimension *Kirche* zusammen? Die Person/Jünger existiert als Subjekt nicht absolut, nicht selbstgegründet, nicht selbstermächtigt, sondern „in einer Spannung zu einem undurchschaubaren Anderen [...]; Freiheit gibt es nur durch den Bezug auf eine Lücke, die den Anderen unergründlich macht"[452] – und diese schon immer wirkende Lücke nennt der Christ „Gott" in Gestalt des entzogenen Anderen-Fremden. Dieser unergründliche Fremde-Andere begegnet in seinem asymmetrischen Auf-mich-Zukommen und anarchischen, weil anfangslosen Ansprechen mir so unmittelbar nahe, dass der Dritte, der Hinzukommende, stört und die Frage aufwirft: „Was habe ich gerechterweise zu tun?"[453] Dabei bleibt der Andere „von vornherein der Bruder aller anderen Menschen",[454] die ihrerseits Andere für den Anderen sind. Dies könnte man als ekklesiologisches Modell bezeichnen: „Allein *dank* göttlicher *Gnade* werde ich als mit dem Anderen unvergleichbares Subjekt doch als Anderer wie die Anderen angesprochen [...] ‚Dank göttlicher Gnade', ‚gottlob' bin ich ein Anderer für die Anderen", und dies nicht so, als ob Gott dabei ein Gesprächspartner wäre, sondern „in der Spur der Transzendenz".[455] In diesem Sinne hat auch Dietrich Bonhoeffer den Ausgangspunkt seiner Ekklesiologie „Sanctorum Communio" formuliert: „Nicht ein Mensch von sich aus kann den Anderen zum Ich, zur ethisch verantwortungsbewußten Person machen. *Gott oder der Heilige Geist tritt zum konkreten Du hinzu, nur durch sein Wirken wird der andere mir zum Du, an dem mein Ich entspringt,* m.a.W. *jedes menschliche Du ist Abbild des göttlichen Du"* – ist das ekklesiologische Grundbekenntnis.[456] *„Der Einzelne wird im ‚Augenblick' immer wieder Person durch den ‚anderen'.* Der andere Mensch gibt uns dasselbe Erkenntnisproblem auf wie Gott selbst. Mein reales Verhältnis zum anderen Menschen ist orientiert

451 Käsemann, Der Ruf der Freiheit, 131.
452 Žižek, Die politische Suspension, 22.
453 Lévinas, Jenseits des Seins, 343.
454 A.a.O., 344.
455 A.a.O., 345.
456 Bonhoeffer, Sanctorum Communio, 32.

an meinem Verhältnis zu Gott. *Wie ich aber Gottes ‚Ich' erst kenne in der Offenbarung seiner Liebe, so auch den anderen Menschen; hier hat der Kirchenbegriff einzusetzen.* Dann wird es klar werden, daß christliche Person ihr eigentliches Wesen erst erreicht, wenn Gott ihr nicht als Du gegenübertritt, *sondern als Ich in sie ‚eingeht'* ".[457]

---

457 A.a.O., 33.

5. Schlussbemerkungen

Dass der Protestantismus sich ständig reformiert und überschreitet: ecclesia semper reformanda (Luther), weil ihm dieses Movens des paradoxen „als ob" menschlichen Lebens und Sterbens eingeschrieben ist, kann angesichts der von der EKD herausgegebenen „Zwölf Leitsätze zur Zukunft einer aufgeschlossenen Kirche" vom 09.11.2020 bezweifelt werden. Dort ist viel die Rede von bürokratisch anmutenden Reformen „von oben" in einer Art Rehierarchisierung und von der Aufwertung des Digitalen ohne medienkritische Reflexion auf diese tief greifende Transformation. Wieder einmal fehlt das „protestantische Wort", auch als inhaltsbezogene Diskussion. Man schlägt Struktur-Verbesserungen und Effizienzsteigerungen vor und landet bei einem Anflug von Reklerikalisierung. Es fehlt eine *heute notwendige theologische Diskussionslinie*, die wohl an manchen Stellen durch moralisierende Hinweise z.B. auf die Diakonie kompensiert werden soll. Die Überschrift „Hinaus ins Weite – Kirche auf gutem Grund" hätte in den Wohlstandsjahren in Verkennung der „anarchischen Kirche" gepasst: Ablösung der versammelnden „Komm-Kirche" durch die sich kümmernde „Geh-Kirche", als Kirchen noch Volks- und Großkirchen waren.

(a) Heute sollte Kirche sich als einladende Risiko-Gemeinschaft präsentieren im Wissen darum, dass ihr Gründungsmythos im Pfingstgeschehen keinen greifbaren legitimatorischen Grund hergibt. Im Gegenteil: Kirche geschieht als ständiges Provisorium im paradoxen Miteinander von Widerfahrnis und Gestaltung, von Heiligem Geist und Menschenwerk, und nur darin kann sie *„Kirche für andere"* sein.[458]

(b) Man kann die protestantische Theologie(n) und Kirche(n) aufrufen, in der postulierten offenen Weite leben zu lernen im Wissen, dass alle Aktivitäten, Bekenntnisse, Projekte nur immer so vollzogen werden können, „als ob" sie der Kirchengemeinschaft dienten. Dazu ist ein *Paradigmenwechsel* vonnöten von der traditionsbetonenden, verwaltenden Kirche hin zu einer offenen Kirche mit dem Risiko des

---

458 Bonhoeffer, Widerstand und Ergebung, 261 f.

Scheiterns. Entsprechend sollte der theologische Umgang mit Bibeltexten, mit Anderen, mit der Schöpfungswelt und mit sich selbst von
der eher kausal-logischen und hermeneutisch-wirkungsgeschicht-
lichen Methodologie zu einer phänomenologisch-dekonstruktiven
Einstellung eingeübt werden, in Erinnerung an Dietrich Bonhoeffers
„dialektischen Verweis": „daß ich nicht über meinen Glauben verfüge und daher auch nicht einfach sagen kann, was ich glaube".[459]
Man geht nicht mehr von dem Gott mit Substanz und Eigenschaften
aus und spricht: „Es gibt Gott", den allmächtigen Schöpfer Himmels
und der Erde, den barmherzigen ewigen Vater und Erlöser usw. Die
Reform-Kirche und -Theologie werden Attribute schaffen, die dem
Widerfahrnis-Ausdruck „Gott" zuerzählt werden gemäß der Erkenntnis: „Einen Gott, den es ‚gibt', gibt es nicht; Gott ‚ist' im Personbezug,
und das Sein ist sein Personsein".[460]

(c) In der gegenwärtigen gesellschaftlichen Situation kann sich der Protestantismus initiativ einbringen mit einem theologischen Diskussi-
onsbeitrag zum *Menschen-Bild*: Die Individualisierung und die damit
gegebene Pluralisierung haben sich bis zum spätmodernen Selfie als
des Ich-Fundamentalisten und Ich-Zufallsspezialisten zugespitzt und
stellen unsere und die Welt-Gesellschaft auf eine Zerreißprobe. Dieser
Selfie ermächtigt sich zum auch religiösen Selbstversorger, indem er
sich mit sich selbst versöhnt und „Erlösung" durch andere und anderes von sich weist. Gegen diesen kollektiven Egozentrismus und spal-
terischen Egoismus sollte ein sich selbst ständig kritisch aufklärender
Protestantismus ein anderes, nämlich paradoxes Menschen-Bild plausibel machen: der angewiesene und zugleich engagiert antwortende
Mensch, der geborene Mensch und gestaltende Mensch (nicht der
Selbsterzeuger ohne Beziehungen), der schwache und zugleich helfende Mensch (nicht der „starke Autokrat"), der „törichte" Mensch,
der dies als Vertreter der „unlogischen" Weisheit Gottes in Nächstenliebe praktiziert (1 Kor 2) (statt des alternativlosen, vereindeutigenden Menschen mit „Welt-Weisheit"), der glaubend, liebend, hoffend
schwankende Mensch (1 Kor 13), der zugleich für den Notleidenden
eintritt, den Schwachen eine Stimme gibt und Wort hält (statt des

---

459 A.a.O., 261.
460 Bonhoeffer, Akt und Sein, 94; Latour, Jubilieren, 193 f.

patriarchalischen narzisstischen Menschen, der Leiden, Krankheit, Abhängigkeit mit Ersatzbefriedigungen abspaltet und bestenfalls die halbe Wahrheit vertritt).[461]

(d) *"Gott als Widerfahrnis"*: Gottes Sein ist In-Beziehung-Leben, wie es Feministische Theologinnen wie Dorothee Sölle und Carter Heyward, Theologen wie Dietrich Bonhoeffer und Henning Luther beispielhaft formuliert haben. (Ob es sich um eine symmetrisch-gegenseitige oder asymmetrische Beziehung handelt, wird verschieden beantwortet.) Geht man von Glauben als einer bestimmten Beziehungsform aus, dann können sich schnell verschiedene Gefahren einstellen: eine radikale religiöse Individualisierung, das Abdriften in religiös sanktionierte Bedürfnisbefriedigung, ins Phantasieren ohne vom Anderen auszugehen, ins Esoterische ohne Blick auf die reale Welt, weil „jedem/jeder sein/ihr eigener Gott gehört".[462] Begleiterscheinungen sind eine nahezu grenzenlose Pluralisierung und ein Privatisierungsschub.[463] Dahinter mag der Wunsch stehen, Gott in seiner Abwesenheit doch noch für die Erfüllung bewusstseinsorientierter und naturbegründeter Bedürfnisse reklamieren und vergegenwärtigen zu können. Diesem Bild von einem präsenten Gott in einer Religiosität der individuellen Bedürfnisbefriedigung kann der Protestantismus mit seinem Glaubensparadox entgegentreten: Jedem seinen Gott – das ist nicht die gerechte Verteilung eines ehemals heiligen Kulturgutes, sondern die Zumutung eines Widerfahrnisses, das mit Glauben, Lieben, Hoffen ohne Besitzmöglichkeit umschrieben werden kann. Als Saulus von Gott eingeladen und gezwungen wurde, ein Leben als Christus-Anhänger Paulus zu führen, da ließ ihm der „eigene Gott" keine andere Möglichkeit als sich in die „Christengemeinschaft" einzufügen. Liebende bekennen, sie hätten keine andere Wahl gehabt, sie seien füreinander bestimmt, die Partnerin/Partner sei ihnen geschenkt worden – bekenntnishafte Vergewisserungs- und Erklärungsversuche zweier Menschen, die an christliche Motive wie Erwählung, Gnade, Sakrament, Freiheit als Bindung, Treue erinnern und nicht die spaltende Wahrheitsfrage stellen. Über solche Erklärungsversuche lässt sich streiten, nicht aber über das

---

461 Fromm, Haben oder Sein, 52 ff., 107 ff.; Richter, Gotteskomplex, 127 ff.
462 Beck, Der eigene Gott, 123 ff.
463 Rorty, Antiklerikalismus, 46 u.ö.; kritisch bei Ohly, Theologie als Wissenschaft, 321.

evozierende Widerfahrnis Gott, über *das* Glauben, sondern nur über *den* Glauben. „Gott kannst Du nie mit einem anderen reden hören, sondern nur, wenn Du angeredet bist" (Ludwig Wittgenstein). Mit dieser persönlichen Betroffenheit ist zugleich der Modus des Glaubens gegeben, dass Gott in dem Sinne abwesend ist, als er dem Betroffenen in der Begegnung mit dem Anderen als zuvorkommende unbegreifliche Befreiungs- und Verpflichtungsdynamik widerfährt.[464]

(e) In dieser paradoxen Perspektive kann man sowohl „den postmodernen absolutistischen Relativismus sowie die Privatisierung der Religion" abweisen.[465] Es geht um den *religiösen Blickwechsel*, „die verinnerlichte ‚Als-ob-Konversion', das praktizierte Sowohl-als-Auch, die Fähigkeit, die eigene Religion und Kultur mit den Augen der anderen Religion und der Kultur der Anderen zu sehen".[466] Dies bedeutet zugleich die Abkehr von der traditionellen Säkularisierungstheorie und der Vorstellung eines impliziten Christentums als Rettungsversuchen des Christentums und man muss nicht eine gleichsam apriorische Unentbehrlichkeit der Religion, eine Reprivatisierung der Religion und eine Respiritualisierung und Entsäkularisierung der Welt annehmen. Meistens läuft das Postulat von der Notwendigkeit von Religion über deren Funktionalisierung als Macht- und Integrationsfaktor und Instrument der Kontingenzbewältigung, zum Nutzen auch des Staates. Ob aber jemand Religion „braucht" und lebt, ist sowohl sozialisationsbedingt als auch eine persönliche Entscheidung und nicht funktional zu beantworten. „Religion ist nicht selbstverständlich. Sie handelt von Nichtöffentlichem, Unsichtbarem, von paradoxen und extremen Situationen, beunruhigenden und tröstenden Mitteilungen sowie von der Unvollständigkeit der Welt und von nichtverfügbaren Tatbeständen des Lebens. Dass in ihrer Behandlung als Ratgeberin in Wertefragen der spezifische Gehalt der Konfessionen untergeht", das muss für den Protestantismus eine Streitfrage bleiben.[467]

(e) Dietrich Bonhoeffer hat für das Christ-Sein reklamiert, dass die *Mündigkeit der Welt* anerkannt wird.[468] Deswegen lebt der Christ in der

---

464 Gerber, Individualisierung, 175 f.
465 Beck, Der eigene Gott, 174 f.
466 A.a.O., 175.
467 Kaube, Haben wir was in Reli auf?
468 Bonhoeffer, Widerstand und Ergebung, 231, 236.

mündigen Welt „als ob es Gott nicht gäbe": „So führt uns unser Mündigwerden zu einer wahrhaftigen Erkenntnis unserer Lage vor Gott",[469] nämlich: „Mit allem ist er (sc. der Mensch) fertiggeworden, nur nicht mit sich selbst".[470] Deswegen häufen sich neben Versicherungen die Therapie- und Enhancement-Angebote. Deren Ziel ist es, den Menschen an die komplex gewordene Gesellschaft anzupassen: „Und mündig heißt: Ich komme in der Welt von morgen klar, sie macht mir keine Angst, ich bin Gestalter dieser Welt, ich verstehe die Zusammenhänge. Und wenn wir das bisher physisch, biologisch, chemisch betrachtet haben, müssen wir das jetzt um die Komponente digital ergänzen".[471] Das ist nur die halbe Wahrheit, weil es nur um die Fortschreibung des Bestehenden geht, um Resilienz, Anpassung und Ausschluss von Negativerfahrungen. Niemand kommt in der Welt von morgen klar, weil er kein prophylaktischer Hellseher sein und es keine perfekte Vorsorge geben kann; es bleiben immer ein Überschuss und ein Scheitern. Die Welt (incl. er selbst) macht jedem Menschen Angst, so lange er als Mensch lebt und keine Maschine ist. (Leider kommen solche Allmachtsversprechungen von Angstfreiheit auch in der christlichen Sprache vor.) Das Problem liegt im Umgehen mit der Angst. Gestalter der Welt und unseres Lebens sind wir nur bedingt. Ein selbstkritischer Umgang mit den eigenen Fähigkeiten im Umgang mit anderen Menschen, die mich besser kennen können als ich mich selbst, kann weiterführen. Was wir an Zusammenhängen wahrnehmen und verstehen können, lässt in vielen Fällen aus verschiedenen Gründen zu wünschen übrig. Der Nachklapp „digital" ist ein anbiedernder Allgemeinplatz. Was noch auffällt, ist der individualistisch-subjektivistische Grundzug, dem allgemeine Geltung unterstellt wird. Von den Paradoxien unseres Lebens und Zusammenlebens, für die der Protestantismus unsere Sinne, unsere Gefühle und unseren Verstand schärfen kann, z.B. durch das Sich-Einlassen auf biblische Geschichten, fehlt in diesem vereindeutigenden Menschenbild jede Spur. So kann und soll unser Leben und Zusammenleben nicht geschehen.

(f) Dazu passt die Anzeige des Buches „*Vom klugen Umgang mit Gefühlen*": „Kontrolle zu haben, ist ein Urbedürfnis des Menschen. Nur

---

469 A.a.O., 241.
470 A.a.O., 258.
471 Badische Zeitung vom 09.12.2020, 6.

so kann er sich sicher fühlen. Die Kontrolle über Gefühle oder sein Verhalten zu verlieren, ist unangenehm" – dieser Mensch war wohl noch nie richtig verliebt, verschossen, außer sich. Schon die Prämisse ist Unfug: Es macht gerade unser schöpfungsmäßíges Menschsein aus, dass es kein „sicheres" Leben geben kann. Verletzlichkeit und Schwanken machen unser Leben aus. Das Sars-Cov-2-Virus hat uns die Grenzen unserer Kontrollfähigkeiten aufgezeigt und etliche Verschwörungsmythen als Ideologien entlarvt. Mit der Verabschiedung des religiös/sakral präsentierten Gottes haben naturalistische, technizistische, esoterische Welt-Bilder dessen Stelle eingenommen, obwohl es diese Stelle für uns Menschen gar nicht gibt. Es muss alles erklärbar und kontrollierbar bleiben, es darf nichts unübersichtlich werden, es muss bei einem geschlossenen Weltbild und dem einen einzigen Ur-Sprung des Kosmos bleiben, damit die Einheit von allem garantiert bleibt.[472] Was dann herausfällt, wird bestenfalls als noch nicht erklärbare Ausnahme deklariert. Hier stehen einem wachen Protestantismus viele Aufgaben ins Haus: Leitkultur und Ambiguitätstoleranz,[473] Identität und Differenz,[474] ein global-totalitäres Christentum und singulär-parochiale Konfessionen, Einheit und Häresie, Harmonie und Streitkultur u.a.m.

(g) „Nicht stabile Resonanzverhältnisse, nicht die Intensität des eigenen Erlebens, sondern *verändernde Umkehrereignisse* (Metanoia) werden für Caputo zur zentralen Kategorie eines christlichen Zeitverhältnisses. Und es geht nicht so sehr um das religiöse Bekenntnis, als vielmehr um eine wirkliche Veränderung vom Anderen her".[475] Indem mich der Andere als Anderer-Nächster-Fremder, Nicht-Einnehmbarer in der Spur Gottes beschlagnahmt und befreit, durchbreche ich mit meinem „einzigartigen" Antworten in jesulogisch exemplifizierter Form den Opferkreislauf. Indem ich dies nicht als meine Eigenleistung und Selbstkonstituierung erfahre, sondern mir als mein *Konstituiertwerden durch den Anderen* aufgezwungen wird, erfahre ich Versöhnung, Rechtfertigung, Heilwerden. Demgegenüber wird Erlösung mit

---

472 Stiegler, Die Logik der Sorge, 86 ff., über Aufmerksamkeitszerstörung durch Kapital und Medien.
473 Bauer, Die Vereindeutigung der Welt, 13 ff.
474 Gerber, Auf die Differenz kommt es an, 91 ff.
475 Schüßler, Beschleunigungsapokalyptik, 183.

der Verheißung individueller Erlösung spätestens am Ende der Zeiten
konnotiert.

An den Schluss stelle ich eine Frage, die Emmanuel Lévinas aufgeworfen
hat: „Ja, ich liefere eine Theologie ohne Theodizee. Kant hat das auch so
gemacht. Es ist nicht zu predigen: Eine Religion ohne Predigt. Das kann man
dem Anderen nicht zumuten, das kann man *sich* zumuten, sich selbst zumuten, eine Verantwortung für sich annehmen – auch sehr schwer –, aber dem
Anderen darf man nicht predigen".[476] Wie trifft diese jüdische Einstellung
den Protestantismus als Religion des Wortes? Der Protestantismus ist nicht
eine heilsnotwendige Kirche und keine anleitende Lehre, keine Institution
von Überzeugungspredigten, keine sakramental absichernde Organisation.
Eher bezeichnet man den Protestantismus als eine Lebenseinstellung mit
Widerfahrnissen und Entsicherungen, als ein Bekenntnis mit ständig neuen
Gottes-, Menschen- und Weltbildern und deswegen als Anwältin auch der
Häretiker, als ein Netz von Vor-Urteilen (im Sinne von Nietzsches Meinung,
dass jeder Satz ein Vorurteil sei), als eine Erzähl- und Zuhörgemeinschaft.
Dann wäre wohl Anderes anders zu „predigen".

---

476 Lévinas, Humanismus, 137.

Literatur

AGAMBEN, GIORGIO: Homo sacer. Die souveräne Macht und das nackte Leben. Frankfurt am Main 2002.

ANGEHRN, EMIL: Die Herausforderung des Negativen. Zwischen Sinnverlangen und Sinnentzug. Basel 2015.

D'ARCAIS, PAOLO FLORES: Eine Kirche ohne Wahrheit?, in: P. F. D'ARCAIS; JOSEPH RATZINGER: Gibt es Gott? Wahrheit, Glaube, Atheismus. Berlin 2006.

ASSMANN, JAN: Monotheismus der Treue, in: SCHIEDER, ROLF: Die Gewalt des einen Gottes. Berlin 2014, 249–266.

AXT-PISCALAR, CHRISTINE: Sünde, VII. Von der Reformation bis zur Gegenwart, in: TRE, Bd. 32 (2000), 400–436.

BARTH, HANS-MARTIN: Plausibilität statt überholter Metaphysik. Plädoyer für eine met-a-theistische Theologie, in: KARL-FRIEDRICH GEYER; DETLEF SCHNEIDER-STENGEL (Hrsg.): Denken im offenen Raum. Prolegomena zu einer künftigen postmetaphysischen Theologie. Darmstadt 2008, 73–88.

BARTH, HANS-MARTIN: Konfessionslos glücklich. Auf dem Weg zu einem religionstranszendenten Christsein. Gütersloh 2013.

BARTH, KARL: Grundriss der Dogmatik. Zollikon-Zürich 1947.

BAUER, THOMAS: Die Vereindeutigung der Welt. Über den Verlust an Mehrdeutigkeit und Vielfalt. Reclam 19492. Ditzingen 2018.

BECK, ULRICH; BECK-GERNSHEIM, ELISABETH: Das ganz normale Chaos der Liebe. Frankfurt am Main 1990.

BECK, ULRICH; BECK-GERNSHEIM, ELISABETH (Hgg.): Riskante Freiheiten. Individualisierung in modernen Gesellschaften. Frankfurt am Main 1994.

BECK, ULRICH: Der eigene Gott. Von der Friedensfähigkeit und dem Gewaltpotential der Religionen. Frankfurt am Main/Leipzig 2008.

BERGER, PETER L.: Erlösender Glaube? Fragen an das Christentum. Berlin/New York 2006.

BERNHARDT, REINHOLD: Ende des Dialogs? Die Begegnung der Religionen und ihre theologische Reflexion. Zürich 2005.

BLUMENBERG, HANS: Präfiguration. Arbeit am politischen Mythos. Hrsg. Angus Nicholls; Felix Heidenreich. Berlin 2014.

BONHOEFFER, DIETRICH: Akt und Sein. Transzendentalphilosophie und Ontologie in der systematischen Theologie. München 1956.

BONHOEFFER, DIETRICH: Widerstand und Ergebung. 9. Aufl. München 1959.

BONHOEFFER, DIETRICH: Sanctorum Communio. Eine dogmatische Untersuchung zur Soziologie der Kirche. München ³1960.

BONß, WOLFGANG/DIMBATH, OLIVER/MAURER, ANDREA/ PELIZÄUS, HELGA/SCHMID, MICHAEL: Gesellschaftstheorie. Eine Einführung. Bielefeld 2021.

BREYTENBACH, CILLIERS: Markusevangelium, in: EKL Dritter Band, ³1992, 294–296.

BRUMLIK, MICHA: Schrift, Wort und Ikone. Wege aus dem Verbot der Bilder. Frankfurt/M. 1994.

BUBER, MARTIN: Die Schriften über das Dialogische Prinzip. Heidelberg 1954.

BUCHER, RAINER: Theologie im Risiko der Gegenwart. Studien zur kenotischen Existenz der Pastoraltheologie zwischen Universität, Kirche und Gesellschaft. Stuttgart 2010.

BULTMANN, RUDOLF: Neues Testament und Mythologie. Das Problem der Entmythologisierung der neutestamentlichen Verkündigung, in: HANS WERNER BARTSCH (Hg.): Kerygma und Mythos. Ein theologisches Gespräch. Hamburg 1948, 15–53.

BULTMANN, RUDOLF: Geschichte und Eschatologie. Tübingen 1958.

BULTMANN, RUDOLF: Jesus Christus und die Mythologie. Das Neue Testament im Licht der Bibelkritik. Gütersloh 1964.

BULTMANN, RUDOLF: Welchen Sinn hat es, von Gott zureden? (1925), in: DERS.: Glauben und Verstehen. Gesammelte Aufsätze. Bd. 1. Tübingen ³1958, 26–37.

BURI, FRITZ: Zur Theologie der Verantwortung. Hrsg. Günther Hauff. Bern/Stuttgart 1971.

BURKERT, WALTER: Anthropologie des religiösen Opfers. Die Sakralisierung der Gewalt. München ²1987.

CAPUTO, JOHN D.: The weakness of God. A theology of the event. Bloomington 2006.

COPEI, FRIEDRICH: Der fruchtbare Moment im Bildungsprozess (1930), Heidelberg (5. Aufl.)1960.

CULLMANN, OSCAR: Christus und die Zeit. Die urchristliche Zeit- und Geschichtsauffassung. Zürich ³1962.

CZOLLEK, MAX: Desintegriert euch! München 2018.

DALY, MARY: Jenseits von Gottvater Sohn & Co. Aufbruch zu einer Philosophie der Frauenbefreiung (1973). München ²1982.

DANZ, CHRISTIAN: Gott und die menschliche Freiheit. Studien zum Gottesbegriff in der Neuzeit. Neukirchen-Vluyn 2005.

DEPPERMANN, KLAUS: Apokalyptik, in: EKL Bd. I, ³1986, 199–202.

DORNES, MARTIN: Die Modernisierung der Seele. Kind – Familie – Gesellschaft. Frankfurt am Main 2012.

DREIER, HORST: Staat ohne Gott. Religion in der säkularen Moderne. München 2018.

DÜRRENMATT, FRIEDRICH: Durcheinandertal. Roman. Zürich 1991.

DUNGS, SUSANNE: Anerkennen des Anderen im Zeitalter der Mediatisierung. Sozialphilosophische und sozialarbeitswissenschaftliche Studien im Ausgang von Hegel, Levinas, Butler. Zizek. Hamburg 2006.

EAGLETON, TERRY: Der Tod Gottes und die Krise der Kultur. München 2015.

EBELING, GERHARD: Das Wesen des christlichen Glaubens. Tübingen 1959.

EBELING, GERHARD: Die „nicht-religiöse Interpretation biblischer Begriffe", in: Ders.: Wort und Glaube. Tübingen 1960, 90–160.

EBELING, GERHARD: Luther. Einführung in sein Denken. Tübingen 1964.

EHRENBERG, ALAIN: Das erschöpfte Selbst. Frankfurt am Main 2008.

EHRENBERG, ALAIN: Das Unbehagen in der Gesellschaft. Berlin 2011.

ERNAUX, ANNIE: Die Scham. Berlin 2020.

EVANGELISCHE KIRCHE IN DEUTSCHLAND (EKD): Christlicher Glaube und religiöse Vielfalt in evangelischer Perspektive. Gütersloh 2015.

EKD: „Hinaus ins Weite – Kirche auf gutem Grund". Zwölf Leitsätze zur Zukunft einer aufgeschlossenen Kirche, vom 09.11.2020.

EKD: Sünde, Schuld und Vergebung aus Sicht evangelischer Anthropologie. Leipzig 2020.

FAULSTICH, WERNER; GRIMM, GUNTER E. (Hrsg.): Sturz der Götter? Vaterbilder im 20. Jahrhundert. Frankfurt am Main 1989.

FEUERBACH, LUDWIG: Das Wesen des Christentums. Ausgabe in zwei Bänden. Hrsg. SCHUFFENHAUER, WERNER, Berlin 1956.

FISCHER, HANS RUDI; RETZER, ARNOLD; SCHWEITZER, JOCHEN (Hgg.): Das Ende der großen Entwürfe. Frankfurt am Main 1992.

FISCHER, JOHANNES: Wie wird Geschichte als Handeln Gottes offenbar? Zur Bedeutung der Anwesenheit Gottes im Offenbarungsgeschehen, in: ZThK 88 (1991), 211–231.

FLASCH, KURT: Warum ich kein Christ bin. Bericht und Argumentation. München 2013.

FORST, RAINER: Die Demokratie in der Krise, in: FR 02./03. 2021, 28f.

FRANCO, DI MANUELA: Die Seele. Begriffe, Bilder und Mythen. Stuttgart 2009.

FREUD, SIGMUND: Toten und Tabu, in: Gesammelte Werke IX. Band. Frankfurt am Main 1961.

FRIED, JOHANNES: Kein Tod auf Golgatha. München [3]2019.

FRIED, JOHANNES: Jesus oder Paulus. Der Ursprung des Christentums im Konflikt. München 2021.

FROMM, ERICH: Haben oder Sein. Die seelischen Grundlagen einer neuen Gesellschaft. München 1979.

FROMM, ERICH: Die Furcht vor der Freiheit (1941). München [22]2018.

FUCHS, OTTMAR: Beschleunigung aus der Perspektive eschatologischer Zeitpastoral, in: KLÄDEN, TOBIAS; SCHÜSSLER, MICHAEL (Hg.): Zu Schnell für Gott? Freiburg im Breisgau2017, 115–152.

GAMM, GERHARD: Chantals Gesichter. Über die Unerreichbarkeit des Selbst, in: der blaue reiter. Journal für Philosophie. Stuttgart 2002, Nr. 15(1/02), 2002, 11–16.

GERBER, UWE: Die feministische Eroberung der Theologie. München 1987.

GERBER, UWE: Nachwort, zu: BERKHOF, HENRIKUS: Theologie des Heiligen Geistes. Neukirchen-Vluyn [2]1988, 141–178.

GERBER, UWE: Rudolf Bultmann, in: UDO HAHN; UDO TWORUSCHKA (Hrsg.): Hoffnung hat einen Grund. Persönlichkeiten des Jahrhunderts. Zürich/Düsseldorf 1999, 49–55.

GERBER, UWE: Art. Heilsgeschichte, in: HEINRICH OTT; KLAUS OTTE (Hrsg.): Die Antwort des Glaubens. Systematische Theologie in 50 Artikeln. Stuttgart 1999, 238–244.

GERBER, UWE: Auf die Differenz kommt es an. Interreligiöser Dialog mit Muslimen. Leipzig 2006.

GERBER, UWE: Wie überlebt das Christentum? Religiöse Erfahrungen und Deutungen im 21. Jahrhundert: Erlösung – Versöhnung – Erleichterung – Vereindeutigung – Alterität. Zürich 2008.

GERBER, UWE: Gottlos von Gott reden. Gedanken für ein menschliches Christentum. Frankfurt am Main 2013.

GERBER, UWE: Und Gott entthront Könige. Eine Paraphrase der beiden Königsbücher, in: DRESSLER, BERNHARD; SCHROETER-WITTKE, HARALD (Hrsg.): Religionspädagogischer Kommentar zur Bibel. Leipzig 2012, 118–130.

GERBER, UWE: Fundamentalismen in Europa. Streit um die Deutungshoheit in Religion, Politik, Ökonomie und Medien. Frankfurt am Main u.a. 2015.

GERBER, UWE: Individualisierung im digitalen Zeitalter. Zur Paradoxie der Subjektwerdung. Berlin u.a. 2019.

GERBER, UWE; OHLY, LUKAS (Hrsg.): Anerkennung: personal – sozial – transsozial. Leipzig 2021.

GIRARD, RENÉ: Das Ende der Gewalt. Analyse des Menschheitsverhängnisses. Freiburg u.a. 1983.

GÖSSMANN, ELISABETH u.a. (Hrsg.): Wörterbuch der Feministischen Theologie. Gütersloh 1991.

GRAEFE, STEFANIE: Resilienz im Krisenkapitalismus. Wider das Lob der Anpassungsfähigkeit. Berlin 2019.

GRAF, FRIEDRICH WILHELM: Kirchendämmerung. Wie die Kirchen unser Vertrauen verspielen. München 2011.

GRAF, FRIEDRICH WILHELM: Einswerden mit der Unvollkommenheit. Ein soziologisch-theologischer Traktat von Peter Gross, in: NZZ vom 11./12.08.2007, 43.

GRÖZINGER, ALBRECHT: Praktische Theologie als Kunst der Wahrnehmung. Gütersloh 1995.

GROSS, PETER: Die Multioptionsgesellschaft. Frankfurt am Main 1994.

GROSS, PETER: Ich-Jagd. Im Unabhängigkeitsjahrhundert. Frankfurt am Main 1999.

GROSS, PETER: Die Entsubstanzialisierung des Christentums und der Interreligiöse Dialog, in: UWE GERBER (Hrsg.): Auf die Differenz. Leipzig2006, 137–146.

GROSS, PETER: Jenseits der Erlösung. Die Wiederkehr der Religion und die Zukunft des Christentums. Bielefeld 2007.

GRÖZINGER, ALBRECHT: Wahrnehmung als theologische Aufgabe. Die Bedeutung der Ästhetik für Theologie und Kirche, in: HERRMANN, JÖRG; MERTIN, ANDREAS; VALTINK, EVELINE (Hgg:): Die Gegenwart der Kunst. Ästhetische und religiöse Erfahrung heute. München 1998, 309--319.

HABENICHT, UWE: Freestyle Religion. Eigensinnig, kooperativ und weltzugewandt – eine Spiritualität für das 21. Jahrhundert. Frankfurt am Main 2020.

HABERMAS, JÜRGEN: Motive nachmetaphysischen Denkens, in: Ders. (Hg.): Nachmetaphysisches Denken. Philosophische Aufsätze. Frankfurt am Main 1988, 35–60.

HABERMAS, JÜRGEN: Israel oder Athen: Wem gehört die anamnetische Vernunft?, in: GEYER, CARL-FRIEDRICH (Hrsg.): Religionsphilosophie der Neuzeit. Klassische Texte aus Philosophie, Soziologie und Politischer Theorie. Darmstadt 1999, 246–254.

HABERMAS, JÜRGEN: Glauben und Wissen. Friedenspreis des Deutschen Buchhandels 2001. Frankfurt am Main 2001.

HAN, BYUNG-CHUL: Müdigkeitsgesellschaft. Berlin 2010.

HAN, BYUNG-CHUL: Psychopolitik. Neoliberalismus und die neuen Machttechniken. Frankfurt am Main 2014.

HAN, BYUNG-CHUL: Vom Verschwinden der Rituale. Eine Topologie der Gegenwart, Berlin 2019.

HAN, BYUNG-CHUL: Palliativgesellschaft. Schmerz heute. Berlin 2020.

HANDKE, PETER: Die linkshändige Frau. Erzählung, Frankfurt/M. 1976.

HARING, SABINE A.: Verheißung und Erlösung. Religion und ihre weltlichen Ersatzbildungen in Politik und Wissenschaft. Wien 2008.

HEITMEYER, WILHELM: Autoritäre Versuchungen. Signaturen der Bedrohung I. Berlin 2018.

HEITMEYER, WILHELM; FREIHEIT, MANUELA; SITZER, PETER: Rechte Bedrohungsallianzen. Signaturen der Bedrohung II. Berlin 2020.

HERKERT, THOMAS; REMENYI, MATTIAS (Hrsg:): Zu den letzten Dingen. Neue Perspektiven der Eschatologie. Darmstadt 2009.

HERTEUX, ANDREAS: Willkommen in der Welt des Homo stimulus, in: FR vom 10.11.2020, 12f.

HERTEUX, ANDREAS: Grundlagen gesellschaftlicher Entwicklungen im 21. Jahrhundert. Neue Erklärungsansätze zum Verständnis eines komplexen Zeitalters. Karbach 2020.

HEYWARD, CARTER: Und sie rührte sein Kleid an. Eine feministische Theologie der Beziehung. Stuttgart 1986.

HUBER, WOLFGANG: Das Vermächtnis Dietrich Bonhoeffers und die Wiederkehr der Religion, in: BThZ 23(2006) 313–322.

ILLOUZ, EVA: Gefühle in Zeiten des Kapitalismus. Frankfurt am Main 2006.

ILLOUZ, EVA: Warum Liebe Endet. Eine Soziologie negativer Beziehungen. Frankfurt am Main 2018.

JÖRNS, KLAUS-PETER: Notwendige Abschiede. Auf dem Weg zu reinem glaubwürdigen Christentum. Gütersloh 2004.

JÖRNS, KLAUS-PETER: Lebensgaben Gottes feiern. Abschied vom Sühnopfermahl: eine neue Liturgie. Gütersloh 2007.

JÖRNS, KLAUS-PETER: Glaubwürdig von Gott reden. Gründe für eine theologische Kritik der Bibel. Stuttgart 2009.

JULLIEN, FRANÇOIS: Es gibt keine kulturelle Identität. Wir verteidigen die Ressourcen einer Kultur. Berlin 2018.

JULLIEN, FRANÇOIS: Ressourcen des Christentums. Zugänglich auch ohne Glaubensbekenntnis. München 2019.

KÄSEMANN, Ernst: Der Ruf der Freiheit. Tübingen 1968.

KALLSCHEUER, OTTO: Was glaubt ihr denn wirklich? Mit den Zweifeln des Historikers: Kurt Flasch führt den Christen von heute ihre Unkenntnis vor, in: DIE ZEIT 36 (29.08.2013) 45.

KAMINSKI, ANDRE: Schalom allerseits. Tagebuch einer Deutschlandreise (1987). Frankfurt am Main. 1989.

KASSEL, MARIA (Hrsg.): Feministische Theologie. Perspektiven zur Orientierung. Stuttgart 1988.

KAUBE, JÜRGEN: Nachwort, in: Kurt Steinmann: Die Apokalypse. Zürich 2016, 141–163.

KAUBE, JÜRGEN: Haben war was in Reli auf? Der Religionsunterricht ist zwischen Grundgesetz, Biographiebegleitung und Glückskeks-Weisheiten angesiedelt. Er sollte sich anders positionieren: bescheidener und anspruchsvoller, in: FAZ vom 08.01.2019.

KERN, ANDREA; MENKE, CHRISTOPH (Hrsg.): Philosophie der Dekonstruktion. Zum Verhältnis von Normativität und Praxis. Frankfurt am Main 2002.

KLÄDEN, TOBIAS; SCHÜSSLER, MICHAEL (Hgg.): Zu schnell für Gott? Theologische Kontroversen zu Beschleunigung und Resonanz. Freiburg im Breisgau 2017.

KOCH, KLAUS: Apokalyptik, in: EKL Bd. 1, ³1986, 192–199.

KÖHLMEIER, MICHAEL: Wenn ich wir sage. Wien/ Salzburg 2019.

KONERSMANN, RALF: Die Unruhe der Welt. Frankfurt am Main 2015.

KRAFT, HEINRICH: Apokalyptik, in: RGG Band 1, ³1957, 469–472.

KUNSTMANN, JOACHIM: Religion und Bildung. Zur ästhetischen Signatur religiöser Bildungsprozesse. Gütersloh/ Freiburg 2002.

KURZWEIL, RAY: Homo s@piens. Leben im 21. Jahrhundert – Was bleibt vom Menschen. München 2000.

LATOUR, BRUNO: Existenzweisen. Eine Anthropologie der Moderne, Berlin 2014.

LATOUR, BRUNO: Jubilieren. Über religiöse Rede. Berlin 2016.

LEITSCHUH, HEIKE: Ich zuerst! Eine Gesellschaft auf dem Ego-Trip. Frankfurt am Main 2018.

LEMPP, REINHART: Die autistische Gesellschaft. Geht die Verantwortlichkeit für andere verloren? München 1996.

LÉVINAS, EMMANUEL: Über die Intersubjektivität. Anmerkungen zu Merleau-Ponty, in: ALEXANDRE METRAUX; BERNHARD WALDENFELS (Hrsg.): Leibhaftige Vernunft. Spuren von Merleau-Pontys Denken. München 1986, 48–55.

LÉVINAS, EMMANUEL: Schwierige Freiheit. Versuch über das Judentum. Frankfurt am Main 1992.

LÉVINAS, EMMANUEL: Jenseits des Seins oder anders als Sein geschieht. Freiburg im Breisgau /München ²1998.

LÉVINAS, EMMANUEL: Die Spur des Anderen. Freiburg/ München 1999.

LIEBSCH, BURKHARD: Verletztes Leben. Studien zur Affirmation von Schmerz und Gewalt im gegenwärtigen Denken zwischen Hegel, Nietzsche, Bataille, Blanchot, Levinas, Ricoeur und Butler. Zug/ Schweiz 2014.

LIESSMANN, KONRAD PAUL: Zukunft kommt! Über säkularisierte Heilserwartungen und ihre Enttäuschung. Wien u.a. 2007.

LOCHMAN, JAN MILIC: Eschatologie, in: EKL Band 1, ³1986, 1122–1125.

LÖWITH, Weltgeschichte und Heilsgeschehen. Stuttgart/Weimar 2004.

LOVINK, GEERT: Digitaler Nihilismus. Thesen zur dunklen Seite der Plattformen. Bielefeld 2019.

LUHMANN, NIKLAS; FUCHS, PETER: Reden und Schweigen. Frankfurt am Main 1989.

LÜPKE VON, JOHANNES: Gottesgedanke Mensch. Anthropologie in theologischer Perspektive. Leipzig 2018.

LUTHER, HENNING: Religion und Alltag. Bausteine zu einer Praktischen Theologie des Subjekts. Stuttgart 1992.

LUTHER, MARTIN: Daß der freie Wille nichts sei. Antwort D. Martin Luthers an Erasmus von Rotterdam, in: Ausgewählte Werke, hrsg. H. H. Borcherdt und G. Merz. Ergänzungsreihe Erster Band. München ³1954.

MERLEAU-PONTY, MAURICE: Phänomenologie der Wahrnehmung. Berlin 1966.

MARX, BERNHARD (Hrsg.): Widerfahrnis und Erkenntnis. Leipzig 2010.

MERLEAU-PONTY, MAURICE: Das Primat der Wahrnehmung. Hrsg. LAMBERT WIESING, Frankfurt am Main 2003.

METZ, JOHANN BAPTIST: Im Aufbruch zu einer kulturell polyzentrischen Weltkirche, in: FRANZ-XAVER KAUFMANN/ DERS.: Zukunftsfähigkeit. Suchbewegungen im Christentum. Freiburg 1987, 93–115.

MOLTMANN-WENDEL, ELISABETH (Hrsg.): Frau und Religion: Gotteserfahrungen im Patriarchat. Frankfurt am Main1983.

MOLTMANN-WENDEL, ELISABETH: Das Land, wo Milch und Honig fließt. Perspektiven einer feministischen Theologie. Gütersloh 1985.

MOLTMANN-WENDEL, ELISABETH; KEGEL, GÜNTER (Hgg.): Feministische Theologie im Kreuzfeuer. Der Streit um das „Tübinger Gutachten". Dokumente – Analysen – Kritiken. Gütersloh 1992.

MOLTMANN-WENDEL, ELISABETH: Ein anderer Jesus. Befreier – Ganzmacher – Geborener, in: DIES.; KIRCHHOFF, RENATE (Hgg.): Christologie im Lebensbezug. Göttingen 2005, 12–33.

MOLTMANN-WENDEL, ELISABETH: Der auf der Erde tanzt. Spuren der Jesusgeschichte. Stuttgart 2010.

NANCY, JEAN LUC: Entzug der Göttlichkeit. Zur Dekonstruktion und Selbstüberschreitung des Christentums, in: Lettre International 77 (Winter 2002).

NEAL, MARIE-AUGUSTA: Pathologie der Männerkirche, in: MOLTMANN-WENDEL, ELISABETH (Hrsg.): Frau und Religion, 1983, 124–133.

NEIMAN, SUSAN: Das Böse denken. Eine andere Geschichte der Philosophie. Frankfurt am Main 2006.

OHLY, LUKAS: Was Jesus mit uns verbindet. Eine Christologie. Leipzig 2013.

OHLY, LUKAS: Theologie als Wissenschaft. Eine Fundamentaltheologie aus phänomenologischer Leitperspektive. Frankfurt am Main 2017.

OHLY, LUKAS: Willensfreiheit und Neuroenhancement – Ethische Perspektiven, in: ZAGER, WERNER (Hg.): Wie frei ist unser Wille? Theologische, philosophische, psychologische, biologische und ethische Perspektiven. Leipzig 2020, 115–139.

OTT, HEINRICH: Geschichte und Heilsgeschichte in der Theologie Rudolf Bultmanns. Tübingen 1955.

OTT, LUDWIG: Grundriss der Dogmatik. 5. Aufl. Freiburg im Breisgau u.a. 1961.

PALMEN, CONNIE: Die Freundschaft. Roman. Zürich 1998.

PANNENBERG, WOLFHART: Offenbarung als Geschichte. Göttingen 1961.

PIEPER, DIETMAR: „Der Himmel ist leer", in: DER SPIEGEL 17 (20.04. 2019),40–48.

RECKWITZ, ANDREAS: Das Ende der Illusionen. Politik, Ökonomie und Kultur in der Spätmoderne. Berlin 2019.

RECKWITZ, ANDREAS: Subjekt. Bielefeld 2021.

RENDTORF, TRUTZ: Noch einmal: Demokratieunfähigkeit des Protestantismus. Eine Entgegnung auf Kritiken, in: ZEE 28 (1984) 143–145.

RENTSCH, THOMAS: Philosophie des 20. Jahrhunderts. Von Husserl bis Derrida. München 2014.

RICHTER, HORST EBERHARD: Der Gotteskomplex. Die Geburt und die Krise des Glaubens an die Allmacht des Menschen. Gießen 2005.

RICHTER, HORST EBERHARD: Die Krise der Männlichkeit in der unerwachsenen Gesellschaft. Gießen 2006.

RICOEUR, PAUL: Das Böse. Eine Herausforderung für Philosophie und Theologie, in: CHRISTIAN SCHÄFER (Hrsg.): Was ist das Böse? Philosophische Texte von der Antike bis zur Gegenwart. Stuttgart 2014, 305–317.

RINGSHAUSEN, GERHARD: Heil, in: EKL Bd. 2, ³1989, 422–426.

ROSA, HARTMUT u.a.: Theorien der Gemeinschaft zur Einführung. Hamburg 2010.

ROSA, HARTMUT: Religion als Form des In-der-Welt-Seins. Latours andere Soziologie der Weltbeziehung, in: LAUX, HENNING (Hg.): Bruno Latours Soziologie der ‚Existenzweisen'. Einführung und Diskussion. Bielefeld 2016, 251–260.

ROSA, HARTMUT: Gelingendes Leben in der Beschleunigungsgesellschaft. Resonante Weltbeziehungen als Schlüssel zur Überwindung der Eskalationsdynamik der Moderne, in: KLÄDEN, TOBIAS; SCHÜSSLER, MICHAEL (Hg.): Zu schnell für Gott? Freiburg im Breisgau 2017, 18–51.

ROSA, HARTMUT: Unverfügbarkeit. Berlin 2020.

ROSE, MIRIAM; WERMKE, MICHAEL (Hrsg.): Konfessionslosigkeit heute. Zwischen Religiosität und Säkularität. Leipzig 2014.

ROSS, JAN: Das ist Gott!, in: DIE ZEIT vom 15.11.2012, 70.

ROTH, GERHARD: Wie das Gehirn die Seele macht. Stuttgart 2014.

SAUTER, GERHARD: Versöhnung, in: EKL Bd. 4, ³1996, 1165–1169.

SCHIEDER, ROLF (Hrsg.): Die Gewalt des einen Gottes. Die Monotheismus-Debatte zwischen Jan Assmann, Micha Brumlik, Rolf Schieder, Peter Sloterdijk und anderen. Berlin 2014.

SCHILLER, FRIEDRICH: Etwas über die erste Menschengesellschaft nach dem Leitfaden der mosaischen Urkunde: Übergang des Menschen zur Freiheit und Humanität (1789), Anfangskapitel.

SCHILLING, ERIK: Authentizität. Karriere einer Sehnsucht. München 2020.

SCHMIDBAUER, WOLFGANG: Hilflose Helfer? Über die seelische Problematik der helfenden Berufe. Hamburg 2015.

SCHOLEM, GERSHOM: Zur Kabbala und ihrer Symbolik. Frankfurt am Main1973.

SCHÜSSLER, MICHAEL: Beschleunigungsapokalyptik und Resonanzutopien. Eine theologische Kritik der Zeit- und Sozialphilosophie Hartmut Rosas, in: KLÄDEN, TOBIAS; SCHÜSSLER, MICHAEL (Hg.): Zu schnell für Gott? Freiburg im Breisgau, 2017, 153–184.

SCHÜSSLER-FIORENZA, ELISABETH: Biblische Grundlegung, in: KASSEL, MARIA (Hrsg.): Feministische Theologie. Stuttgart 1988, 13–44.

SEEBASS, GOTTFRIED: Apokalyptik, in: TRE Bd. 3, 1978, 280–289.

SEETHALER, ROBERT: Das Feld. Roman. Berlin 2018.

SEEWALD, MICHAEL: Einführung in die Systematische Theologie. Darmstadt 2018.

SEILS, MARTIN: Heil und Erlösung IV, in: TRE Bd. XIV, 1985, 622–637.

SÖLLE, DOROTHEE: Politisches Nachtgebet in Köln. Stuttgart/ Berlin 1969.

SÖLLE, DOROTHEE: Politische Theologie. Stuttgart/ Berlin 1982.

SÖLLE, DOROTHEE: Stellvertretung. Ein Kapitel Theologie nach dem „Tode Gottes". Neuauflage Stuttgart 1982.

SÖLLE, DOROTHEE; METZ, JOHANN B.: Welches Christentum hat Zukunft? Stuttgart 1990.

SÖLLE, DOROTHEE: Gott denken. Einführung in die Theologie. Stuttgart 1990.

SÖLLE, DOROTHEE: Gottes Selbstentäußerung, in: DIES.: Atheistisch an Gott glauben. Beiträge zur Theologie. München 1994, 9–26.

SOMMER, ANDREAS URS: Religionsverzicht. Ein Memorandum, in: Information Philosophie 41, Heft 2, Juni 2013, 8–14.

STAUSBERG, MICHAEL: Heilsbringer. Eine Globalgeschichte der Religionen im 20. Jahrhundert. München 2020.

STECK, KARL GERHARD: Die Idee der Heilsgeschichte. Hofmann – Schlatter – Cullmann. ThSt Heft 56. Zollikon 1959.

STEGMANN, ANDREAS: Die Kirchen in der DDR. Von der sowjetischen Besatzung bis zur Friedlichen Revolution. München 2021.

STEINWEG, MARCUS; WITZEL, FRANK: Humor und Gnade. Berlin 2019.

STIEGLER, BERNARD: Die Logik der Sorge. Verlust der Aufklärung durch Technik und Medien. Frankfurt am Main 2008.

STRAUSS, BOTHO: Der Leviathan unserer Tage. Über die Rückkehr der Religion, das digitale Ungeheuer, die politische Korrektheit und das große Vergessen, in: DIE ZEIT 37 (03.09.2020), 49.

THEISSEN, GERD; MERZ, ANNETTE: Der historische Jesus. Ein Lehrbuch. Göttingen 1996.

TILLICH, PAUL: Systematische Theologie. Band I. Stuttgart ³1956.

ILLICH, PAUL: Wesen und Wandel des Glaubens. Frankfurt am Main/ Berlin 1961.

TILLICH, PAUL: Der Mut zum Sein (1969). Berlin/New York 1991.

VOIGT, FRIEDEMANN: Genealogie der Lebensführung. Michel Foucaults Deutung des Christentums, in: ZNThG/JHMTh Bd. 14, 2007, 238–259.

VÖGELE, RUDOLF: Die ausgetretene Kirche. Mein Plädoyer für ein anderes Verständnis von ‚glauben'. Zürich 2017.

WALDENFELS, BERNHARD: Sozialität und Alterität. Modi sozialer Erfahrung. Berlin 2015.

WEBER, MAX: Die Religion im okzidentalen Rationalisierungsprozess, in: CARL-FRIEDRICH GEYER (Hrsg.): Religionsphilosophie der Neuzeit. Klassische Texte aus Philosophie, Soziologie und Politischer Theorie. Darmstadt 1999.

WEBER, MAX: Die protestantische Ethik. Eine Aufsatzsammlung. München/Hamburg 1965.

VON WEDEL, EZZELINO: Als Jesus sich Gott ausdachte. Die unerwiderte Liebe zum Vater. Stuttgart 1990.

WIEDERKEHR, DIETRICH: Heilsgeschichte, EKL Band 2, ³1989, 460–468.

WIMMER, MICHAEL: Dekonstruktion und Erziehung. Studien zum Paradoxieproblem in der Pädagogik, Bielefeld 2006.

WINGREN, GUSTAV: Das dreigliedrige Glaubensbekenntnis, in: Kerygma und Dogma 4 (1958), 61–72.

WÜSTENBERG, RALF K.: Der Einwand des Offenbarungspositivismus – Was hat Bonhoeffer an Barth eigentlich kritisiert?, in: ThLZ 121 (1996) 997–1004.

ZANDER, HELMUT: Geschichte der Seelenwanderung in Europa. Alternative religiöse Traditionen von der Antike bis heute. Darmstadt 1999.

ZILLESSEN, DIETRICH: Die Wahrheit der Differenz. Versuch über die Schwierigkeit sich auseinander zu setzen, in: ALKIER, STEPHAN; SCHNEIDER, MICHAEL; WIESE, CHRISTIAN (Hrsg.): Diversität – Differenz – Dialogizität. Berlin 2017, 80–98.

ZILLESSEN, DIETRICH; GERBER, UWE: Und der König stieg herab von seinem Thron. Das Unterrichtskonzept religion elementar. Frankfurt am Main 1997.

ŽIŽEK, SLAVOJ: Die Puppe und der Zwerg. Das Christentum zwischen Perversion und Subversion. Frankfurt am Main 2003.

ŽIŽEK, SLAVOJ: Die politische Suspension des Ethischen. Frankfurt am Main 2005.

Theologisch-Philosophische Beiträge zu Gegenwartsfragen

Herausgegeben von Susanne Dungs, Uwe Gerber,
Lukas Ohly und Andreas Wagner

Band 22 Lukas Ohly: Ethik der Robotik und der Künstlichen Intelligenz. 2019.

Band 23 Lorenz von Hasseln: Technologischer Wandel als Transformation des Menschen. Forschungsprogramm Transhumanismus. 2021.

Band 24 Lukas Ohly: Gerechtigkeit und gerechtes Wirtschaften. 2021

Band 25 Uwe Gerber: Protestantismus heute. Potentiale – Pathologien – Paradoxien. 2022

Band 26 Lukas Ohly: Ethik der Kirche. Ein vernachlässigtes Thema. 2022

www.peterlang.com